GANBU PEIXUN
JIANGYAN LU

干部培训
讲演录

王永平　等著

SPM
南方出版传媒
广东人民出版社
·广州·

图书在版编目（C I P）数据

干部培训讲演录 / 王永平等著. -- 广州 ：广东人民出版社，2018.6
ISBN 978-7-218-12766-8

Ⅰ. ①干… Ⅱ. ①王… Ⅲ. ①社会科学－文集 Ⅳ. ①C53

中国版本图书馆CIP数据核字(2018)第083727号

GANBU PEIXUN JIANGYAN LU
干部培训讲演录

出 版 人：肖风华

责任编辑：王 宁 施 勇 皮亚军
装帧设计：友间文化
责任技编：周 杰 吴彦斌

出版发行：广东人民出版社
地　　址：广州市大沙头四马路10号（邮政编码：510102）
电　　话：（020）83798714（总编室）
传　　真：（020）83780199
网　　址：http://www. gdpph. com
印　　刷：广州市浩诚印刷有限公司
开　　本：787mm×1092mm 1/16
印　　张：14.25 **字 数：**180千
版　　次：2018年6月第1版 2018年6月第1次印刷
定　　价：48.00元

如发现印装质量问题，影响阅读，请与出版社(020-83795749)联系调换。
售书热线：（020）83795240

目录

contents

干部培训讲演录

第一讲

加快推进转型发展

王永平

发展是党执政兴国的第一要务，是解决我国所有问题的基础和关键。转型发展的核心要义是转变发展模式，推动科学发展。加快推进转型发展是国内外形势发展的必然要求，是贯彻落实新发展理念的应有之义，是实现"两个一百年"奋斗目标和中华民族伟大复兴中国梦的必由之路。转型发展涉及经济社会发展的各个领域、各个方面，其重点是经济转型发展。转型发展的目标任务就是要实现创新、协调、绿色、开放、共享发展，把我国建设成为富强民主文明和谐美丽的社会主义现代化强国。党的十九大报告指出："经过长期努力，中国特色社会主义进入了新时代，这是我国发展新的历史方位。"[1]为了适应时代的发展变化，我国经济转型发展要从高速增长向中高速转变，发展方式要从规模速度型向质量效率型转变，经济结构要从增量扩能为主向调整存量、做优增量并举转变，建设现代化经济体系。与此同时，社会治理方式也要加快转变，即从传统的社会管理向现代社会治理转变，打造共建共治共享的社会治理格局。

本文拟对加快转型发展的几个基本问题做初步分析，重点对加快经济和

1　习近平：《决胜全面建成小康社会，夺取新时代中国特色社会主义伟大胜利——在中国共产党第十九次全国人民代表大会上的报告》，北京：人民出版社，2017年版，第10页。

社会转型发展问题做一些探讨。

一、转型发展的必由之路

道路问题是转型发展能否成功最根本的问题，也是关系党和国家事业兴衰成败的首要问题。坚定不移走中国特色社会主义道路，是转型发展的必由之路，也是实现中华民族伟大复兴的唯一正确道路。

关于这条道路的科学内涵，党的十八大做了全面的概括。这就是："中国特色社会主义道路，就是在中国共产党领导下，立足基本国情，以经济建设为中心，坚持四项基本原则，坚持改革开放，解放和发展社会生产力，建设社会主义市场经济、社会主义民主政治、社会主义先进文化、社会主义和谐社会、社会主义生态文明，促进人的全面发展，逐步实现全体人民共同富裕，建设富强民主文明和谐的社会主义现代化国家。"[1]应当指出，这条道路是由众多具体道路构成的，比如中国特色自主创新道路，中国特色新型工业化、信息化、城镇化、农业现代化道路，中国特色社会主义政治发展道路，中国特色社会主义法治道路，中国特色社会主义文化发展道路，中国特色反腐倡廉道路，和平发展道路等等，这些具体道路都是中国特色社会主义道路在不同领域的展开。

党的十八大以来，我们党对这条道路的探索又取得了新成果，内涵进一步丰富。习近平新时代中国特色社会主义思想就有许多这方面的论述，强调要毫不动摇坚持和发展中国特色社会主义，走好今天的长征路。"在新长征路上，我们要坚信，中国特色社会主义道路是实现社会主义现代化的必由之路，是指引中国人民创造自己美好生活的必由之路。"[2]

新中国成立以来，特别是改革开放以来，我国综合实力大幅增强，国

1　胡锦涛：《坚定不移沿着中国特色社会主义道路前进，为全面建成小康社会而奋斗》，《人民日报》，2012年11月9日。

2　习近平：《习近平谈治国理政（第二卷）》，北京：外文出版社，2017年版，第51页。

际地位不断提升，国家的面貌发生了天翻地覆的变化，中华民族正以崭新姿态屹立于世界的东方。事实雄辩地证明，中国特色社会主义道路是历史的选择、人民的选择，是国家富强、民族振兴、人民幸福的康庄大道。这条道路是党带领人民历经千辛万苦、付出巨大代价开辟出来的，是一条成功之路，也是坚定转型发展正确方向的根本保证。在加快转型发展的过程中，我们要格外珍惜，坚定不移地沿着这条道路继续走下去。找到这条正确道路很不容易，走好这条道路更不容易。邓小平同志深刻指出："基本路线要管一百年，动摇不得。只有坚持这条路线，人民才会相信你，拥护你。谁要改变三中全会以来的路线、方针、政策，老百姓不答应，谁就会被打倒。"[1]加快转型发展，就是要在新的历史条件下，走好这条道路，使之越来越宽广。毋庸讳言，一直以来，社会上总有些人对走这条道路有这样那样的议论，有些人甚至是诋毁和反对，有些人想把我国拉回老路上，有些人想把我国引到邪路上。对此，我们必须保持清醒头脑，坚定道路自信，既不走封闭僵化老路，也不走改旗易帜的邪路，不为任何风险所惧，不为任何干扰所惑，真正做到"千磨万击还坚劲，任尔东西南北风"。

应当看到，新时代我国社会主要矛盾已经转化为人民日益增长的美好生活需要和不平衡不充分发展之间的矛盾。这个变化是关系全局的历史性变化，对转型发展提出了许多新要求。转型发展要坚持这条道路，核心是坚持"一个中心、两个基本点"的基本路线不动摇，为此，要牢牢把握党的基本路线的科学内涵和时代要求，重点应当在以下几个方面持续取得进展。

一是坚持以经济建设为中心，推动社会全面进步。推动经济持续健康发展，是促进其他各方面事业发展的物质基础，是加快转型发展的核心任务。以经济建设为中心是兴国之要，解放和发展社会生产力是根本任务。在经济下行压力不断增大的形势下，稳增长、调结构、惠民生的任务更加繁重。因而，要坚持以经济发展质量和效益为中心，不断增强我国的经济实力。在此基础上，还必须推动政治建设、文化建设、社会建设、生态文明建设以及

1　邓小平：《邓小平文选》第3卷，北京：人民出版社，1993年版，第370~371页。

其他各方面协调发展。这是中国特色社会主义“五位一体”总布局的内在要求，也是加快转型发展的应有之义。

当前，我国经济发展进入了新时代，基本特征就是由高增长发展阶段转向高质量发展阶段。推动高质量发展，是保持经济持续快速健康发展的必然要求，是实现宏伟战略目标的必然要求，也是加快转型发展的必然要求。

二是坚持四项基本原则，尤其是要加强和完善党的领导。四项基本原则是立国之本，也是转型发展必须坚持的正确方向。在国际国内形势发生深刻变化的形势下，坚持四项基本原则具有更加重要的意义。四项基本原则中，党的领导是核心，这是中国特色社会主义最本质的特征，也是深化改革和转型发展最根本的保证。党政军民学，东西南北中，党是领导一切的。坚持和完善党的领导，是党和国家的根本所在、命脉所在，是全国各族人民的利益所在、幸福所在。

应当看到，在世情国情党情深刻变化的新形势下，党所处的历史方位和执政条件、党员队伍组织都发生了重大变化，党肩负着历史重任，“四种考验”、“四大危险”更加严峻地摆在全党面前。因此，管党治党一刻不能松懈。新时代要有新气象、新作为。党的十九大报告强调，打铁必须自身硬。要坚定不移全面从严治党，不断提高党的执政能力和领导水平，把党建设成为始终走在时代前列、人民衷心拥护、勇于自我革命、经得起各种风浪考验、朝气蓬勃的马克思主义执政党。同时，要把坚持四项基本原则贯穿于持续发展的全过程，用习近平新时代中国特色社会主义思想武装头脑，指导实践，推动工作，引领转型发展稳步前进。

三是坚持党的思想路线，进一步解放思想。解放思想是发展中国特色社会主义的一大法宝，也是加快推进转型发展的重要前提。党的十八届六中全会明确指出：“全党必须坚持把党的思想路线贯彻于执行党的基本路线的全过程；坚持解放思想、实事求是、与时俱进、求真务实，坚持理论联系实际，一切从实际出发，在实践中检验真理和发展真理，既反对各种否定马克思主义的错误倾向，又破除对马克思主义教条式理解。”[1]党的思想路线就是，一切从实际出发，理论联系实际，实事求是，在实践中检验真理和发展真理。坚持这条思想路线，必须进一步解放思想。在加快转型发展问题上，一些思想观念的障碍往往不是来自体制外，而是来自体制内。因此，首先要在体制内冲破思想观念的障碍，特别是各级领导干部，要带头解放思想，以自我革命的勇气和胸怀，勇于突破利益固化的藩篱，积极投身深化改革的伟大实践。同时，要以体制内的思想解放影响和带动体制外的思想解放，使体制内外融为一体，互相促进，形成进一步解放思想的洪流。只有这样，才能为加快转型发展奠定良好的思想基础，营造有利的社会氛围。

四是立足国情，进一步扩大开放。改革开放以来，我国经济社会持续快速发展，取得了举世瞩目的历史性成就。社会生产力水平显著提高，综合国力跃居世界前列，社会事业不断发展，人民生活显著改善，国际地位和影响力大幅提升，在世界舞台上扮演着越来越重要的角色。党的十九大报告明确指出：“中国特色社会主义进入新时代，我国社会主要矛盾已经转化为人民日益增长的美好生活需要和不平衡不充分的发展之间的矛盾。”[2]同时，应当看到，社会主要矛盾的变化，并没有改变我国所处的历史阶段，我国仍处于并将长期处于社会主义初级阶段的基本国情没有变，我国是世界最大发展中国家的国际地位没有变。开放仍然是国家繁荣发展的必由之路。因此，必须进一步扩大开放，推动形成全面开放新格局。新时代进一步开放的战略举措，就是要扎实推进“一带一路”建设，加快贸易强国建设，改善外商投资环境，优化区域开放布局，创新对外投资合作方式。只有把立足国情和面向世界结合起来，把国际国内两个市场、两种资源结合起来，才能推动形成全方位开放新格局，才能使转型发展的路子越走越宽广。

五是要艰苦奋斗，真抓实干。艰苦奋斗是我们的优良传统，真抓实干

1　《中共中央关于新形势下党内政治生活的若干准则》，北京：人民出版社，2016年版。

2　习近平：《决胜全面建成小康社会，夺取新时代中国特色社会主义伟大胜利——在中国共产党第十九次全国人民代表大会上的报告》，北京：人民出版社，2017年版。

是完成目标任务的必然要求。空谈误国，实干兴邦。转型发展目标宏伟，任重道远。要把宏伟的目标任务变成现实，必须靠亿万人民艰苦奋斗，真抓实干。邓小平同志强调，世界上的事情都是干出来的，不干，半点马克思主义都没有。习近平总书记指出，面向未来，全面建成小康社会要靠实干，基本实现现代化要靠实干，实现中华民族伟大复兴要靠实干。一分部署，九分落实。要发扬钉钉子的精神，不折腾，不反复，切实把工作落到实处，做出经得起实践、人民、历史检验的实绩。转型发展是一个长期而又艰巨的过程，任重而又道远，因而要在全社会弘扬崇尚实干、务求实效的良好风尚，特别是各级领导干部要以身作则，清正廉洁，敢于担当，带头实干。各级党委和政府要科学决策，真抓实干，团结和带领群众，注重调动各方面的积极性，把加快转型发展的各项工作落到实处。

二、转型发展的根本遵循

转型发展是顺应国内新发展大势的必然抉择，是实现“四个全面”战略布局的伟大实践。转型发展的实践行动需要新的发展理念来引领。习近平总书记指出：“发展理念是发展行动的先导，是管全局、管根本、管方向、管长远的东西，是发展思路、发展方向、发展着力点的集中体现。发展理念搞对了，目标任务就好定了，政策措施也就跟着好定了。”[1]党的十八届五中全会提出的创新、协调、绿色、开放、共享的新发展理念，就是转型发展的根本遵循。它贯穿了以人民为中心的发展思想，集中反映了我们党对我国发展规律的新认识。贯彻落实新发展理念，是关系我国发展全局的一场深刻变革，是加快转型发展的必然要求。

创新，注重的是解决发展动力问题。转型发展的一个重点是要从主要依靠劳动力、资源等要素驱动转到更多依靠创新驱动上来，把创新作为引领

1　习近平：《关于〈中共中央关于全面深化改革若干重大问题的决定〉的说明》，《人民日报》，2013年11月16日。

发展的第一动力。转型发展必须把创新摆在国家发展全面的核心位置，不断推进理论创新、制度创新、科技创新、文化创新等各方面创新，让创新贯穿党和国家一切工作，让创新在全社会蔚然成风。协调发展，注重解决的是发展不平衡问题。这是转型发展的内在要求，其主要任务是促进区域协同、城乡一体、物质文明精神文明并重、经济建设国防建设融合，在加强薄弱领域中增强发展后劲。绿色发展，注重解决的是人与自然和谐问题。转型发展必须转变旧的生产方式和生活方式，坚持绿色富国、绿色惠民，提供更多优质生态产品，以满足人民群众日益增长的优美生态环境需要，推动形成绿色发展方式和生活方式。开放发展，注重解决的是内外联动问题。转型发展必须坚持对外开放战略，丰富对外开放内涵，提高对外开放水平，坚持内外需协调、进出口平衡、引进来和走出去并重、引资和引智并举，形成深度融合和互利合作格局。共享发展，注重解决的是社会公平正义问题。转型发展就是要坚持共享这个本质要求，让改革发展成果更多更公平惠及全体人民，增强发展动力，增进人民团结，逐步实现共同富裕。

坚持以人民为中心的发展思想，是新发展理念的精髓，也是加快转型发展的出发点和落脚点。它体现了我们党全心全意为人民服务的根本宗旨，体现了人民是推动发展根本力量的唯物史观，体现了逐步实现共同富裕的目标要求。

以人民为中心，必须坚持人民主体地位。充分发挥人民主人翁精神，始终不渝地坚持群众路线，尊重和维护人民利益，是坚持人民主体地位的内在要求。改革越深入，发展越迅速，越需要坚持人民主体地位，越要保障人民当家做主，越要维护人民利益。只有这样，才能使深化改革和转型发展获得广泛而牢固的群众基础。为此，要坚持和完善人民代表大会制度。坚持国家一切权力属于人民，支持和保证人民通过人民代表大会行使国家权力，最广泛地动员和组织人民依法管理国家事务和社会事务。要扩大人民民主，健全民主制度，丰富民主形式，拓宽民主渠道，积极创造条件从各层次各领域扩大公民有序参与。在深化改革和转型发展中要把人民代表大会制度落到实处，发展更加广泛、更加充分、更加健全的人民民主，通过各级人民代表大会来研究和解决改革发展面临的重大问题，从制度和机制上切实防止出现人民形式上有权、实际上无权的现象。要进一步健全社会主义协商民主制度。深化改革和转型发展中的重大问题，要通过国家政权机关、政协组织、党派团体等渠道，进行广泛的协商。不仅如此，要不断扩大协商民主，改革发展的重要事情都要广泛的协商，充分听取社会各界的意见和建议。协商应该是全方位的，而不是局限在某个方面的；应该是全国上上下下都要做的，而不是局限在某个地区或部门。通过广泛的、多层次、真诚的协商，使深化改革和转型发展的决策更好地顺应民意，更加合乎实际，更加科学管用。要进一步完善基层民主制度。基层民主是群众身边的民主，完善基层民主制度主要是完善居民委员会、村民委员会、企业职工代表大会等制度。尤其是在城乡社区治理中，要切实贯彻落实群众自我管理、自我服务、自我教育、自我监督的民主权利。从我国的实际出发，应当健全基层党组织领导的充满活力的基层群众自治机制，把扩大有序参与、推进信息公开、加强议事协商、强化权力监督作为基层民主的重点，完善和落实基层民主制度，保障人民享有更多更切实的民主权利。

以人民为中心，就要让人民群众得到实实在在的利益。就是说，不能只停留在口头上，止于思想环节，而要体现在经济社会发展各个环节，尤其是要体现在人民受益上。党的十一届三中全会以来，我国改革和发展之所以能够取得重大进展和显著成就，根本原因在于人民群众得到许多实实在在的利益，获得了许多发展的机会。人民有所呼，改革就要有所应，发展就应有所获。深化改革和转型发展要得到群众的拥护和支持，关键还是要让人民得到更多的好处和机会，重点是要落实到增进人民福祉、促进社会公平上。因此，要把经济建设搞得更好，把社会事业发展得更好，切实保障和改善民生，让人民群众享受到更多的改革发展成果，满足人民日益增长的美好生活需要。为此，应当从群众最关心最迫切需要解决的实际问题入手，下大力气解决好群众反映强烈的突出问题，主要是教育、就业、收入分配、社会保障、住房、医疗等与群众切身利益密切相关的问题。应当看到，随着时代的发展和社会的进步，人民群众对物质和文化生活的需求在不断增长，对政治权益和社会权益的诉求必然会增多，特别是对社会公平正义的诉求期待和要求越来越高。因而，在努力让人民获得更多物质利益的同时，要把促进社会公平正义摆在更加突出的位置，重点要促进权利公平、机会公平和规则公平。促进权利公平，就是要切实维护和落实宪法和法律规定的公民各项权利和自由，充分保障人民群众的知情权、参与权、表达权、监督权。促进机会公平，就是要为每一个人提供广阔平台和施展空间，使他们平等参与社会发展进程，共享社会发展成果。促进规则公平，就是要大力营造公开、公正、公平、透明的制度环境，做到法律和规则面前人人平等，制度约束没有例外。

以人民为中心，必须坚持群众路线。党的群众路线的基本含义是：一切为了群众，一切依靠群众，从群众中来，到群众中去，把党的正确主张变为群众的自觉行动。深化改革和转型发展要坚持群众路线，就是要坚持以人为本，做到改革发展为了人民，依靠人民，成果由人民共享；就是要树立以人民群众为中心的工作导向，坚持“以百姓心为心”，把人民群众高兴不高兴、赞成不赞成、答应不答应作为最高标准。制定和实施改革发展的政策措施，要倾听群众心声，尊重人民利益，充分考虑人民群众的意愿和感受。凡涉及群众切身利益的重大决策，都要充分听取群众的意见和建议，充分考虑不同群众的切身利益和承受能力。各级领导干部在领导和推动改革发展过程中，要深入群众，深入实际，调查研究，掌握第一手情况，把握时代的脉搏。同时，要拜人民为师，坚持问政于民，问需于民，问计于民，从人民群众丰富多彩的实践中汲取智慧和力量。

以人民为中心，必须妥善协调各方面的利益关系。改革开放以来，随着经济体制深刻变革和社会结构深刻变动，我国的利益格局发生了深刻的变化，各方面的利益关系越来越复杂。这些利益关系，主要表现为不同阶层的利益关系。近年来，许多学者对此进行了研究，提出了一些观点和看法。有些学者经过调查研究，把我国阶层结构划分为十个社会阶层：即国家与社会管理者阶层、经理人员阶层、私营企业主阶层、专业技术人员阶层、办事人员阶层、个体工商户阶层、商业服务业员工阶层、产业工人阶层、农业劳动者阶层和城乡无业失业半失业者阶层。[1]在深化改革和转型发展中，必须认真考虑和兼顾不同阶层、不同方面的利益。在收入分配方面确实存在许多不合理的地方，对现存不合理的利益分配格局必须进行调整。但是，这种调整要有利于发展，有利于和谐，有利于调动各方面的积极性。在调整利益关系过程中，应当着眼于持续发展，着眼于扩大增量，在做大“蛋糕”的同时，善于分好“蛋糕”。即使是对既有利益进行调整，也不能简单地搞平均主义那一套，不能回到“吃大锅饭”的老路上去。就是说，要保护各个阶层的合法利益，合理调整各阶层利益关系，使不同社会群体各展其能，各得其所。李克强总理明确指出：“首先要把贫困人民群众和低收入者的利益保障好维护好，让他们在改革中获得更多的发展机会；要让中等收入阶层逐步扩大，使他们拥有更大的发展空间；还要保护高收入者的合法利益，为他们放开手脚、投资兴业创造更好的发展环境。”[2]只有这样，才能形成一个各阶层各方面广泛参与和支持改革发展的局面，才能把最广大人民的智慧和力量凝聚到改革发展上来。

三、转型发展的强大动力

改革开放是当代中国最鲜明的特色，是党在新的历史时期带领人民进行的新的伟大革命。改革与开放密不可分，连为一体，开放也是改革，改革必须开放。党的十八届三中全会通过的《中共中央关于全面深化改革若干重大问题的决定》（以下简称《决定》）指出：“改革开放最主要的成果是开创和发展了中国特色社会主义，为社会主义建设提供了强大动力和有力保

1　陆学艺主编：《当代中国社会阶层研究报告》，北京：社会科学文献出版社，2002年版，第8页。

2　李克强：《关于深化经济体制改革的若干问题》，《求是》，2014年第9期。

障。事实证明，改革开放是决定当代中国命运的关键抉择，是党和人民事业大踏步赶上时代的重要法宝。”[1]毫无疑问，全面深化改革是加快转型发展的强大动力。

应当指出，转型发展与深化改革是紧密联系的，也是互相促进的。改革永无止境，转型发展也永无止境，停顿和倒退没有出路。我国是一个发展中的大国，我国的发展与世界的联系越来越紧密，受国内外发展环境的影响也越来越大。总的来看，国内外形势发生了广泛而深刻的变化，我国所处的发展环境错综复杂，我国的发展既具有许多有利条件和因素，也面临许多突出的矛盾和问题。我国只有继续坚持改革开放，把自己的事情办好，才能立于不败之地。

从国际上看，和平与发展依然是时代的主题，世界多极化、经济全球化、文化多样化、社会信息化深入发展。世界经济复苏在艰难曲折中逐步前行，我国发展仍处于战略机遇期，但战略机遇期的内涵和条件发生了很大变化，逆全球化和贸易保护主义日趋抬头，局部地区博弈更加激烈，外部环境不稳定不确定因素明显增多，我国发展面临的风险挑战明显加大。

从国内来看，在人民生活总体达到小康后，人民对美好生活的向往更加强烈，对物质文化生活有着更多、更广泛的要求，呈现多样化、多层次的特点，对民生、法治、公平、正义、安全等方面的要求也日益增长。同时，我国发展不平衡、不充分的问题也凸现出来，主要是：发展质量和效益还不高，创新能力不够强，实体经济发展普遍比较困难，民生领域还有不少短板，生态环境保护任重道远，等等。由此可见，我国面对的改革发展稳定任务之重前所未有，矛盾风险挑战之多前所未有。要解决这些问题，加快转型发展，关键在于深化改革。习近平总书记强调指出：“要破解中国发展中面临的难题，化解来自各方面的风险挑战，除了深化改革，别无他途。”[2]

1　《中共中央关于全面深化改革若干重大问题的决定》，《人民日报》，2013年11月16日。

2　习近平：《关于〈中共中央关于全面深化改革若干重大问题的决定〉的说明》，《人民日报》，2013年11月16日。

党的十八大以来，党中央做出了全面深化改革的战略决策和全面部署，并且付诸实践，扎实推进。全面深化改革就是要坚决破除各方面体制机制弊端，进一步解放思想，解放和发展社会生产力，解放和增强社会活力。这实际上是一次新的自我革命，必然会触动一些人的既得利益，必然要突破利益固化的藩篱，必然面临很大的难度和较大的风险。改革开放只有进行时，没有完成时。现在推进改革的复杂程度，一点都不亚于30多年前。在整个社会主义现代化进程中，我们都要高举改革开放的旗帜，决不能有丝毫动摇。正因为如此，全面深化改革既要有勇气，又要有智慧。

所谓要有勇气，就是要以强烈的历史使命感和责任感，以壮士断腕的决心和勇气，坚定不移地推进改革。现在的改革，要解决的是许多绕不开、躲不过的难题。要破解这些难题，必须冲破思想观念的障碍，敢于啃硬骨头，敢于涉险滩。这种勇气，不仅有赖于各级领导的决心和信心，更重要的是要有广大人民群众的拥护和支持。只有上下同心，形成合力，才能汇成深化改革的强大力量。所谓要有智慧，就是坚持科学方法论，善谋善为，从人民群众的伟大实践中汲取智慧，积极稳妥地推进改革。为此，既要做好顶层设计，又要摸着石头过河，善于把二者有机结合起来。我国地域广阔，各地情况差异很大，发展很不平衡，深化改革面临的情况非常复杂。因此，仍然要摸着石头过河，充分发挥地方和基层的积极性、主动性和创造性，在改革的探索中形成可复制、可推广的经验。

四、转型发展的基本导向

实现社会主义现代化，是亿万人民的共同夙愿，是中国特色社会主义的奋斗目标，也是转型发展的基本导向。

实现社会主义现代化，是一个不断发展、不断完善的过程。新中国成立以来，我们党就把实现社会主义现代化作为奋斗目标。早在1940年，毛泽东同志就郑重地提出，我们要建立一个新中国。我们不但要把一个政治上受压迫、经济上受剥削的中国变为一个政治上自由、经济上繁荣的中国，而且要把一个被旧文化统治因而愚昧落后的中国，变为一个被新文化统治因而文明先进的中国。新中国成立后，以毛泽东同志为核心的党中央号召要把中国建设成为现代化国家，中国要为人类做出较大贡献。在1974年第四届全国人民代表大会上，周恩来同志提出，我国要实现工业、农业、国防和科学技术“四个现代化”。改革开放以后，以邓小平同志为核心的党中央提出了“三步走”实现现代化的战略目标：第一步，实现国民生产总值比1980年翻一番，解决人民的温饱问题；第二步，到20世纪末使国民生产总值再增长一倍，人民生活达到小康水平；第三步，到21世纪中叶，人均国民生产总值达到中等发达国家水平，基本实现现代化。邓小平同志强调，“四个现代化”就是最大的政治。他告诫全党，发展才是硬道理，基本路线一百年不动摇。以江泽民同志为核心的第三代领导集体提出，我国已进入全面建设小康社会、加快推进社会主义现代化的新的发展阶段。全面建设小康社会，加快推进社会主义现代化，使社会主义中国发展和富强起来，为人类进步事业做出更大贡献，这是我们党必须勇敢担负起来的历史任务。他号召全党，要坚持以我国改革开放和现代化建设的实际问题、以我们正在做的事情为中心，把社会主义现代化建设不断推向前进。以胡锦涛同志为总书记的党中央高度重视社会主义现代化建设，提出了一系列战略方针和政策措施。在党的十八大报告中，他代表全党郑重提出了“两个一百年”奋斗目标，即在中国共产党成立100年时全面建成小康社会，在新中国成立100年时建成富强民主文明和谐的社会主义现代化国家。他号召全党，要一心一意谋发展、聚精会神搞建设，为全面建成小康社会，进而建成社会主义现代化国家而奋斗。习近平同志在党的十九大报告提出，新时代坚持和发展中国特色社会主义的奋斗目标是决胜全面建成小康社会，开启全面建设社会主义现代化国家新征程，为实现中华民族伟大复兴的中国梦而不懈奋斗。从二〇二〇年到本世纪中叶分两个阶段来安排：第一阶段，从二〇二〇年到二〇三五年，在全面建成小康社会的基础上，再奋斗十五年，基本实现社会主义现代化；第二阶段，从二〇三五年到本世纪中叶，基本实现现代化的基础上，把我国建设成为富强民主文明和谐美丽的社会主义现代化强国。他指出，中华民族伟大复兴，绝不是轻轻松松、敲锣打鼓就能实现的，全党必须准备付出更为艰巨、更为艰苦的努力。

以现代化为导向推进转型发展，是与全面深化改革的总目标是一致的。党的十八届三中全会《决定》明确提出，全面深化改革的总目标是完善和发展中国特色社会主义制度，推进国家治理体系和治理能力现代化。所谓国家治理体系，是指在党领导下管理国家的制度体系，是一套紧密相连、相互协调的国家制度。所谓国家治理能力，是指运用国家制度管理社会各方面事务的能力。不言而喻，推进国家治理体系和治理能力现代化属于社会主义现代化的范畴，其基本要求，就是要使各方面事务治理更加科学，更加完善，实现党、国家、社会各项治理制度化、规范化、程序化，善于运用制度和法律治理国家，提高党科学执政、民主执政、依法执政水平。完善和发展中国特色社会主义制度实际上也属于社会主义现代化的范畴，即国家制度现代化。制度现代化在国家治理中具有十分重要的作用，在整个现代化体系中占有举足轻重的地位。实践证明，制度问题更带有根本性、全面性、稳定性和长期性，国家制度是现代化变革的关键性因素。制度现代化作为继“四个现代化”后我们党提出的又一个现代化战略目标，具有重大而深远的意义。只有通过改革创新，形成一整套更加成熟更加定型的制度，社会主义现代化才能平稳持续地向前推进。加快转型发展不仅要实现物质文明和精神文明建设的现代化，而且要实现国家治理体系和治理能力的现代化。只有这样，转型发展才能持续稳步地向前推进。

五、加快经济转型发展的若干思考

经济转型发展是整个转型发展的重点，核心任务是由高速增长转向高质量发展，建设现代化经济体系。由于受国际国内多种因素的影响，我国经济发展已进入新常态。新常态下，经济下行压力明显增大，实体经济普遍面临困境，面临中等收入陷阱的严峻考验，发展中不平衡、不充分、不可持续问题比较突出。事实表明，原有的经济发展模式已经难以为继，迫切需要进一步深化改革，这就必须贯彻新发展理念，坚持稳中求进的工作总基调，加快推进高质量发展。党的十九大报告明确提出，“必须坚持质量第一、效率优先，以供给侧结构性改革为主线，推动经济发展质量变革、效率变革、动力变革，提高全要素生产率，着力加快建设实体经济、科技创新、现代金融、人力资源协同发展的产业体系，着力构建市场机制有效、微观主体有活力、宏观调控有度的经济体制，不断增强我国经济创新力和竞争力。”[1]2017年12月召开的中央经济工作会议，着重对推动高质量增长提出明确要求，做出了重大部署。这就为新时代加快转型发展指明了方向，确定了方针。

（一）把深化经济体制改革落到实处

关于深化经济体制改革，党和国家已做出了顶层设计，出台了一系列措施，关键要落到实处，取得实效，这就要求各个地方、各个部门和单位采取切实有效的措施，创造性地开展工作。根据党的十九大精神和我国实际情况，应当以完善产权制度和要素市场化配置为重点，实现产权有效激励、要素自由流动、价格反应灵活、竞争公平有序、企业优胜劣汰。为此，要大力推进市场化改革，加快转型发展。

推进市场化改革，符合市场经济发展规律，适合我国现阶段的国情，解放和发展了社会生产力，促进了我国经济持续较快发展。事实证明，坚持推进市场化改革是完全正确的，应当继续坚持。但是，需要指出的是，市场在发挥配置资源的作用方面虽然取得了长足的进步，但远远没有起到决定性作用。由于种种原因，计划经济的影响仍然存在，不少领域市场配置资源的比重较低，经济发展的质量和效益亟待提高。在一些经济决策中，长官意志盛行，不按市场经济规律办事的现象屡见不鲜，给经济建设带来了许多不应

1　习近平：《决胜全面建成小康社会，夺取新时代中国特色社会主义伟大胜利——在中国共产党第十九次全国人民代表大会上的报告》，北京：人民出版社，2017年版，第30页。

有的损失。因此，大力推进市场化改革，是发展社会主义市场经济的必然要求。对此，党的十八届三中全会《决定》明确指出："必须积极稳妥从广度和深度上推进市场化改革，大幅度减少政府对资源的直接配置，推动资源配置依照市场规则、市场价格、市场竞争实现效益最大化和效率最优化。"[1]

大力推进市场化改革，关键是要处理好市场与政府的关系。"经济体制改革是全面深化改革的重点，核心是要正确认识和处理政府与市场的关系，使市场在资源配置中起决定作用和更好发挥政府作用。"这一论断，是我们党在社会主义市场经济理论上的重大突破，是我们党对社会主义建设规律认识的新飞跃。实践证明，市场经济在本质上就是市场决定资源配置的经济，市场配置资源是最有效的形式。使市场在资源配置中起决定作用，本质上就是让价值规律、竞争规律和供求规律等市场经济规律在资源配置中起决定作用。当然，市场在资源配置中起决定作用，并不是起全部作用，仍然要发挥政府的积极作用。事实上，市场调节本身存在着不少弱点，有一些失灵的地方。市场是一只"看不见"的手，政府是一只"看得见"的手，这两只手各有长短但功能不同。"两只手"都要用，并且要有效配合，在不同层次、不同领域发挥各自应有的作用，不能越位、错位和失位。只有这样，才能充分发挥市场和政府的各自长处，实现两者之间的相互配合，良性互动。

在我国经济发展中，结构性矛盾非常突出。从供给与需求结构看，两方面都有不少问题，但供给侧是主要矛盾。许多行业和产业产能严重过剩，同时大量关键设备、核心技术、高端产品还依赖进口。随着经济的发展和收入的提高，人们的需求发生了很大变化，而供给的产品都没有相应的变化，有效供给能力不足，产品质量和服务水平跟不上。事实表明，我国庞大的国内市场没有很好地掌握在我们自己手里，我国大量的购买力流失到国外市场。因此，加快转型发展的战略任务，是建设现代化经济体系的重要举措，其主攻方向就是提高供给体系质量，显著增强我国经济质量优势。

深化经济体制改革，既是攻坚战又是持久战，既要积极又要稳妥，既要

1 《中共中央关于全面深化改革若干重大问题的决定》，《人民日报》，2013年11月16日。

有广度又要有深度。党的十九大对此做了全面系统的决策部署，主要应当从以下几个方面推进改革：

第一，以供给侧结构性改革为主线。主要任务是：推动产业优化升级，重点是加快发展先进制造业、现代服务业，加强基础设施网络建设；加快形成新动能，培育更多新增长点；改造提升传统动能，推动互联网、大数据、人工智能和实体经济深度融合，支持传统产业优化升级。当前和今后一个时期的主要措施，就是要把发展经济的着力点放在实体经济上，重点推进“三去一降一补”，即去产能、去库存、去杠杆，降成本，补短板。只有这样，才能优化存量资源配置，扩大优质增量供给，实现供需动态平衡。

第二，坚持和完善基本经济制度。以公有制为主体、多种所有制经济共同发展是我国的基本经济制度，也是加快转型发展的制度基础。公有制经济和非公有制经济都是社会主义市场经济的重要组成部分和我国经济社会发展的重要基础。两种所有制都应依法平等使用生产要素、公开公正参与市场竞争，同时受到法律保护。因而，要毫不动摇巩固和发展公有制经济，坚持公有制主体地位，不断增强国有经济活力、控制力和影响力；毫不动摇鼓励、支持、引导非公有制经济发展，激发非公有制经济活力和创造力。充分调动两种所有制经济的积极性，核心是完善产权制度，即要健全归属清晰、权责明确、保护严格、流转顺畅的现代产权制度，保护各种所有制经济产权和合法利益。积极发展混合所有制经济，并把它作为基本经济制度的重要实现形式，这是今后完善基本经济制度的着力点，也是深化国有改革的战略举措。发展混合所有制经济有利于各种所有制经济取长补短，相互促进，共同发展。在加快转型发展的过程中，尤其是要把权利公平、机会公平、规则公平的原则落到实处，废除对非公有制经济各种形式的不合理规定，清除各种隐性壁垒，让非公有制经济活力和创造力迸发出来。

第三，加快完善现代市场体系。这是营造公平竞争市场环境的内在要求，也会加快转型发展的必要条件。现代市场体系的主要特点是，企业自主经营、公平竞争，消费者自由选择、自主消费，商品和要素自由流动、平等交换。为此，重点是要建立公平开放透明的市场规则，实行统一的市场准入制度，在制定负面清单的基础上，各类市场主体可以依法平等进入清单之外的领域。同时，要完善主要由市场决定价格的机制，凡是能由市场形成价格的都交给市场，政府不进行不当干预。继续推动重要要素市场改革，建立城乡统一的建设用地市场，在符合规划和用途管制前提下，允许农村集体经营建设用地出让、租赁、入股，实行与国有土地同等入市同权同价。完善现代市场体系必然要求完善金融市场体系，扩大金融业对内对外开放，允许具备条件的民间资本依法发起设立中小型银行等金融机构。同时，要依法加强金融监管，注重防控金融风险，更好地为实体经济服务。健全技术市场导向机制，通过深化科技体制改革，建立健全鼓励原则创新、集成创新、引进消化吸收再创新的体制机制。

第四，加快转变政府职能。这是加快转型发展的重要前提，也是全面深化经济体制改革的必然要求。李克强总理指出，加快转变政府职能，很重要的就是“完善管理体制和运行机制，理顺政府和市场、政府和社会、中央和地方的关系，逐步建立各级政府的权力清单制度，推动政府全面正确地履行职能”。[1]为此，既要健全宏观调控体系，又要全面正确履行政府职能；既要继续简政放权，又要加强监管。继续简政放权，重点要做到“三个一律”，即市场机制能有效调节的经济活动，一律取消审批；直接面向基层、量大面广、由地方管理更方便有效的经济社会事项，一律下放地方和基层管理；深化投资体制改革，除关系国家安全和生态安全、涉及国家重大生产力布局、战略性资源开发和重大公共利益等项目外的企业投资项目，一律由企业依法依规自主决策。同时，政府要同步加强和改进监管，特别是要定好标准，完善制度，注重事前监管和事中监管。要建立横向到边、纵向到底的监管网络和科学有效的监管机制，要优化政府机构设置、职能配置、工作流程，创新政府管理方式，提高政府管理效率和水平，要继续大幅减少行政审批事项，确实需要保留的一律向社会公开。

1　李克强：《关于深化经济体制改革的若干问题》，《求是》，2014年第9期。

（二）加快转变经济发展方式

这是加快转型发展的重点，也是促进我国经济持续稳定发展的主要途径。这个问题已经讲了多年，做了大量探索，并且取得了不少成绩，积累了一定的经验。但是，我国经济发展方式仍然没有实现根本转变。主要表现如下：一是我国经济增长的主要拉动力没有改变。迄今为止，经济增长依然高度依赖国际市场，投资率偏高，消费率偏低，内需拉动力仍然不足。二是产业结构不合理，农业基础薄弱的状况没有根本改变，经济增长主要依靠第二产业带动，第三产业尤其是现代服务业仍较落后。三是经济增长主要依赖要素数量投入，科技对经济增长的贡献率不够高，自主创新能力不够强，全要素劳动生产率仍然较低，许多企业经济效益比较差。四是经济增长所付出的能源、资源、环境代价过大，生态环境遭到了很大破坏，能源资源浪费现象比较严重。五是城乡发展、区域发展不平衡，脱贫攻坚任务仍然繁重，民生领域还有不少短板。

上述情况表明，加快转变经济发展方式刻不容缓。因此，重点是要加快推进如下转变：从以往过分强调GDP增长向以人为本的发展目标转变；从主要依靠第二产业带动经济增长向依靠三次产业协同带动转变；从主要依靠投资、出口拉动经济增长向依靠消费、投资、出口协同带动转变；经济增长主要依靠物质资源消耗向主要依靠科技进步、劳动者素质提高、管理创新转变。推进这些转变，就是要把发展的立足点转到提高质量和效益上来。显然，这是一项长期的战略任务，需要抓紧推进，尽快取得实效。

企业是市场的主体，企业的发展活力是整个经济发展的基础，企业转型是经济转型的主要载体。加快转变经济发展方式的战略基点，就是要着力激发各类市场主体发展新活力，最重要的就是要为企业生产和经营创造良好的政策环境，为企业提供更好的服务。经过多年的改革，企业所面临的环境已经明显改善，政府提供的服务比过去也有很大进步，但是仍然存在着不少亟待解决的问题，企业的活力没有充分发挥出来。主要表现是：政府对微观经济干预仍然过多，企业的负担仍然过重，许多国有企业的活力和竞争力仍然不足，非公有制经济发展仍然有许多限制。为了解决这些问题，需要进一步深化经济体制改革，加快转变政府职能，切实减轻企业负担，创造更加公平更加宽松的经济发展环境，调动企业转型升级的主动性、积极性和创造性。实践表明，面对日益激烈的市场竞争，企业转型升级是生存发展的必由之路，也是经济转型发展的微观基础。从一定意义上说，企业的生命在于创新，企业的生存发展要靠转型升级。否则，企业就将陷于被动，甚至会被市场淘汰。企业转型升级，需要技术、人才、管理等各方面的条件，也需要观念、思路、模式等方面的创新，还需要政府政策引导、公共服务和社会有关方面的支持。

（三）深入实施创新驱动发展战略

创新是引领发展的第一动力，是建设现代化经济体系的战略支撑。深入实施创新发展战略，是加快转变经济发展方式、加快推动转型发展的动力源泉，是加快建设创新型国家的战略举措。这是一项重大而又长期的任务，在国家发展全局中占有核心地位。

党的十八届五中全会提出：在国际发展竞争日趋激烈和我国发展动力转换的形势下，必须把发展基点放在创新上，形成促进创新的体制架构，塑造更多依靠创新驱动、更多发挥先发优势的引领型发展。[1]这是我国今后经济发展思路的重大转变，也是加快转型发展的战略任务。深入实施创新发展战略，核心就是要发挥好科技作为第一生产力的作用，重点就是要解决好科技与经济社会发展深度融合问题，关键是发挥市场配置科技创新资源的决定性作用。为此，要坚持走中国特色自主创新道路，以全球视野谋划和推动创新，提高原始创新、集成创新和引进消化吸收再创新能力，更加注重协同创新，充分发挥科技创新在转型发展中的关键性作用。通过创新发展，培育经济发展新动力，构建经济发展新优势，拓展经济发展新空间。

深入实施这一战略，需要深化科技体制改革，让机构、人才、装置、资

1　《中共中央关于制定国民经济和社会发展第十三个五年计划的建议》，《人民日报》，2015年11月4日。

金、项目都充分活跃起来，形成创新发展的强大合力。在深化改革过程中，建立健全鼓励原始创新、集成创新、引进消化吸收再创新的体制机制，健全技术创新导向机制，发挥市场对技术研发、路线选择、要素价格、各类创新要素配置的导向作用。同时，建立产学研协同创新机制，强化企业在技术创新中的主体地位。此外，还要加强知识产权保护，健全技术创新激励机制，切实保障科技人员的合法权益，完善政府的服务机制，改革人才管理体制，调整优化学科布局。

科技创新的主要目的是创造价值，而价值要通过市场来实现。大力发展技术市场，是实现科技创新与经济发展深度融合的根本途径。为此，要健全技术创新市场导向机制，使企业真正成为技术创新主体。只有这样，才能调动企业的主动性、积极性和创造性，才能发挥市场配置创新资源的决定性作用。在推动科技创新的过程中，应当发挥大型企业创新骨干作用，激发中小企业创新活力。尤其要广泛运用“互联网+”的方式，把科技创新转化为市场效益。一般说来，大型企业经济实力强，科技人才多，影响力也大，大型企业在技术创新中起到骨干作用，能够带动中小企业技术创新。同时，应积极支持中小企业的创新活动，为它们开展创新创造条件、提供平台，激发它们的创新活力。为此，要建立由市场决定技术创新项目和经费分配、成果评价的机制。在技术创新项目上，要广泛听取各方面的意见，特别是企业的意见。在经费分配上，要建立科学公正的分配机制，接受社会的监督。在成果评价上，要注重技术创新的实际效果，特别是市场效益，由专家、用户和第三方共同评价。此外，还要健全技术转移机制，改善科技型中小企业融资条件，完善风险投资机制，鼓励商业模式创新。

增强自主创新能力是实施创新驱动战略的内在要求，是加快转型发展的关键举措。事实反复证明，在关系国民经济命脉和国家安全的关键领域，真正的核心技术是买不来的，必须依靠自主创新。为此，要紧扣发展主题，明确主攻方向，构建创新体系，选准突破口。紧扣发展主题，就是要坚持问题导向，紧扣科学发展的主题推进科技创新，其主要任务是以科技创新推动经济发展方式转变和产业结构战略性调整。明确主攻方向，就是科技创新要以构建现代产业体系为主攻方向，紧跟全球科技发展前沿。构建创新体系，就是要构建国家、地方和企业互相联系的创新体系。尤其要发挥有特色高水平大学和科研院所的作用，鼓励企业开展基础性前沿性创新研究。在国家层面，要重视发挥市场经济条件下新型举国体制选择一批体现国家战略意图的重大科技项目，集中力量，协同攻关。同时还要积极组织或牵头组织国际大科学计划和大科学工程。在地方层面，也要按照国家区域发展布局，建设富有特色的区域创新体系，尤其是要搞好国家高新技术产业开发区、自主创新示范区，大力推进创新型城市建设。有条件的企业，特别是大型科技龙头企业，也应当建立自己的创新体系，集中力量在某些专业领域进行技术创新，并且尽快将创新成果转化为现实生产力。选准突破口，就是要按照主动跟进、精心选择、有所为有所不为的方针，选择科技创新的突破口。在不同的时期应选择不同的突破口，不同层面创新体系和创新实体也应选择不同的突破口。

需要指出，在实施科技发展战略的过程中，应当正确认识和处理基础理论研究、工程技术研究、科技推广应用的关系。对此，国家已经做了规划和部署，并付诸实践。党的十九大进一步指出，要瞄准世界科技前沿，强化基础研究，实现前瞻性基础研究，引领原创成果重大突破。要加强应用基础研究，拓展实施国家重大科技专项，突出关键共性技术、前沿引领技术，为建设科技强国、质量强国、航天强国、网络强国、交通强国、数字强国、智慧社会提供有力支撑。为此，要科学规划，加大投入，在工程技术领域，着力攻克一批关键核心技术，推动产业结构优化和调整。要倡导创新文化，强化知识产权创造、保护、运用。重视和加强创新成果的推广应用，使之尽快转化为市场优势和经济效益。要构建激励创新的体制机制上，破除束缚创新和成果转化的制度障碍，重点是完善科技成果转化和收益分配机制，构建普惠性创新支持政策体系。

科技是第一生产力，人才是第一资源。创新驱动发展战略能否实施好、落实好，关键靠人才。事实表明，哪个国家拥有人才上的优势，哪个国家最后就会拥有实力上的优势。因此，要把人才资源开发放在创新驱动战略最优先的位置。促使人才规模、质量和结构与我国创新发展相适应。坚持服务发展、人才优先、创新机制、高端引领、整体开发的方针，在创新实践中发现人才，在创新活动中培育人才，在创新事业中凝聚人才。目前我国人才总量很大，但高端人才、顶尖人才不足，人才流失仍较严重，严重制约了我国科技创新战略的实施。为了改变这种状况，要在吸引、培养、用好人才上下功夫。为此，要突出“高精尖缺”导向，大力培养领取创新发展急需紧缺人才，让各类人才在我国各得其所，大展其长。要健全完善“千人计划”“万人计划”等国家重大人才工程，各地也要实施相应的人才工程，把技能性人才、实用性人才纳入其中。要着力提高人才待遇，采取特殊政策措施，留住优秀人才，引进海外高端人才、顶尖人才。要推进人才体制改革和创新、营造良好的人才发展的环境，大力造就规模宏大、结构合理、素质优良的人才队伍。

（四）加快调整优化经济结构

经济结构不合理，是我国经济发展中存在的最主要问题。我国经济发展质量和效益不够高，核心竞争力不够强，与先进国家差距较大，都与此有很大的关系。实践表明，加快调整优化经济结构的关键是要深化供给侧结构性改革，建设现代化经济体系。

一是千方百计扩大内需。扩大内需是我国经济发展的战略基点，也是改革需求结构的必然要求。在推进经济结构战略性调整的过程中，应当始终把扩大内需放在非常重要的地位。应当看到，我国拥有近14亿人口，具有十分广阔的市场。作为世界上最大的新兴市场国家，我国蕴藏着巨大的需求潜力。同时，我国区域发展不平衡，城乡差距明显。这种国情客观上使我国的消费市场呈现出多层次性和多样性，因而不同档次、不同种类的商品在我国都有相当规模的市场需求。显然，这种状况是我国的一大特点，在一定意义上说也是我国的一大优势。我国应当要充分利用好、发挥好这些特点和优势。特别是在世界经济低迷、国际市场需求减弱、贸易保护主义明显抬头的形势下，千方百计扩大内需是我国的必然选择，也是有效抵御国际经济风浪冲击的战略举措。

扩大内需，必然要求拓展居民消费。居民消费需求是最终需求，对市场发展具有决定性作用，对生产发展也具有极其重要的影响。较长时期以来，我国的消费增长率低于投资增长率，其主要原因是居民收入仍然偏低，社会保障体系很不完善。因此，继续提高城乡居民尤其是低收入者的收入，建立和完善社会保障体系。同时，要改善投资结构，提高投资效益，创造出更多更好的产品，提供性价比更高的服务。此外，要努力改善消费环境，完善消费政策，拓宽消费领域，引导人们合理消费。

需要指出，扩大内需，不是要闭关自守，也不是要轻视外需。进一步扩大开放是我国的既定方针，努力拓展外需仍然是我国经济发展的重要途径。为了发展社会主义市场经济，我国必须更加充分地利用国际国内两个市场、两种资源，促进扩大内需与拓展外需良性互动。

二是加快构建现代化产业。这是调整优化经济结构的主要着力点，也是加快转型发展的战略举措。其主要任务就是要促进第一、第二、第三产业协调发展，逐步形成以农业为基础、工业为主导、战略性新兴产业为先导、基础产业为支撑、服务业全面发展的产业格局。为此，主要应做好以下几项工作：

（1）加快传统产业转型升级。在我国产业结构中，传统产业占绝大部分。从我国的基本国情来看，今后传统产业仍将是我国经济发展中的主体力量。大规模的传统产业，对于安排大量人口就业、满足人民生活需要、推动经济稳定发展，具有不可替代的作用。但是，我国传统产业总体上技术水平比较低，劳动生产率不高，竞争力不强。有些传统产业消耗资源和能源比较多，环境污染比较严重。因此，迫切需要转型升级，即运用高新技术和先进适用技术加快改造传统产业，加大淘汰落后产能、节能减排、企业重组等工作力度，推进传统产业跃上一个新台阶。在农业方面，要依靠高新技术尤其是生物技术对其进行改造。尤其是要重视培育优质、高产、安全的农作物新品种和健康、专用的动物新品种，并应用高新技术和先进适用技术进行生产和管理。在制造业方面，要应用高新技术进行改造传统制造业，千方百计掌握核心技术，推动制造业智能化、绿色化、服务化，促进由制造业大国转变为制造业强国。在传统服务业方面，要广泛应用信息技术等高新技术，并采用先进的管理方法，扩大服务范围，细化服务项目，改善服务质量，提高管理水平。

（2）大力发展战略性新兴产业。战略性新兴产业是以重大技术突破和重大发展需求为基础，对经济社会全局和长远发展具有重大引领带动作用的产业。在发展战略性新兴产业方面，我国进行了许多实践和探索，并且取得了积极进展。但是总的来说，我国在这方面起步较晚，整体水平不高，竞争力也不强。应当看到，近年来，世界上一些主要国家把发展战略性新兴产业作为战略重点，投入了大量人力、物力和财力，取得了重大进展。这对我国来说，既是很大的压力，也是难得的机遇。在这场激烈的竞争中，中国必须抓住机遇，迎接挑战，实现跨越式发展，逐步使战略性新兴产业成为我国经济社会发展的主导力量。为此，既要统筹兼顾，又要重点突破，在一定时期内，应当选择其中若干重点领域作为突破口，加大投入，统一领导，协调配合，力争在较短的时间内取得重大突破。根据国家“十三五”规划，要重点发展新一代信息技术、节能环保、高端装备制造、生物、新能源、新材料、新能源汽车等产业，使之引领和支撑产业转型升级。同时，要在天空海洋、信息网络、生命科学、核技术等领域培育一批战略性产业。从我国的情况看，发展战略性新兴产业应当与其他传统产业发展结合起来，走融合发展之路。这样做，既有利于推动经济转型升级，又有利于解决就业问题。

三是大力发展现代服务业。这是适应国内外新形势、实现综合国力整体跃升的有效途径，是调整优化经济结构的必然选择。现代服务业是繁荣发展现代化的重要标志，它包括生产性服务业和一部分生活性服务业。生产性服务业主要是指现代物流、金融保险、商务服务、工程设计、信息咨询等，是直接或间接为生产活动提供各种中间服务的服务业。一部分生活性服务业也是属于现代服务业的范畴，比如电子商务、数字家庭等。发展现代服务业，就是发展壮大生产性服务业和先进的生活性服务业，重点是培育研发设计、现代物流、金融服务、信息服务和商务服务等。

从我国的实际出发，发展现代服务业应与发展传统服务业结合起来。尤其是要把现代服务业与旅游、健身、家政、养老、社区服务等生活性服务业结合起来，提升传统服务业的整体素质，推动传统服务业转型升级。这样做，不仅有利于提高生活性服务业的技术含量和服务质量，而且有利于提高整个服务业的管理水平和市场竞争力，还有利于扩大就业和满足人民群众日益增长的服务业需求。

在推动现代服务业与传统服务业结合中，应努力拓宽服务业新领域，发展新业态，培育新热点，推进规模化、品牌化、网络化经营。在这方面，特大城市和大城市应当带头，充分发挥人才、物流、信息、资金比较集中的优势，加快结构调整步伐，形成以服务经济为主的产业结构。在这样的产业结构中，现代服务业与传统服务业是紧密联系、互相促进的。在推进服务业的发展中，特大城市和大城市应当走服务业规模化、品牌化、网络化之路。同时，要充分发挥其引领和带动作用，推动中小城市服务业的发展，促进农村服务业的进步。

四是推进城乡一体化。这是解决“三农”问题的根本途径，是实施乡村振兴战略的内在要求，也是调整经济结构的一项重大战略任务。为此，重点应当做好如下工作：

（1）继续坚持工业反哺农业、城市支持农村和“多予、少取、放活”方针。坚持这个方针，就要加大强农惠农富农政策力度，让广大农民平等参与现代化进程，共享现代化成果。为此，要加大投入，大力发展现代农业，提高农业科技含量和农业劳动生产率。同时，公共财政支出向农村倾斜，把国家基础设施建设和社会事业发展的重点放在农村，深入开展新农村建设和扶贫开发，全面改善农村生产生活条件。

（2）建立城乡一体化发展体制机制。为此，要贯彻落实党的十八届三中全会精神，通过深化改革，从体制机制上保障城乡一体化顺利推进。主要是推进如下改革：坚持和完善农村基础经营制度，加快实施承包地确权登记颁证，鼓励土地经营权流转；赋予农民更多财产权利，包括对集体资产股份占有、收益、有偿退出及抵押、担保、继承权，保障农户宅基地用益物权。推进城乡要素平等交换和公共资源均衡配置，维护农民生产要素权益，保障农民公平分享土地增值收益；完善农业补贴等政策，促进农业集约化和可持续发展；加快户籍制度改革，出台差别化落户政策，逐步把符合条件的农业转移人口转为城镇居民；建立农业转移人口市民化成本分担机制、多元化可持续城镇化的投融资机制；等等。

（3）推进新型城镇化。城镇化是现代化的必由之路，也是解决“三农”问题的重要途径。推进新型城镇化要以人为核心，着力解决由农村转变为城镇过程中居民的生产和生活问题。城镇化是一个自然历史过程，推进新型城镇化必须遵循自然规律和经济社会发展规律。因此，要从我国的实际出发，因势利导，因地制宜，合理布局，逐步推进。要搞好顶层设计，做好城镇规划，确定切实可行的目标，积极稳妥地推进，不要急于求成，一哄而上。推进新型城镇化，应当充分遵循农民的意愿。尤其是在推进农业转移人口市民化的过程中，要坚持自愿、分类、有序的原则，制定切实可行的办法，解决农民流入城镇后的实际问题，提高农民融入城镇的素质和能力。在推进城镇化的过程中，要高度重视产业发展，注重解决农民进入城镇后的就业问题，千方百计提高他们的收入，改善他们的生活。小城镇建设要与大中小城市建设有所不同，应优化布局、合理分工、功能互补、协同发展。推进新型城镇化，应当把发展质量放在突出位置。在此基础上，还要加快新型城镇化的步伐，让更多的农村变为城镇，让更多的农民变为城镇居民，走出一条中国特色的新型城镇化之路。

六、加快社会转型发展的若干思考

社会转型发展是整个转型发展的重要组成部分，也是经济社会协调发展的必然要求。社会转型发展的内容很多，核心是从传统社会向现代社会转型。社会转型发展意义十分重大，难度前所未有，需要长期努力，稳步推进。社会转型发展的重点是加快转变社会治理方式，即社会治理从重政府管理、轻公众参与向政府负责和社会参与转变，从重管制、轻协商向更加重视协商和共同治理转变，从重行政手段、轻法律道德等手段向依法管理和综合运用多种手段转变。

改革开放以来，我国社会建设取得了历史性的成就，积累了宝贵的经验。但是，经济建设和社会建设不平衡的状况没有根本改变，经济发展和社会发展不协调的现象比较普遍。这种状况已经明显地制约了经济发展，影响了社会和谐稳定。因而，迫切需要加快社会转型发展，打造共建共治共享的社会治理格局，推进经济建设与社会建设协调共进。

（一）推进社会发展社会化

这是社会转型发展的重要途径，也是激发社会活力的必然要求。社会发展的范围很广，内容很多，光靠政府的力量是远远不够的，必须在党的领导下，走社会化之路，即在发挥政府作用的同时，引导和组织社会各方面力量共同参与，形成“人人参与、人人尽力、人人享有”的局面。社会发展社会化包括社会建设社会化、社会治理社会化、社会服务社会化。社会发展社会化的基本含义就是在党的领导下社会成员共同参与社会建设、共同管理社会事务、共同享有社会发展成果的过程。社会转型发展是群众的事业，群众中蕴藏着参与社会发展的积极性。因此，必须坚持群众路线，尊重群众的首创精神，充分调动社会各方面的积极性，共同推进社会建设。推进社会发展社会化，是社会发展的必然趋势，是顺应人民当家做主的内在要求，它有助于激发社会活力，有助于调动人民群众参与社会建设的积极性，有助于社会和谐与文明进步。

社会发展社会化主要体现在如下几个方面：一是参与主体的多元化。即在各级党委的领导下，社会各个方面、各个阶层都作为主体共同参与社会建设，共同推进社会发展。二是服务对象大众化。社会发展所提供的服务，不是为了少数人或一部分人，而是为了最广大人民群众。通过社会发展，使全体人民在共建共享中有更多的获得感。三是参与方式的多样化。要创造更多的条件，营造更好的环境，尊重人民群众的主体地位，动员和组织群众以各种各样的方式参与社会发展，为社会发展做贡献。四是基本公共服务均等化。在促进经济持续健康发展的基础上，逐步消除在基本公共服务上过大的地区差别、城乡差别以及其他类型的差别，使全体社会成员有机会、有权利享受政府和社会提供的基本医疗、基本养老保障、义务教育、社会救助、就业培训等基本公共服务。总之，推进社会发展社会化，必须贯彻共建共享的理念，坚持发展为了人民，发展依靠人民，发展成果由人民共享，让全体人民在社会发展中获得实实在在的利益。只有这样，才能增强社会发展动力，增进人民团结，推进社会进步。

推进社会发展社会化，应当与法治社会建设结合起来。这是建设法治中国的题中应有之义，也是全面推进依法治国的必然要求。增强全民法治观念，推进法治社会建设的重要部署，明确要求“增强全社会厉行法治的积极性和主动性，形成守法光荣、违法可耻的社会氛围，使全体人民都成为社会主义法治的忠实崇尚者、自觉遵守者、坚定捍卫者”。[1]根据中央的决策部署，积极推进多层次多领域依法治理。主要措施是：深化基层组织和部门、行业依法治理；发挥社会规范在社会治理中的作用；深入开展多层次多形式法治创建活动，发挥人民团体和社会组织在法治社会建设中的积极作用。在推进社会发展社会化的过程中，一切社会治理措施和社会管理活动，都要于法有据。特别是各级领导干部、各层次管理者和执法者，都要把依法治理依法办事的理念根植于头脑中，善于用法治思维和法治方式管理社会、处理社会事务。不仅如此，还要加强社会领域立法工作和执法工作，在全社会进行法治宣传教育，弘扬法治精神，做到科学立法、严格执法、公正司法、全民守法，把各项社会治理活动纳入法治轨道。

1　《中共中央关于全面推进依法治国若干重大问题的决定》，《人民日报》，2014年10月29日。

需要指出，社会发展社会化，不是要弱化党的领导，而是要加强和完善党的领导。党的领导是我国最显著的优势，是实现社会持续健康发展的根本保证。我们必须充分发挥各级党组织在社会发展中统揽全局、协调各方的作用，把党的领导落实到社会转型发展的各项工作中去。社会发展社会化，也不是要否定政府的作用，而是要更好地依法履行政府的职责。政府要在宏观调控、市场监管、公共服务和社会治理方面依法履行职责，特别是在公共服务方面具有不可替代的作用。推进社会发展社会化，就是要克服行政化倾向，从根本上改变政府包揽过多、统得过死的现象，同时也要彻底解决在社会领域无人抓、无人管或管得不到位等问题。推进社会发展社会化，是克服官僚主义总病根的有效途径，也是调动社会各方面力量参与社会建设积极性的必由之路。

社会发展重在建设，只有共建才能共享。社会建设在中国特色社会主义“五位一体”的总体布局占有重要地位，它与人民幸福安康息息相关，是社会和谐稳定的重要保证。社会建设的范围很广，任务很多，其重点是保障和改善民生，主要是解决好人民最关心最直接最现实的利益问题，如教育、就业、居民收入、医疗卫生、社会保障等方面的问题。也就是说，社会建设要在幼有所育、学有所教、劳有所得、病有所医、老有所养、住有所居、弱有所扶上持续取得新进展，让老百姓过上好日子。为此，要在大力发展社会生产力的基础上，努力满足人民日益增长的物质文化需要，促进人的全面发展。与此同时，社会政策要托底，最重要的是要建立和完善社会保障制度，切实保障人们基本的生存和发展需要。对老少边穷等落后地区要加大扶持和援助的力度，增强其自力更生的能力，尽快缩小与其他地区的差距。对特殊困难群体要进行帮助和救济，守住他们的生活底线，努力改善他们的生活。应当指出，在改善基本民生方面，政府责无旁贷。而要广泛持续地改善民生，还需要各级政府、企事业单位和社会各个方面以及人民群众共同努力走社会化之路。实践证明，持续改善民生最深厚的力量在社会和群众之中。因此，应采取切实有效的政策措施，创造公平和谐的社会环境，调动企事业单位的积极性，引导和支持大众创新，通过诚实的劳动，不断改善生活。只有走社会化之路，改善民生的路子才能越走越宽广。

社会发展社会化是坚持党的群众路线的必然要求。群众路线是我们党的生命线和根本工作路线。社会建设的各项工作，都是为群众谋利益的工作，社会发展的过程都是做群众工作的过程。做好群众工作，是社会发展的基础性、经常性、根本性工作。加强社会建设的根本目的，就是一切为了群众，即通过共同建设，为人民群众谋福祉。推动社会建设的力量之源在人民群众之中，因而必须紧紧依靠群众，放手发动群众，尊重群众的主体地位和首创精神。加强社会建设的许多智慧蕴藏于人民群众之中，各级领导干部要深入群众，深入实际，倾听群众的呼声，认真向群众学习，集中群众的智慧，总结群众的实践经验。同时要善于把群众智慧和实践经验上升为社会建设的主张和政策，回到群众中去，在实践中接受群众的批评和检验。在此基础上，进一步完善社会建设的主张和政策，使之更加符合群众意愿和群众利益。不仅如此，还要让群众认同和接受这些正确主张和有关政策，使之转化为群众的自觉行动。只有这样，才能充分调动群众的主动性、积极性和创造性，形成推动社会建设的强大合力。

推进社会发展社会化，符合党中央一系列文件精神。党的十六届六中全会提出了构建社会主义和谐社会的重大战略任务，并进行了全面部署。十六届六中全会通过的《中共中央关于构建社会主义和谐社会若干重大问题的决定》贯穿了共建共享这条红线，即我们要构建的社会主义社会是党领导全体人民共同建设、共同享有的和谐社会。党的十八大报告提出了多方参与共同治理的思想。报告的第七部分专门阐述在改善民生和创新管理中加强社会建设，并提出要保证人民平等参与、平等发展的权利。党的十八届三中全会提出改进社会治理方式，要坚持系统治理、依法治理、综合治理、源头治理。坚持这“四个治理”必须坚持党的群众路线，建立社会参与机制、充分发挥人民群众的积极性、主动性和创造性。党的十九大报告明确提出，要打造共建共治共享的社会治理格局，强调“加强社区治理体系建设，推动社会治理重心向基层下移，发挥社会组织作用，实现政府治理与社会治理调节、居民自治良性互动”。[1]

在推进社会转型发展中，社会治理具有十分重要的地位。社会治理的主要任务是坚持系统治理、依法治理、综合治理和源头治理。

坚持系统治理，就是要在党的领导和政府主导下，鼓励和支持社会各方面参与，通过多方参与和共同治理，实现政府治理和社会自我调节、居民自治良性互动。坚持依法治理，就是要科学立法、全民守法，不断增强公民的法治意识，运用法治思维和法治方式化解社会矛盾。坚持综合治理，就是要引导和组织群众参与社会治理，培育和践行社会主义核心价值观，用道德来约束和规范社会行为，综合运用各种政策措施调节利益关系，协调社会关系，解决社会问题。坚持源头治理，就是要标本兼治、重在治本，为此要动员和组织群众加强基层基础工作，及时了解群众的意见和诉求，认真解决群众反映强烈的问题，把问题解决在基层，把矛盾化解在萌芽状态。

推进社会发展社会化，关键要处理好政府与社会的关系，重点是加快转变政府职能。毫无疑问，政府在社会发展中占有非常重要的地位，具有不可替代的作用。一方面，政府不该管、管不好的事就不要管，大量的社会事务按民主集中制的原则，让基层和群众自己去管。另一方面，政府该管的事，特别是基本公共服务、社会公共事务，政府要切实管起来，而且要管到位，不能推给社会。十八届三中全会提出，在社会治理中，要发挥政府主导作用，鼓励和支持社会各方面参与，实现政府治理和社会自我调节、居民自治良性互动。这种良性互动贯穿了社会化的精神，它是社会治理乃至整个社会发展的基本方向。因此，要推进社会治理社会化，最重要的是通过深化行政体制改革推动政府职能转变。同时，要引领和推动社会力量参与社会治理，努力形成人人参与、人人尽责的良好局面。

1　习近平：《决胜全面建成小康社会，夺取新时代中国特色社会主义伟大胜利——在中国共产党第十九次全国人民代表大会上的报告》，北京：人民出版社，2017年版，第49页。

（二）深化社会体制改革

这是加快社会转型发展的强大动力，也是构建社会主义和谐社会的必由之路。党的十八届三中全会明确指出："要紧紧围绕更好保障和改善民生、促进社会公平正义深化社会体制改革，改革收入分配制度，促进共同富裕，推进社会领域制度创新，推进基本公共服务均等化，加快形成科学有效的社会治理体制，确保社会既充满活力又和谐有序。"[1]党的十九大进一步提出："加强社会治理制度建设，完善党委领导、政府负责、社会协同、公众参与、法治保障的社会治理体制。"[2]这就为深化社会体制改革指明了前进的方向，明确了重点任务。

深化社会体制改革涉及面很广，任务非常艰巨，主要从两个方面推进改革。一方面，推进社会事业改革创新。主要任务是：深化教育领域综合改革，重点是考试招生制度改革；健全促进就业创业机制，重点是高校毕业生等青年就业改革；深化收入分配制度改革，形成合理有序的收入分配格局；深化社会保障制度改革，建立更加公平可持续的社会保障体系；深化医药卫生体制改革，逐步调整完善生育政策。另一方面，创新社会治理体制。主要任务是：改进社会治理方式，提高社会治理水平；激发社会组织活力，更好地发挥社会组织作用；创新有效化解社会矛盾体制，维护社会和谐稳定；健全公共安全体系，保障人民安居乐业。由于本文后面将对社会事业发展问题做专门阐述，这里重点对创新社会治理体制问题做一些探讨。

从社会管理到社会治理，我国经历了一个历史发展过程，大体可以分为"统治型""管控型""党政主导型"社会管理三个时期，目前我国正进入"社会治理"的新时期。我国历史上的社会管理属于"统治型"，其主要特点是：皇权至高无上，在高度集权的基础上进行适当分权，实行郡、县两级统治。同时，统治阶级还注重思想道德教化，设立基层社会组织，利用宗

1　《中共中央关于全面深化改革若干重大问题的决定》，《人民日报》，2013年11月16日。

2　习近平：《决胜全面建成小康社会，夺取新时代中国特色社会主义伟大胜利——在中国共产党第十九次全国人民代表大会上的报告》，北京：人民出版社，2017年版，第49页。

法制度等手段进行社会管理。新中国成立后实施的是“管控型”社会管理，其主要特点是：实行以“单位”为基础的从业人员管理，以“街居”为基础的城市社会人员管理，以单位制度、户籍制度、身份制度和档案制度为基础的社会流动管理。改革开放以来，我国逐渐形成了“党政主导型”的社会管理。其主要特点是：党政起主导作用，体制内单位管理仍然较严，体制外人员管理则相对较松。

在总结历史经验的基础上，党的十八届三中全会明确做出了创新社会治理的决策部署，具有重要的里程碑意义。全会强调，创新社会治理，必须着眼于维护最广大人民的根本利益，最大限度增加和谐因素，增强社会发展活力，提高社会治理水平，全面推进平安中国建设，维护国家安全，确保人民安居乐业、社会安定有序。为此，主要应从如下几个方面推进社会治理创新：

1. 创新社会治理体制。

创新社会治理体制的目标任务，就是要“加强社会治理制度建设，完善党委领导、政府负责、社会协同、公众参与、法治保障的社会治理体制，提高社会治理社会化、法治化、智能化、专业化水平”。[1]党委领导，就是要发挥各级党委对社会治理的领导作用，总揽全局，协调各方，确保社会治理的正确方向。同时，要加强和改进基层党组织建设，使之成为基层各种组织的核心，把基层群团组织、社会组织以及志愿者队伍凝聚起来，为基层群众做实事、办好事、解难事，提供力所能及的服务。政府负责，就是要发挥政府在社会治理中的主导作用，特别是履行好基本公共服务方面的主体责任，满足人民对社会治理和公共服务方面的需要，维护社会和谐稳定。社会协同，就是社会各方面力量共同参与社会治理，并且建立和完善相应的协同机制，使各方面力量相互协调、相互配合，形成合力。从我国的实际看，应当充分发挥人民团体、社会组织和企事业单位在社会治理中的作用，建立和

1　习近平：《决胜全面建成小康社会，夺取新时代中国特色社会主义伟大胜利——在中国共产党第十九次全国人民代表大会上的报告》，北京：人民出版社，2017年版，第49页。

完善党委和政府与社会力量互联、互补、互动的社会治理体系。公众参与，就是依法依规让公众参与社会治理，充分发挥公众在社会治理中的主人翁精神，充分发挥基层自治组织在社会治理中的基础性作用。群众自己的事情应当交给群众自己去做，基层的事务应当交给基层去办，政府不要干预，上级不要插手。为此，要创造条件，拓宽渠道，搭建平台，提供服务，让广大群众乐于参与、便于参与社会治理。法治保障，就是要把社会治理纳入依法管理的轨道，用法治来保障社会治理有序推进。人民的权益要靠法律保障，法律权威要靠人民维护。要重视和加强法治社会建设，做到有法可依、有法必依、执法必严、违法必究。要运用法治思维和法治方式化解社会矛盾，破解社会难题，促进社会和谐。

2．完善公共安全体系。

这是维护社会安定的必然要求，也是保障国家利益和人民利益的战略举措。我国公共安全范围很广，内容很多，主要包括食品药品安全、安全生产、防灾减灾救灾、社会治安防控、网络安全等。为了确保公共安全，当前和今后一个时期重点应采取以下举措：一是健全食品药品安全监管机制。强化政府的监管责任，落实企业的主体责任，完善食品药品安全标准，实现从生产源头到终端消费的全程严格监管，依法惩治食品药品领域违法犯罪活动。二是完善安全生产监管制度。落实政府安全生产监管责任和企业安全生产主体责任，严格安全生产目标考核和责任追究，健全安全生产法律法规、政策标准、技术服务，提高安全生产的科技支撑能力和应急救援水平，严格查处违法、违规和违章生产经营行为。三是完善立体化社会治安防控体系。深入推进社会治安综合治理，健全落实领导责任制，实行点线面相结合、网上网下相结合、人防物防技防相结合、打防管控相结合，筑牢社会治安防控体系根基。充分发挥公安机关在社会治安中的主导作用，采取坚决有效的措施，依法严密防控和惩治各种违法犯罪活动，保障人民生命财产安全。同时，注重发挥城区社区在社会治安防控中的基础性作用，动员和组织群众开展群防群治，形成人民群众积极参与社会治安的良好局面。

3. 健全有效预防和化解社会矛盾体制机制。

这是创新社会体制的重要内容。主要包括：健全重大决策社会稳定风险评估机制，建立健全社会矛盾预警机制，改革行政复议体制，改革信访工作制度。从我国的实际情况看，最重要最迫切的是要建立和完善畅通有序的诉求表达、心理干预、矛盾调处、权益保障机制，及时化解社会矛盾，调解社会关系，解决社会问题。畅通诉求表达机制，就是要引导和支持群众理性表达诉求，使社会矛盾和社会问题能及时表达出来和反映上去。这就要求畅通和拓宽群众诉求表达渠道，及时反馈处理群众合理诉求。为此，一方面，要完善诉讼、仲裁、行政复议等法定诉求表达机制；另一方面，人大、政协、人民团体、社会组织、基层群众自治组织以及新闻媒体要及时了解群众的情绪，反映群众诉求。建立心理干预机制，就是要对某些特殊社会群体和个人进行心理干预，防范和降低风险。对受挫者和失意者给予更多的关心，有针对性地进行疏导和干预，避免他们走向极端。对流浪儿童、精神病人、吸毒人员、艾滋病患者、刑满释放人员等特殊人群要进行专业心理辅导和矫治，帮助他们走向正道、回归社会。完善矛盾调处机制，就是要健全从上到下的人民调解网络，发挥人民调解、行政调解、司法调解的联动作用，及时有效地把矛盾化解在基层，把纠纷解决在冲突之前，努力减少社会冲突，促进社会和谐。健全权益保障机制，就是要制定和完善相应的法律法规和制度，依法维护权益。凡是与群众切身利益密切相关的重大决策，都要充分听取群众意见，防止因决策不当引发社会不稳定。同时，要改革行政复议体制，纠正违法或不当行政行为，依法维护好群众切身利益。

4. 激发社会组织活力。

这是创新社会治理体制的重要基础。社会组织是社会治理的主体之一，也是公共服务的主要载体。随着社会的发展，社会组织在社会治理中的地位和作用将越来越重要。因此，一方面，党和政府要加强顶层设计，积极支持社会组织健康有序发展，营造更好的社会环境，为社会组织发挥作用创造更好的条件。另一方面，社会组织也应加强自身建设，提高服务能力和管理水平，依法依规积极开展活动。

社会组织有广义和狭义之分。从广义上说，除党政等机关和公务员单位之外，其他组织都属于社会组织。也就是说，数量众多的事业单位，工会、共青团、妇联等人民团体和群众组织都属于广义的社会组织的范畴。这些体制以内的单位、组织、机构拥有非常丰富的人财物等社会资源，蕴藏着极大的发展潜力和社会活力。把这些社会资源调动起来，把这些潜力充分挖掘出来，把他们的活力都激发出来，对社会转型发展将会产生极大的作用和深远的影响。迄今为止，事业单位和人民团体改革相对滞后，其潜力远远没有挖掘出来，其活力没有充分激发出来。因此，迫切需要加快事业单位和人民团体改革，推动其发展模式转型。

狭义的社会组织是指在民政部门登记的各类社会组织，不包括党政机关、事业单位和人民团体。激发这些社会组织的活力是重点也是难点，可以从如下几个方面推进工作：

一是加强社会组织方面的立法。这是促进社会组织健康发展的必然要求，也是把社会组织管理纳入法治化轨道的应有之义。迄今为止，我国社会组织方面的立法明显滞后，不能适应社会治理实践和社会组织发展的需要。为此，建议在开展调查研究的基础上，加快制定《社会组织法》，从法律上明确社会组织的地位、功能和作用，保障社会组织的合法权益，规范社会组织的行为，建立和完善社会组织违法和失信惩戒机制。同时，还要制定与《社会组织法》相配套的法规和制度，营造按法律法规管理社会组织的社会氛围。

二是推进社会组织管理制度改革。这是鼓励和支持社会组织参加社会治理和公共服务的内在要求，也是促进社会组织健康发展的重要基础。近年来，全国许多地方进行了这方面的改革和探索，积累了不少经验。从实际情况看，这项改革的重点要落实到改善服务、政社分开和加强监督等方面。在改善服务方面，要降低门槛，方便登记。实行对四类社会组织直接登记，即成立行业协会商会类、科技类、公益慈善类、城乡社区服务类社会组织，除依据法律法规和国务院决定需要前置审批外，可直接向民政部门依法申请登记。在政社分开方面，要抓紧推进一些社会组织去行政化步伐，使之真正回归民间。重点是要限期实现行业协会商会与行政机关脱钩，从根本上克服政社不分、管办分离、责任不清的现象。在加强监管方面，就是要依法对社会组织进行监督，对不合格的社会组织要批评曝光，对违法的社会组织要进行惩罚，对非法的社会组织要坚决予以取缔。

三是大力推进政府购买公共服务。这是充分发挥社会组织作用的重要措施，也是提高政府工作效率的必由之路。在非基本公共服务领域，凡是适合社会组织的服务项目，都应当通过购买的方式交由社会组织来承担。基本公共服务领域，政府也要逐步加大购买服务的力度，让社会组织真正成为承接政府购买服务的主体。应当指出，政府购买服务，应当运用市场机制，通过竞争的方式来进行。为此，要建立健全评审机制，由购买主体、服务对象以及第三方代表组成评审委员会，对购买服务项目数量、质量和资金使用绩效等进行评估和考核，确保政府购买公平公开，努力提高这些财政资金的使用绩效。

四是加强社会组织自身建设。这是社会组织健康发展的内在要求，也是社会组织兴衰成败的关键所在。社会组织自身建设内容很多，比如组织内部的队伍建设、文化建设、制度建设等。其中队伍建设是重点，文化建设是灵魂，制度建设是保证。在队伍建设中，应当把社会组织党的建设和人才队伍建设放在突出位置。加强社会组织党的建设的重点，是要普遍建立党组织，充分发挥党组织的战斗堡垒作用和先锋模范作用。加强人才队伍建设是社会组织自身建设的重中之重。在人才队伍建设中要充分发挥现有人才的作用，使之成为社会组织的中坚力量。同时，要做好人才培养、引进和使用工作，完善收入分配、社会保障、职称评定等制度，营造尊重人才、发挥人才作用的良好氛围。

（三）大力发展社会事业

这是保障和改善民生的必然要求，也是加快社会转型发展的根本任务。

社会事业范围很多，重点在于就业、教育和社会保障问题。

1．努力提高就业质量。

实现充分就业，是保障和改善民生的头等大事，也是促进转型发展的重要基础。我国在促进就业方面已经做了大量工作，取得了很大成绩。但是，由于我国人口基数巨大，新增劳动力很多，尤其是高校毕业生和农村转移劳动力不断增加，当前和今后一个时期就业形势仍然比较严峻。同时，就业结构矛盾比较突出，劳动者素质能力还不能完全适应产业结构调整的需要，劳动者就业培训相对滞后，公共就业服务体系还不够完善，因而努力提高就业质量的任务非常艰巨。这是一个复杂的系统工程，其根本途径是大力发展经济，创造更多更高质量的就业岗位。只有加快经济结构战略性调整，进一步扩大经济规模，才能增加就业容量，提高就业质量。在此基础上，还应采取以下政策措施：

一是把党和国家有关就业的方针政策落到实处。党和国家明确提出，要贯彻劳动者自主就业、市场调节就业、政府促进就业和鼓励创业的方针，引导劳动者转变就业观念，鼓励多渠道多形式就业。为此，在制定和实施经济社会发展战略过程中，要把促进就业作为优先目标，把提高就业质量作为战略任务。为了扩大就业，要调整优化产业结构，主要是大力发展服务业，重视发展劳动密集型产业，积极支持中小企业和非公有制经济发展。同时，要优化创业环境，通过创业带动就业。主要应采取优惠政策鼓励创业，加大对创业者的扶持力度。在税费征收、贷款融资、社会保障补贴、经费场地、工商管理等方面为创业者提供更多的信息和服务。

二是加强职业技能培训。这是提升劳动者就业创业能力的必然要求，也是增强就业稳定性的重要途径。培训的对象应覆盖所有的求职者，重点是高校毕业生、农村转移劳动力、城市困难人员和退伍军人。高校也要适应就业市场的变化，以改革创新的精神，大力发展职业技术教育，调整专业结构，改革人才培养模式，使高校毕业生的素质和能力适应经济社会发展的需要，适应将来就业的需要。政府要加大对培训工作的指导，加大培训投入，健全面向全体劳动者的职业培训机制，为就业和创业提供基本公共服务。企业要充分发挥在技能人才培训中的主体作用，把培训作为企业的一项基础性工作，积极开展员工培训、技能竞赛和岗位练兵活动，不断提高员工的素质和能力。

三是做好重点群体就业工作。在就业方面，高校毕业生、农村转移劳动力、城市困难人员是重点群体。近年来，高校毕业生数量不断增加，2017年已突破800万人。解决高校毕业生就业问题，是整个就业工作的重中之重。为此，应当采取多种措施，为高校毕业生就业创造机会。各个地区、各个行业、各个单位都应为他们就业积极创造条件，开发工作岗位，吸纳更多的高校毕业生就业。同时，要鼓励高校毕业生自主创业，开办小微企业。此外，要引导高校毕业生到基层去，到中西部地区去，到中小企业去。做好农村转移劳动力就业工作，应与统筹城乡发展联系起来，与新型城镇化结合起来。各级政府要加强领导，提供服务，为农村转移劳动力创造公平的就业环境，引导他们进城就业，鼓励他们就近就地就业，支持他们返乡创业。为了做好城镇困难群众就业工作，应当建立和完善相应的援助制度，为他们提供必要的帮助。尤其是对零就业家庭，应当给予特殊的关心，帮助其家庭中有劳动能力的人就业。做好退役军人的就业工作，重点是要组织他们进行有针对性的职业培训，提供及时有效的就业服务。同时，落实扶持退役军人就业的政策，帮助他们尽快融入地方，尽快实现就业。

四是健全人力资源市场。这是促进就业的重要平台，也是发挥市场在人力资源配置中起决定作用的必然要求。健全人力资源市场的主要任务，就是要进一步破除人力资源市场的城乡分割、地区分割和身份分割，提升人力资源经营管理水平和服务供给能力。为此，应当抓紧研究制订《人力资源市场法》。经过多年的实践和探索，许多地方制定了人力资源市场管理制度，国家有关部门也出台了不少政策文件，有些省市还颁布了相关的地方性法规，这就为制定《人力资源市场法》创造了良好的条件。抓紧制订和实施这部法律，是人力资源市场发展和管理走入法制化轨道的内在要求，具有非常重要的意义。同时，人力资源市场需要努力改善自身管理，主要是建立健全有关规章制度，规范服务流程，努力拓展服务内容，完善服务功能，提高服务质量。同时，还要更好地运用信息化等手段，建立更加高效便捷、全国联网的人力资源信息平台，为求职者和用人单位提供更加优质的服务。要积极创造条件，构建多层次一体化的人力资源市场体系。可以先实行省级统筹，建立全省统一的人力资源市场体系，等条件成熟了，再建立全国统一的人力资源市场体系。

2．优先发展教育事业。

百年大计，教育为本。教育是民族振兴、社会进步的基石，是提高国民素质、促进人的全面发展的根本途径。把教育事业搞得更好，能够培养出大量人才，从而能够极大地增强我国的综合竞争力。因而，应当把教育事业放在优先发展的位置，努力办好人民满意的教育。教育改革发展的主要任务，就是要按照优先发展、育人为本、改革创新、促进公平、提高质量的工作方针，坚持以人为本，遵循教育规律，面向社会需求，优化结构布局，推动城乡教育一体化发展。总的要求是，办好学前教育，均衡发展九年义务教育，创造条件普及高中阶段教育。加快现代职业教育，推动高等教育内涵式发展，积极发展继续教育，完善终身教育体系，建设学习型社会。为了完成这一战略任务，应当以改革创新的精神，采取切实有效的政策措施，促进教育事业转型发展。

一是推进教育改革创新。这是教育事业发展的关键。推进教育改革创新的根本目的，就是要提高教育质量，培养学生社会责任感、创新精神和实践能力。党的十八大以来，中央提出了关于深化教育领域综合改革的新部署新要求。教育改革创新的任务很多，主要是考试招生制度改革，构建政府、学校、社会新型关系以及鼓励社会力量兴办教育。考试招生制度改革的基本方向是：探索招生和考试相对分离、学生考试多次选择、学校依法自主招生、专业机构组织实施、政府宏观管理、社会参与监督的运行机制，其主要目的是要从根本上解决一考定终身的弊端和应试教育所带来的问题。党和国家对各级各类学校考试招生制度改革做出了重大部署，为构建政府学校社会新型关系采取了许多措施。为此，要进一步深化教育改革，大力推进放权，即中央向地方放权、政府向学校放权。在放权的过程中，推进学校分类管理，规范学校办学行为，发挥社会参与作用。同时要明确各级政府的责任，重点应为学校发展提供服务，即更多运用法规、规划、标准、政策、公共财政、信息服务等手段引导和支持学校发展。为了鼓励社会力量兴办教育，应当健全政府补贴、政府购买服务、助学贷款、基金奖励、捐资激励等制度。同时，要因地制宜采取多样化政策措施，引导社会资金以多种方式进入教育领域。在政府和社会力量的共同努力下，形成以政府办学为主体、全社会积极参与、公办教育和民办教育共同发展的格局。

二是全面实施素质教育。这是教育工作的主题，牢牢把握这个主题，形成全社会推进素质教育的强大合力，就会极大地促进教育转型发展。素质教育包括德智体劳等多方面的内容，其中最重要的是德育素质。因此，应当把立德树人基本导向摆在更加突出的地位，坚持育人为本、德育为先、能力为重、全面发展，努力为每个学生提供适合的教育，让每个学生都能成为有用之才。党的十八届三中全会《决定》明确提出，要全面贯彻党的教育方针，坚持立德树人，加强社会主义核心价值体系教育，完善中华优秀传统文化教育，形成爱学习、爱劳动、爱祖国的有效形式和长效机制，增强学生社会责任感、创新精神、实践能力。为了全面提高学生素质，需要坚持全面发展，加强和改进德育、智育、体育、美育，把文化知识学习与思想品德修养统一起来，把理论学习与社会实践统一起来，把全面发展与个性发展统一起来。从我国教育的实际情况看，全面加强素质教育要在狠抓落实上下功夫，要把国家有关宏观政策细化为具体的计划和措施，采取实际行动，加强监督检查，注重取得实效。针对中小学生特别是小学生课业负担过重的现象，各个学校都要下决心采取措施，切实加以解决，使学生有更多的时间参加锻炼、参与实践、探究思考、了解社会。教育行政主管部门要依法履行职责，加强指导、协调、监督和检查，促进实施素质教育的全面落实。全面实施素质教育，必然要求提高教育质量。这是教育改革发展的核心任务，也是办好人民满意教育的必然要求。为此，要把教育工作的重点放在提高教育质量上来，制定教育质量国家标准，注重教育内涵式发展。同时，要建立和完善以提高教育质量为导向的教育管理制度和相应的工作机制，从教育投入和教育管理、资源配置等方面保障素质教育落到实处。

三是大力促进教育公平。这是广大人民群众的普遍诉求，也是坚持社会主义制度下教育公益性和普惠性的必然要求。大力促进教育公平，必须合理配置教育资源，重点向农村、边远、贫困、民族地区倾斜，提高家庭经济困难学生资助水平，积极推动农民工子女平等接受教育，让每个孩子都能成为有用之才。为此，要把促进教育机会公平、教育资源配置公平和教育制度规则公平摆在突出位置。当前和今后一个时期，要采取切实可行的政策措施，健全经济困难学生资助体系，利用信息化等手段扩大优质教育资源覆盖面，调配优秀教师到教育落后地区支教，努力缩小城乡差距、区域差距和校际差距。同时，要着力保障农民工子女、残疾儿童少年、家庭困难学生受教育权利，为所有学生开辟不同的成长之路。

四是加强教师队伍建设。教师是立教之本，兴教之源。加强教师队伍建设，提高教师整体素质，是提高教育质量、全面实施素质教育的根本途径。加强教师队伍建设的重要目标，就是要打造一支师德高尚、业务精湛、结构合理、充满活力的高素质专业化教师队伍，基本要求就是要提高师德水平和业务能力，增强教师教书育人的事业心和责任感。为此，要加强学校领导班子建设，确保办学的正确方向，提高治校的能力和水平。切实加强师德师风建设，努力提高教师的思想道德水平，使教师能够做到为人师表。着力提高教师的教书育人能力，适应教育事业不断发展的需要。深化教师管理制度改革，完善教师考核评价制度，调动教师教书育人的积极性。加强教师的进修培训，不断更新教师的知识，努力提高教学水平。采取切实有效的政策措施，提高教师地位待遇，鼓励优秀人才长期从教、终身从教。营造全社会尊师重教的良好氛围，增强教师的荣誉感，为办好人民满意的教育奠定更好的社会基础。特别是要加强农村和教育薄弱地区的教师队伍建设，吸引人才补充教师队伍，全面提升这类地区教师队伍的整体素质。教师的整体素质提高了，师德水平和业务能力增强了，就会对学生素质提高产生决定性影响。

3. 构建更加公平可持续的社会保障体系。

社会保障是保障人民生活、调节社会分配的一项基本制度，关乎人民幸福安康、社会和谐公平正义。根据现阶段我国的基本国情，党和国家确定了社会保障体系建设的方针，即坚持全覆盖、保基本、多层次、可持续的方针。同时，社会保障体系建设要增强公平性、适应流动性。全覆盖，就是积极创造条件，加快建设步伐，把社会保障网覆盖城乡各地，使全体人民都能享受到基本社保。保基本，就是要按照量力而行、尽力而为的原则，保障全体人民基本生活需要，并且在此基础上逐步提高社会保障待遇标准。多层次，就是要建立健全多层次的社会保障体系，其中社会救助是底线、基本社会保险是主体、企业年金以及商业保险是补充。可持续，就是要建立健全长效机制，确保社会保障可持续发展，不能超越发展阶段，更不能寅吃卯粮。增强公平性，就是要加快推进基本社保均等化进程，着力缩小城乡差距、地区差距和行业差距，使广大城乡居民都能享有公平的基本社保。适应流动性，就是要适应人口流动和迁徙的情况，建立和完善社保关系转移接续政策，使户籍人口和流动人口都能够享有基本社会保障。

构建更加公平可持续的社会保障体系，应当重点做好如下工作：

一是统筹推进城乡社会保障制度改革。在我国，农村社会保障是最大的“短板”，应当把它放在更加突出的位置，加大投入，加快发展。2014年7月30日，国务院公布了《关于进一步推进户籍制度改革的意见》，取消“农”与“非农”户口区别，建立城乡统一户口登记制度。这一重大改革，为统筹发展城乡社保事业提供了良好的条件。根据我国的实际情况，应当在基本养老保险制度改革和基本医疗保险制度改革上加大力度，加快步伐，建立城乡统一的基本社保制度。在实际工作中，就是要努力完善现行的农村基本养老保障制度和新型农村合作医疗制度，在此基础上把它与城镇居民养老保障制度和基本医疗保险制度衔接起来，进而建立统一的城乡居民养老保障制度和基本医疗保险制度。建立这种统一的制度，是实现公平的社会保障的重要前提，也是统筹城乡发展的必然要求。但是，应当看到城乡制度统一，并不意味着社会保障待遇水平完全相同。由于城乡经济社会状况存在着明显的差距，因而城乡社会保障待遇水平只能逐步缩小。最现实的做法，就是大力推进基本养老保障和基本医疗保障均等化，努力实现城乡居民在制度上公平和公共资源共享。与此同时，城镇社会保障制度也应当一体化。首先是要完善社会统筹和个人账户相结合的基本养老保险制度，健全多缴多得的激励机制，做实个人账户，确保参保人的权益。同时，要加快推进机关事业单位基本养老和医疗保障制度改革，实现企业与机关事业单位各项社会保障制度的有效衔接，实现新老制度的平稳过渡。

二是建立和完善多层次社会保障体系。根据我国的基本国情和人们对社会保障的需求，应当建立和完善多层次社会保障体系。主要包括如下层次：城乡最低生活保障、住房保障、补充社会保险、商业保险、特殊群体服务保障。城乡最低生活保障最重要的功能是守住城乡困难群体的生活底线，保障他们最基本的生活需求。为此，要进一步健全制度，加强督查力度，确保有关政策落到实处。同时，要根据实际情况，适时调整最低生活保障线，使城乡困难群体也能共享改革发展成果。住房保障的重点对象是住房困难群众。要加快保障性住房建设，改革住房公积金制度，探索管理分配方式，公平有效解决困难群众住房问题。发展补充社会保险和商业保险，是提高社会保障水平的重要举措。对有条件参加这些保险的单位和个人应当实行免税或延期征税等优惠政策，吸引更多的企业实施企业年金、职业年金制度，参加商业保险。搞好特殊群体的服务保障，是完善社会保障体系的内在要求。这里讲的特殊群体，主要包括残疾人、农村留守儿童、妇女、老年人等。要贯彻落实残疾人保障法，健全残疾人权益保障制度，对残疾人实施特殊帮助，让残疾人平等享有各种社会权益。对农村留守儿童、妇女、老年人要予以关心和帮助，采取特殊的援助政策。为了积极应对人口老年化浪潮，应抓紧时间建立社会养老服务体系，发展老年服务产业，满足老年人特殊的服务保障需求。

三是建立健全社会保障可持续发展体制机制。主要是要解决社会保障资金投入、社会保障待遇标准、社会保障基金安全和保值增值以及社会保障管理和服务等问题。社会保障资金的投入应当由政府、企事业单位、个人共同负担，并保持一个合理的比例。在经济发展的基础上，政府应当逐步加大社会保障投入，完善社会保障预算制度，更好地发挥公共财政在社会保障中的作用。要根据经济社会发展水平合理确定社会保障待遇标准，并建立正常的调整机制，使之持续、均衡、有序地增长。为了确保社会保障基金安全和保值增值，应积极扩大社会保障基金投资渠道，建立社会保障基金投资运营制度。在确保当前社会保障金发放和保证基金安全的前提下，积极稳妥推进基金的市场化、多元化投资运营，健全基金管理和监督机制，消除基金贬值风险，努力实现保值增值。随着社会保障事业的发展，健全社会保障管理体制显得越来越重要。为此，要深化社会保障管理体系改革，推进社会保障经办管理规范化、信息化、专业化建设，构建多层次社会保障服务平台，逐步建立覆盖全民的社会保障管理体系。通过体制改革和体系建设，切实提高管理服务效率，努力降低运行和管理成本。

第二讲

加强对“一把手”的监督问题研究

尹德慈

习近平总书记在第十八届中央纪律检查委员会第二次全体会议上指出：“从长期实践看，反腐倡廉建设，必须从领导干部特别是主要领导干部抓起。主要领导干部也就是一把手，把该负的责任负起来了，把自身管好了，很多事就好办多了。我们查处的腐败分子中，方方面面的一把手比例不低。这说明，对一把手的监督仍然是一个薄弱环节。”党政“一把手”是党政领导班子中的主要负责人，在党委班子中处于关键地位，在行政领导班子中处于统帅地位，在决策中处于主导地位，在实施决策中处于指挥地位。“一把手”决定着所管区域路线、方针、政策的制定和贯彻实施，决定着重大人事的变动、重大资金的使用、重大财产归属的审批，对一个地区的全局工作起着举足轻重的作用。加强对党政“一把手”的监督，“让权力在阳光下运行”，已成为亟待解决的重大理论和现实课题。

一、对“一把手”监督问题的理论分析

“一把手”的特殊地位和作用决定着需要对其实施监督。对“一把手”的监督不是对个人的监督，而是对“一把手”行使权力过程的监督。党政

“一把手”作为特定的监督对象，既要遵循权力监督的一般规律，又要考虑监督对象的特殊性。这是研究“一把手”监督问题的理论前提。

（一）明确监督理念：权力分解、权责一致

社会主义无产阶级政党和政府的利益同整个社会公众的利益是完全一致的，政党和国家权力是一种完全和真正意义上的公共权力。在现实运行机制中，只有不断健全法制、完善制度、明确程序，使公众对权力及其具体运行形成法定的监督，才能真正保障权力的公共属性和授予关系不被异化。

监督权力要立足科学分解和有效制约。17世纪英国作家詹姆士·哈林顿在其名著《大洋国》中，力图用两个“无知女孩”的故事破解“权力的不解之谜”，这两个女孩采取“你来分、我选或我来分、你选”的方式均匀分食了一块饼干，分和选的规则中包含了分权制衡和自由选择的权力制约和监督原则。1887年，阿克顿在给《英国历史评论》主编克莱顿的一封信中，写下“权力导致腐败，绝对权力导致绝对腐败”的至理名言。孟德斯鸠在《法的精神》中指出：“一切有权力的人都容易滥用权力，这是条万古不变的经验。有权力的人们使用权力一直遇到有界限的地方才休止。”因此，“要防止滥用权力，就必须以权力约束权力”。这一思想的不断发展，实际上奠定了西方国家200多年来不同程度上实践完善“分权制衡”监督制约模式的理论基础，也奠基了当今各国权力监督的基本思路。我国封建社会具有两千多年君主专制的传统，新中国成立以后的很长一段时间内，以权力要素为核心的社会结构并未真正改变，计划经济体制下的中央集权形成了以政治价值为核心的意识形态，邓小平在《党和国家领导制度的改革》中深刻指出：“权力过分集中的现象，就是在加强党的一元化领导口号下，不适当地、不加分析地把一切权力集中于党委，党委的权力又往往集中于几个书记，特别是集中于第一书记，什么事都要第一书记挂帅、拍板。党的一元化领导，往往因此而变成了个人领导。全国各级都不同程度地存在这个问题。”这里实质上强调了对权力尤其是“一把手”权力进行科学分解和制约的必要性。从理论和实践中加强党政“一把手”监督，必须立足于对“一把手”权力进行科学分解和有效制约。

确立权责一致、责任追究的权力边界。权力有多大，责任就应该有多大。只有确立权责一致的基本精神，责任追究才能落到实处。与责任不对等的权力必然侵害公民和社会的利益。任何权力都可能被滥用，但任何滥用权力者都要被追究责任，这就彰显了监督的重要性。许多现代国家的实践表明，实行问责制，以规范化、制度化的方式确定和追究当权者的政治、道义和法律责任，既是强化权力制约和监督的一个重要途径，又有利于促进和保障公共权力的公正、合理、有效行使；而建立和健全清晰、完整、严密的相关规则，则是确保问责制健康有序推进和施行必不可少的重要前提。对执掌公共权力的官员实行问责，是依法治国方略的重要核心内容，问责制的本义和最关键的部分，就是确定和追究掌握公权者特别是位高权重的“一把手”的责任。除党政“一把手”对本地区、本单位的宏观领导权之外，人事、财务、业务工作等方面的具体签字权、审批权、调配权应当在区分责任、确定规范的前提下科学分解。而这本身也有利于形成切实有效的监督。实行问责制，既应当对党政“一把手”在决策、执行上级机关的决策和部署中的问责事项逐一列举的具体情形，又应当对“一把手”履行执法执纪职责、履行社会管理职责、履行内部管理职责、接受监督、履行其他职责中发生的特定过错予以问责的具体表现做出明确规定，还要对不履行或不正确履行职责、造成重大失误或不良社会影响行为纳入问责范围。

（二）强化监督主体：同体监督、异体监督

加强权力监督应当完善同体监督，强化异体监督。但无论哪种监督，监督主体都需要有相对独立的权威，要通过监督与被监督的分离，强化监督的实际效果。无论是党内监督还是党外其他机构的监督、社会的监督，目的都在于保证权力的运转不超出法律规范和社会道德所许可的范围，保证权力不被滥用。

从监督主体与监督对象的关系看，监督可分为同体监督和异体监督。同体监督即监督主体和监督对象在同一体制系统中的内部监督，是政党和组织保持自身健康与活力的自我发现、自我检查、自我纠错方式，是政党和组织维护生命力的自我需要。同体监督最大的弊端在于缺乏独立性与权威性，监督者与被监督者之间难以形成相互制约的关系，违背了“权力制约权力”的原则。我国现行的党委纪检部门、政府监察部门、反贪机构就是同体监督的主体。任何有效的监督体制应以监督客体处于监督主体的有效监督之下为前提，监督主体的监督活动不受监督客体的直接制约，这是保证监督主体充分独立地行使监督权的必要前提。而我国政治监督机关一般实行双重领导制，其权力来源和经济来源都会受到监督对象的影响和制约，形成了监督主体受制于监督对象的特殊关系。如从党内监督看，党的纪律检察机关实际上不是直接向产生它的党员代表大会负责，而是向作为执行机关的同级党委负责，这种党委和纪委关系的制度设计的粘连关系决定了纪委难以对同级党委，尤其是对“一把手”实行切实有效的监督。对党政“一把手”的监督，形成了同级班子成员不敢监督、纪检专门机关不便监督的状况。

异体监督的监督主体和监督对象处于不同的体制系统中，是一种外部监督，具有权威性、独立性和约束性强的特点，有利于形成有效的制约关系。西方政治体制的“三权分立”是一种异体监督，但异体监督并非只能采用三权分立的方法，中国的人大、政协监督严格说来也是一种异体监督。异体监督主体之异的主要意义在于，在实际操作中使监督者与被监督者不处于同一个利益共同体中，即割断监督者与被监督者的利害关系，就是名副其实的“异体监督”。从中外历史上看，有效的监督都在实践中遵循了这一准则。异体监督的主体主要有两种：一种是横向的把权力分解成几个部分，分别由同一层面相对独立的不同主体行使，西方的三权分立是一种典型形态；另一种是纵向的，即权力的主体向下延伸，通过科学有效的操作，达到约束下一级权力主体滥用的目的。党的十七大指出：“建立健全权力结构和运行机制，让决策权、执行权、监督权既相互制约又相互协调，完善决策监督机制，落实重大决策报告制度，健全决策失误纠正机制和责任追究制度，提高监督的权威性和有效性。”这为研究“一把手”监督指明了方向。对“一把手”是采取同体监督、异体监督，还是同体中的异体监督，是值得深入研究的。

（三）细化监督内容：注重规范“三重一大”

通常来说，“一把手”是否科学、高效、廉洁行使和运用职权，主要讲的是宏观决策和宏观管理。而目前我们强调的党政“一把手”监督则主要针对“一把手”赋权过重即权力过于集中的问题，重大人事、重大决策、重大资金、重大项目等集体决策，常常演变成了“一把手”个人决策。在此意义上，党政“一把手”监督的内容主要指对决策权、用人权和财务权的监督，即从加强对人财物权的监督入手突出监督重点。

注重规范“一把手”的决策行为，就是要通过建立和坚持重大问题决策前听证和调查论证制度加强科学决策、民主决策，通过确立和健全程序促进制度化，通过阳光公开确保公平公正。

注重规范“一把手”的用人行为。用人的腐败是政治上最大的腐败。坚持按照民主、公开、竞争、择优原则选人用人，是规范“一把手”用人行为的关键。严格遵守《党政领导干部选拔任用工作条例》，坚持德才兼备、以德为先、注重实绩、群众公认的原则，实行党委领导、集体研究、集体决定。不搞任人唯亲，临时动议，以势压人。

注重规范“一把手”的财务行为。大额资金使用、重大建设项目安排等重大问题，极易滋生腐败。这种监督至少包括两个主要内容：一个是为百姓管好“钱袋子”，即把住预算审查关；一个是盯住“一把手”自家的“钱袋子”，即推动财产公开。因此，实行参与式公共财政预算民主、透明化公共财政资金管理使用、个人财产申报公开制度，是规范“一把手”财务行为的努力方向。

（四）健全监督机制：注重预防、注重治本

坚持用制度管权，按制度办事，靠制度管人，是从源头上加强监督的根本途径。任何制度的建立和完善，只有与制度的执行结合起来，才能更好地发挥实效性。具体来说，有效监督要完善以下几个执行机制：

健全教育引导机制。实现对“一把手”有效监督，要加强对“一把手”

进行政策法规教育。增强贯彻执行民主集中制的坚定性，提高依法行政、规范用权的自觉性。坚持加强对“一把手”进行正确权力观教育。教育和引导“一把手”真正认识到权力是人民赋予的，树立全心全意为人民服务的宗旨意识。

健全规范用权机制。加强对“一把手”的监督，关键是要对“一把手”用权行为进行规范和约束。采取领导班子内部分权、上下分权、平行分权等形式，形成互相制衡的权力运行机制，增强用权的透明度。

健全班子内部监督机制。要完善重大问题民主决策制度，凡属重大决策、干部任免和大额资金使用，都必须经过集体讨论决定，切实做到集体领导、民主集中、个别酝酿、会议决定，避免和防止“一把手”个人独断专行。

建立全程监控机制。强化对“一把手”的监督，是一个复杂的过程，各方面力量必须密切配合，协同运作。要理顺现有的干部监督体制，强化纪检、监察、财政、审计、信访等部门的联系，形成监督合力，强化群众监督，增强大众媒体监督。要建立党政领导干部监督责任制，“一把手”要对本地区、本部门干部监督工作负总责，一级抓一级，层层抓落实，切实增强干部监督的实效性。

二、国外加强对政务类官员监督的做法

在国外，政务类官员相当于中国的“一把手”。加强对政务类官员的监督，是国外特别是西方发达国家监督制度设计的重点。在相对比较成熟的监督框架下，国外加强对政务类官员监督通常立足于对决策权、财政权的监督和问责。这些做法值得我们研究和借鉴。

（一）实行科学民主决策，监督政务官执行权

政务官的执行权来自国家和执政党的授予。执政党集体相当重视科学民主决策，推选出来担任政务官的首长主要职权在于执行。首先保证了决策的科学，就从源头上避免了腐败现象的产生。

广泛动员党员参与党内决策过程。当前西方许多主流政党都改革了原先的“闭门决策”制度，使决策过程相对公开，实现决策的透明化。其中一个重要做法就是让普通党员参与到决策程序中来。凡是涉及本党未来发展走向、党章、党纲以及党对国内政策的重大事项，都交由全体党员共同行使权利、共同担当义务。在西方国家政党政治中，普通党员参与决策主要通过两种方式：一是党员对重大决策拥有投票征询权或投票表决权。在中央层领袖选举中，美国、英国及加拿大等国的一些政党允许普通党员参与；在本党国家公职候选人选举中，相比领袖选举，允许普通党员参与投票的政党就更多。普通党员可以广泛地参与地方党组织领导层的选举。二是在政策形成过程中发挥影响。新加坡人民行动党于2004年4月成立了人民行动党政策论坛，其目的是让党员有一个抒发已见、针对各种政策及国家议题提出建言的平台。

建立完善党内决策监督机制。西方执政党主要通过三种途径对党内决策进行监督：一是设置独立的监督机构。独立监督机构的设置保证了监督人与当事人之间没有权力、工作等妨碍监督独立性的因素存在，使监督主体相对于监督对象在地位及利益等方面具有超然性。如德国社民党监察委员会由全国党代会以秘密表决方式选出9名委员组成，监察委员会从其成员中选举一名主席领导监察委员会的工作。监察委员会的成员均不能担任党的其他领导机构的职务，不与党存在任何经济依附关系，监察委员会有较大职权，依法对党内官员违纪行为进行查处。二是设立党内督导员制度。西欧政党的议会党团内部都有严格的纪律，为协调本党议员的立场，西欧政党都设立了诸如党督等职位，主要职责是负责了解本党议员的动态，传达政党对议题的立场，协调议员的观点，督促议员出席议案表决并在表决中与党保持一致，等等。有些政党还通过党内立法的形式加强对议会党员的管理和监督。三是实行弹劾制度。弹劾是西方国家议会对政府官员和法官犯罪或有严重失职行为进行控告和制裁的制度。弹劾权对维护西方国家的法律制度，保障公民的权利和自由，防止权力的滥用和腐化仍在发挥着重要作用。

完善党内决策程序。许多国家政党重视加强决策程序建设，尽量减少决策过程中一些不确定因素的干扰。新加坡人民行动党在推出政策之前，先要说服自己的国会议员，如果议员坚持反对，就会根据他们的意见对该政策重新进行研究、调整，然后付诸实施。西方大多数国家社会党的决策方式是导入竞争机制，引入更多的直接民主，变金字塔式的集中型决策结构为自下而上的多线平行式直接民主制。对决策内容自始至终进行民主讨论、辩论以及对决策结果进行绩效估计，并按多数人的意见做出决策，是美国政府决策的一个重要特点。

普遍建立决策听证制度。没有听证就没有决策，西方执政党在决策中十分注重程序公正和保护少数原则，在决策前大多实行听证制度。听证制度的基本内涵是：在做出不利于当事人的决定之前，应当听取当事人的意见。在美国地方政府的日常决策中，选民可以利用其所在的非政府组织，出面参与政府的决策。美国民众可以参加各种听证会，自由旁听地方政府的任何会议，并在允许的情况下公开在会议上发表自己的观点。美国地方政府的决策必须经过充分的讨论和听证，然后交于代表会议或市政议会进行表决，重要的决策还必须交于全民公决。尤其重要的是，即使一项决策最后经过代表会议表决通过了，决议实施中可能会有利益损失的选民，仍旧可以提出新的修改意见和提出新的利益损失补偿办法，要求地方政府予以考虑和解决。

重大事项决策必须运用外脑。越来越多的政党选择党外的思想库、咨询机构、研究所及专门委员会作为决策的参谋助手，以此提高决策的科学合理性，减少决策失误所造成的损失。如美国总统拥有包含700多个咨询机构的庞大智囊团作为其政府决策的强大后盾；日本执政党则是更为公开的面向社会型决策咨询体系，为使政府在决策过程中广泛征求社会民众意见，政府各部门建立的咨询机构审议会达200个；英国也有2000多家咨询公司，为政府和政党决策提供咨询参考。在许多国家，执政党及其政府利用咨询组织的智力支持已经被纳入了法治轨道，法律规定的政府重大事项决断与规章制定必须经过咨询。

（二）实行财政监督管理，规范政务官财务权

国外财政监督模式主要包括财政立法监督、财政行政监督和财政司法监督。建立多侧面的财政监督，目的就是要规范政务官的财务权。

财政监督广泛、权威性高。适应市场经济的民主法制特征，各发达国家现代化的财政监督管理，其主体不是某个行政管理部门，而是国家的政权机关，即由国家议会按照宪法规定的民主程序，以立法的形式，实现财政的监督管理，具有鲜明的法制特征和较高的权威性。

财政法律法规比较完善，立法层次高。发达国家财政监督的法律地位都很明确，议会通过的法律条款中具体规定财政监督职责和工作任务，财政监督有法可依，不受其他部门的干扰和阻碍，监督具有较大的独立性和较高权威性。许多国家在作为国家根本大法的《宪法》中对财政活动做出了明确的规定，例如日本、瑞士、德国、意大利以及东盟的印度尼西亚、马来西亚、新加坡等国在《宪法》中对财政活动包括预算、税收、国库、审计等列有专门的条款，有些国家还制定了诸如《国有资产管理法》《计划法》《社会保障法》等专门的财经法规与财政法规相配套。

建立比较严密和完善的财政监督体系。在德国，设有专门的财政监督机构——联邦和州审计院，州审计院下设审计局，负责国家财政支出的监督检查。同时，议会中设有审查委员会，该委员会除对国家预算进行审查外，还对审计院的监督检查工作质量进行审查。另外，负责税务纠纷案件的特别法院（税务法院），对税务机关也有一定的监督作用。在法国则形成了以议会宏观监督、财政部门日常业务监督、审计法院事后监督的分工明确、协调互补的财政监督体系。而美国的财政监督工作则有比较详细的法律依据和规范成型的程序，大致规定如下：财政部门负责对财税宏观政策执行情况和重大违法违纪问题进行监督，其他一般性的税收监督主要由税务部门负责，财政支出监督主要由财政部门、用款部门、审计部门及国会负责。

（三）健全行政问责法律，加强政务官责任心

西方许多国家都在宪法中规定了国家责任原则和行政责任制度。健全行

政问责的法律法规，实行加强对行政权力的制约和监督，预防和惩处官员滥用权力和违法乱纪行为，这些制度和实践值得我们参考借鉴。

明确责任范围。西方国家实行公务员的分类机制，公务员分为政务官和事务官，政务官是由选举或政治任命而产生的公共权力行使者，是问责的主要对象，既要对集体决策、管理、执行中出现的重大失误承担直接责任或连带责任，也要对影响政府运行、声誉、形象、信任、信念等个人能力、言论、形象与品行承担责任。对政务官的问责方式一般有弹劾、调查等。瑞典公共管理局把瑞典的政府部门及其官员的责任划分为三类，即法律责任、政治责任和道德责任。法律责任又具体分为刑事责任、赔偿责任和纪律责任。政治责任主要是指民选官员应该对其政党及选民负责，内阁成员应该对议会负责。道德责任是指官员必须具备优秀的职业道德，严格自律，树立良好的形象。

建立多元问责主体。西方国家的问责主体一般包括议会、司法部门、独立问责机构、政府内部问责机构。议会在政府问责制中属于外部问责主体，议会问责的方式是弹劾。司法部门主要是通过对政府官员的行为进行司法审查、违宪审查等方式进行问责。设立独立问责机构已经成为全球加强政府问责的发展趋势，西方国家大多数都成立了独立的监察机构，如丹麦、瑞典、英国等国家的议会监察员、德国的联邦议院调查委员会、美国联邦调查局等。这些独立问责机构的独立性非常强，独立于地方政府之外，对一切滥用权力的官员均有调查权。大多西方国家在行政机关内部设立了专门的监察机关，监督行政机关以及公务员的行政行为。政府内部问责机构包括专门的监察机关与惩戒机构两种。监督机构属于政府的独立机构，有独立的权力和地位，不受任何机关的制约，如美国的监察长制度、政府道德办公室等。监察机构的权力包括检察权、调查权、纠正权、弹劾权和逮捕权。惩戒机构是对公务员有法定惩戒权限的机关，按相关法律规定行使权力。

严格问责程序。西方国家对行政首长的问责具有严格的程序。一般来说包括以下过程：（1）调查。公务员的违纪行为被发现后，首先要进行调查，要对当事人进行审问式的谈话，然后写出报告，交给拥有惩戒权的机关。（2）咨询专门机构的意见。行政机关向纪律监察机关提出报告，指出公务员的违法违纪事实，说明理由，提出证据和打算给予的处分。被处分公务员提出答辩，纪律委员会听取双方陈述，有必要时可以进行调查。（3）当事人知情权。当事人有权知道惩戒诉讼案中个人卷宗中全部情况以及所有附件，当事人有选择辩护人和司法救济的权利。政府部门必须将当事人应享有的知情权告之对方，并且惩戒机关内部尚未形成决定之前，对当事人所受的任何纪律处分都不得对外宣布。（4）说明理由和公布。行政机关在咨询纪律监察机关的意见后，可以对外公布纪律处分决定的理由。（5）对处分的申诉。被处分的公务员对处分不服，可以采取行政申诉手段和司法申诉手段寻求救济。

三、加强对“一把手”监督的现实困惑

党政“一把手”监督既是一个理论问题，也是一个实践问题。如何把监督的理论与实践结合起来，形成科学的监督制度和科学监督方法，还存在许多现实困惑。

（一）强化权威与约束权力的分寸难以把握

中国特定发展阶段的基本国情决定，办好中国的事情，关键在于“一把手”。“一把手”的特殊地位和作用，决定了必须赋予其较大的权力。现在许多地方过多强调“一把手”的作用，要求“一把手”负总责。许多部门和单位把加强和改善党的领导，理解为强化“一把手”的领导，客观上导致“一把手”想不集权都难。“一把手”在用人问题上掌握“关键一票”让监督者心存顾虑。一些地方和部门在干部考核和提拔任用问题上，“一把手”的意见分量相当重。“一把手”在用人问题上的“关键一票”让干部有后顾之忧，致使民主测评和考核结果失真，监督自然也流于形式。“一把手”的意图，在一些地区、一些部门直接成为组织意图，成为部属的主要行动依

据。有些“一把手”喜欢在决策之前授意、表态，而有的部属也习惯于揣摩“一把手”的意图，在决策之前方方面面的思想已经得到“统一”，进入真正决策阶段，其他人很难充分表达意见。

凡事都应有“度”，赋权过重，权力过分集中于个人或少数人手里，必然造成官僚主义，难免要犯各种错误，损害各级党和政府的集体领导，破坏民主集中制、集体领导和个人分工负责制，甚至形成领导班子成员和副职对“一把手”的依附关系，形成班子成员和下属不敢对“一把手”进行监督的不正常现象。因此，针对党政“一把手”赋权过重的问题，一些地方试图用“限权”“分权”和“禁权”的办法，对“一把手”权力进行分解。但这种向“一把手”分权，会不会影响他们的积极性，甚至“撂挑子”？分权能否治理好“一把手”腐败？任何“新政”逐级实施中，都有一个“效用散失”的问题，怎样破解“阳奉阴违”的困局？“少数服从多数，下级服从上级”的“一把手”“权力惯性”，会不会在分权后导致“一把手”一个人的腐败演化成正副职勾连的群体性腐败？因此，强化权威与约束权力的分寸难以把握，成为探索党政“一把手”监督面临的一个两难选择。

（二）选拔任用与日常监督的衔接难以协调

我国现行干部选用机制基本上沿用过去委任制的方法，其基本原则就是统一培养、统一选拔、统一使用、统一管理，决定性机制在于自上而下任免，本质要求是自下而上地对上负责。这种制度的根本缺陷在于造成上级监督不到、同级不能监督、下级不敢监督的状况，使监督缺位，很容易导致用人上的暗箱操作，造成公众对人事变化无法履行知情、参与、选择和监督的权力，出现“一把手”说了算、“少数人选少数人”的严重问题。

长期以来，干部教育监督管理中存在重选拔、轻管理、弱监督的现象，致使对“一把手”的监督不能发挥应有的作用。一方面，重选拔轻管理。各级组织对选用“一把手”是比较慎重的，但干部任职后管理跟不上，上级党组织对所管的“一把手”的情况，主要来自选拔任用时的考察和工作汇报了解，对“一把手”日常的思想动态、道德品质、民主作风、廉洁自律情况还难以进行全面的、动态的掌握。另一方面，重使用弱监督。加强对“一把手”的监督是对干部政治上最大的关心和爱护，但有的党组织及领导在对下级“一把手”的监督上，还不同程度地存在着“一手硬，一手软”的问题，往往只注重经济指标完成情况，忽视其思想、作风，特别是廉洁自律状况的监督。甚至还有的上级党组织和领导片面强调“能人效应”，发现“一把手”存在的问题也不及时进行认真的批评帮助，即使处理起来也往往是大事化小，避重就轻，客观上起到了姑息纵容作用。

在这种情况下，党政“一把手”权力活动往往处在封闭运行状态，透明度很低，外部无法进行监督。这有两个方面的原因，一是有些活动本身需要保密。如干部使用的酝酿，由于它的特殊性、敏感性，有一个内部过程。二是有些“一把手”没有意识到是人民授予他这个职务，赋予他相应的权力，是党和人民的信任，而把职务和权力视作自己的资本，作为自己为所欲为的工具。在一些重大问题的决策、重要干部的任用、大额度资金的使用上，把民主集中制原则抛在一边，不商量，不讨论，个人说了算；或是搞假民主，走过场，对不同意见置之不理，按自己的意见强行通过，硬性拍板；或者不讲程序，“一竿子”插到底，集决策和执行于一体，事前不打招呼，事后也不向有关同志通气，其内情无人知悉，或者知悉的人极少；或是以需要保密为挡箭牌，应该公开的事情不公开，人为地阻塞群众监督的通道，使群众无法监督。

（三）监督主体对监督客体的制衡难以有效

有效的监督机制应以监督客体处于监督主体的有效监督为前提，监督主体的监督活动不受监督客体的直接制约和约束，这是保证监督主体充分独立行使监督权的必要条件。从对“一把手”监督的方式看，现行主要是以同级监督为主，上级监督与下级监督相结合，党内监督与党外监督相结合，这种监督机制往往难以达到监督的目的。一是在目前的双重领导体制下，由于纪委、监察、司法这些机关部门的领导权、人事权、财政权掌握在同级党委或行政首长手中，同级监督机构缺乏独立性，监督者受被监督者领导，缺乏权威性；班子成员因其命运掌握在“一把手”手中，或畏惧权势，或妥协顺从，不敢进行监督，从而使同级监督流于形式。二是作为监督主体上级纪检监察机关，由于受时间和空间的限制，无法及时了解和掌握下级党政“一把手”活动情况和问题，也难以实施有效监督。三是人民群众对“一把手”的信息知道的少之又少，无法监督。各民主党派的监督也因缺乏权力的支撑而无法实施有效的监督。可以说，对相当多的党政“一把手”来说，官越做越大，各方面的约束越来越小。因受贿被判处死缓的泰安市原市委书记胡建学曾不无感触地说过：“官做到我这一级，就没有人能管得着了。”

实施监督的责任主体多元，权责不清，难以形成合力。承担党内监督、国家权力机关监督、行政监督、司法监督、群众监督、舆论监督、政协民主监督等职能的监督机构之间存在职能交叉、权责不清、各自为政的现象，造成对“一把手”谁都去监督又监督不到位的现象。由于各监督机构缺乏明确的职责分工和协调配合的规范体系，难以形成监督合力。

（四）现有体制内监督创新难以形成强力

加强监督特别是对党政“一把手”的有效监督，一直是我们党持之以恒追求的目标。十八大以来，我们党不断深化对党政“一把手”监督的理论认识，推进建设反腐败的惩防体系，不断创新体制内监督的制度和方法，努力提高权力监督的科学化水平。地方党委根据工作需要，实际上接受了在公开、透明背景下的有限权力、权力分解、责任追究等观念，在局部进行了一些创新，给民间带来一股清风，使民众看到科学监督的希望。

然而，必须清醒地认识到，单靠单刀突进地进行修补式创新和改革，很难形成强有力的监督力量，离从根本上遏制权力腐败的效果还有较长的距离。以目前的巡视监督为例，可看到目前的巡视监督也面临两难选择的现实困惑。一是巡视监督要持久长效难。目前巡视工作的监督只能达到对被巡视对象一时一地的制约，巡视组撤走后谁来监督“一把手”呢？如果这种监督真的成为几年一遇的“匆匆过客”，那就很有可能最终衰变为走马观花、浮光掠影的过场。二是巡视过程中听真话难。原中央纪委、中央组织部巡视组组长任克礼就曾感慨一些干部不对巡视组讲真话。在个别谈话中，却常常碰到谈话对象说空话、套话和永远正确的“废话”，把巡视组谈话当作例行公事敷衍了事，特别是一些知情的干部由于种种顾虑，要么避重就轻、顾左右而言他，要么只谈成绩不谈问题。三是巡视监督政策尺度把握难。中央巡视制度对巡视机构履行对领导干部的监督职责，做了“四不原则”的规定：不承办具体案件；不推荐干部；不能处理具体事务；不要干预被巡视单位的日常工作。但是在具体操作中度的把握问题常令人困惑。比如发现了被巡视单位某领导干部可能有问题，是到此为止，立即向上级党委汇报，还是继续深查，直到摸出个头绪？按理应马上汇报，但基本情况都没摸清能汇报什么？如果上级党委未做出反馈意见，也就无法移交给纪检监察机关调查；如果再深查下去，再多走一小步，是否又在行使纪委初核的职能？又有越权办案之嫌。又比如，巡视组接到被巡视单位干部群众反映强烈的热点、难点问题，由于这些问题都是具体问题，巡视组不能直接处理，但是巡视组又不能一推了之，特别是对涉及改革发展稳定的有关问题，巡视组应该向当地提出改进的意见和建议。在此过程中，既不越俎代庖，又不失信于民，其中的分寸较难掌握。

在这种情况下，囿于既有格局，不从政治体制改革入手，想要解决“一把手”监督问题如同隔靴搔痒，无法治本。但试图通过跳跃式改革方案，或者某一项一劳永逸的改革举措，全面解决“一把手”腐败问题，只是一个理想，并不现实。解决“一把手”监督难题，应当立足于中国国情，另辟蹊径。

四、加强对“一把手”监督的对策建议

加强党政“一把手”监督是一个系统工程，涉及党的执政体制的各个方面，需要从长计议，坚持标本兼治，在加强“一把手”监督实践中深化认识“一把手”监督的规律，在运用规律过程中寻找对党政“一把手”进行有效

监督的多种实现形式。当前，可在已有实践的基础上，抓紧建立健全以下制度，形成“一把手”监督的制度体系。

（一）尽快出台党政“一把手”监督实施办法

在现有党内制度规范中，在充分总结地方实践经验的基础上，尽快出台党政“一把手”监督实施办法，明确规范监督的职责范围、确定监督重点领域和重大事项，建立“一把手”宣誓就职制度，完善“一把手”监督制度体系，实行“一把手”监督主体的政治问责。

规范“一把手”监督的职权范围。由于“一把手”所处的特殊地位和担负的重大责任，对他们进行监督既要注重高标准、严要求，又要注意不影响“一把手”作用的发挥，这其中就有一个面与度的把握问题。要通过出台加强对党政正职监督的指导性文件来突出重点，确保监督到位和监督实效。一是明确监督内容。“一把手”公务活动牵涉面广，对他们进行监督，究竟监督哪些内容和活动，这是做好对“一把手”监督工作首先要解决的问题。现阶段应将贯彻民主集中制、执行干部人事制度、财政性资金使用和单位财务管理、基本建设工程项目、廉洁自律等五个方面的情况作为监督“一把手”的重点，增强监督的针对性和实效性。二是拓展监督范围。由于“一把手”很多工作和活动都牵涉八小时之外，要将监督视角从“八小时之内”向“八小时之外”延伸，强调“一把手”在“社交圈”和“生活圈”中保持清正廉洁、生活正派、情趣健康，自觉拒腐防变，管好配偶、子女、亲友和身边工作人员，真实报告个人重大事项等；严管“一把手”在“八小时之外”的行为，将他们“八小时之外”的表现作为评价和使用的重要依据。

把握对“一把手”监督的根本实质。加强对“一把手”的监督，就要突出对用权监督这个重点，强化对“一把手”的权力制约。因此，要紧紧盯住权力运行的各个环节，不断创新方式，强化权力制约。一是合理配权。通过建立“一把手”不直接分管人事、财务和重点工程建设的制度，紧紧抓住制权、管钱、用人这三个关键环节，确保监督的实际效果，以革除现行领导体制中权力过度集中的弊端。规定人事、财务等工作让副职直接分管，重大决策、干部任免等事项由单位领导办公会议或单位党组集体研究决定。实行“三个不直接分管”，不仅形成了职责明确、程序清楚、操控自如、约束有力的制度监督体系，有效防止了“一把手”在各个要害环节个人说了算的现象，而且能使“一把手”真正从签字报销、物资采购等具体、繁琐的事务中解脱出来，腾出更多的精力去谋大事、抓发展，同时充分调动副职的工作积极性，有利于推动各项工作的开展。二是公开用权。防止用权腐败，关键是要做到用权公开。要积极推进党务公开、政务公开，确保权力在阳光下运行。坚持“双公开”的过程公开透明，不留死角，防止领导班子成员以个人名义插手、干预“双公开”工作。对关系人民群众切身利益的重大事项要及时公开，认真征求群众意见不断改进工作。三是科学评权。在对民主生活会、述职述廉、重大事项报告、干部考核、经济责任审计等监督方式继承的基础上，要创新监督渠道，使“一把手”的用权行为接受群众的监督和评议。加大监督力度，从人大代表和政协委员中聘请一批特约监督员对各单位“一把手”进行日常监督。

完善对“一把手”监督的制度体系。从这些年查处的“一把手”腐败案件看，关键原因就在于一些监督制度缺乏可操作性，或者执行不力。因此，要从强化对重点事项、重点环节、重点领域的监督入手，出台相应的规范性文件并狠抓落实，以取得较好效果。一是靠制度监督“一把手”决策。建立严格规范的议事规则，加强对决策权的监督，使决策过程更加科学和合理。在推行“一把手”监督试点工作中，坚持民主集中制的原则，健全和完善决策议事的规章制度。建立健全领导班子议事规则、民主生活会公告公示制、谈心交心制、分析评议制、整改责任制；建立领导班子民主决策制，在明确重大事项必须由班子集体决策的基础上，推行决策事项和程序事先设定、集体讨论、党政“一把手”末位表态制，提高决策监督的水平和效果。二是靠制度规范“一把手”用人。坚持把推进干部人事制度改革作为加强对“一把手”用人权监督的根本性举措来抓。进一步完善干部综合考核评价办法，完善干部选拔任用决策机制，坚持实行选拔任用干部民主推荐、考察酝酿、讨论决定和任前公示等制度。拓宽民主渠道，规范民主形式，把群众的有序参与贯穿于干部选拔任用全过程。三是靠制度管住“一把手”花钱。为规范“一把手”的资金使用行为，要在资金的管理和使用上建立健全一系列的规章制度。四是靠制度防止“一把手”插手工程。“一把手”在项目工程领域发生腐败的现象越来越突出，因此要切实加强项目工程领域反腐倡廉的制度建设。通过对有重大基建工程的班子进行集体廉政谈话，审计提前介入等做法，实现事前防范、事中管理和全程监督。

建立“一把手”宣誓就职制，把它作为健全监督机制的一个组成部分。“一把手”宣誓就职制的具体做法：一是规定对象。参加宣誓的是五套领导班子成员和企事业单位县、处级以上单位“一把手”（包括军队和地方干部）。二是明确组织者。由发布任命书的上级领导机关组织宣誓仪式，由上级的“一把手”监誓。三是规定时间。一般在换届后即组织新领导班子成员进行集体宣誓；届中调整的，则每季度或半年组织一次任职人员宣誓。四是规定誓词。誓词是共性和个性的统一。誓词以共性为主，共性是遵守宪法，忠于人民，公道正派，决不以权谋私等等，个性是各类领导干部本职工作的重要规范与要求。誓词应对宣誓者起“座右铭”的作用。在各级五套班子成员和党政军以及企事业单位县、处级“一把手”宣誓就职成为制度之后，再逐步推广到其他领导干部乃至国民之宣誓。这有助于领导干部的自律和社会各方的监督，是以防为主的一种重要举措。

（二）建立以组织监督为主体的事前控制机制

所谓“事前控制”机制，就是在某一名干部行使“一把手”权力之前，对其进行有效约束和规范。建立以组织部门为主体的“事前控制”机制，关键是解决三个问题。

把监督的起点定位在“一把手”的选拔任用上。把人选准用好，是加强对党政“一把手”监督的前提和基础。因此，党委和组织部门在选拔党政“一把手”时，必须严格遵循《党政领导干部选拔任用工作条例》的要求，坚持“四化”方针和德才兼备的原则，坚持按程序办事，真正把政治上强，有统揽全局、宏观决策、组织协调能力，知人善任、清正廉洁的人选拔到党政“一把手”位置上。要达到这一要求，首先，要抓好对党政“一把手”的推荐关。要提高群众的参与程度，认真开展民主推荐、民主评议和民主测评工作，对大多数群众不拥护的干部不能列为考察对象。推荐党政“一把手”人选时，要建立荐才失察追究责任制，被推荐的党政“一把手”出了问题，推荐者要负连带责任。其次，要把好对党政“一把手”的考察关。考察党政“一把手”人选，不仅要通过其上级、同级，而且要通过其直接下级和分管的部门，还要延伸到普通干部和群众，了解全面的情况。再次，要把好向党委建议党政“一把手”人选的参谋关。组织部门在向党委建议党政“一把手”人选之前，要认真研究分析推荐、考察情况，好中选优，经过部长办公会、部务会集体决定建议方案和人选。最后，党政“一把手”的任用必须由党委集体讨论决定。党委讨论任免党政“一把手”，要有三分之二以上的成员参加，按照少数服从多数的原则做出决定，不得由个人或少数人说了算。对个别领导干部以个人意见干扰或代替集体意见的，要给予严肃处理。

提高领导班子内部监督和解决自身问题的能力。领导班子成员对“一把手”的思想、工作、廉政等方面的情况比较熟悉。班子成员对“一把手”的监督，比其他监督形式更直接、更有效。组织部门要从领导班子整体配备方面解决好一些副职“不敢监督”“不愿监督”“不能监督”的问题。目前，一些地方在领导班子配备上存在着三种严重弱化班子内部监督的倾向。一是为了便利“一把手”的工作，在配备副职时过多地听取并采纳了“一把手”的意见，使一些“一把手”趁机把自己人推荐成为副职，致使整个领导班子只有“一个声音”存在；二是在强调领导班子专业互补和气质搭配时，各级党委和组织部门往往把“一把手”配得比较强，副职则有意无意地配得比较弱，能力上与“一把手”差距较大，从而导致副职在能力上监督不了“一把手”；三是在强调领导班子团结时，有些地方出现了矫枉过正的倾向，将敢于提意见的副职视为不配合“一把手”的工作而将其调离，造成领导班子内部对“一把手”的监督“挂空挡”。因此，在配备领导班子时，不能唯“一把手”意见是听，要注重把那些敢于坚持原则、不怕得罪人的人配到副职的位置上。在处理领导班子不团结的问题时，要分清是非曲直，对敢于提出不同意见并坚持正确意见的副职要大力支持。

建立健全领导干部选任责任追究制度。实行“谁推荐，谁负责”的原则，推荐“一把手”干部，必须按组织程序办事，不能把个人意志凌驾于组织之上，不得以书记办公会定人的方式取代“民主推荐、组织考察、充分酝酿、讨论决定”等规定程序。对在选任“一把手”工作中决策失误的，分清主观和客观原因，根据造成影响的大小，对主要责任人进行责任追究，对决策失误次数较多的，予以必要的调整或撤换。 要完善领导干部选任多轮推荐、党委票决制。目前“一把手”基本上是委任制，要逐步采用多轮推荐和党委票决制。在公推公选中要对干部初始提名方式进行改革，增加“两轮民主推荐”环节，可以组织各阶层、各团体利益的代表，进行首轮民主推荐。每个职位得票靠前的人选，再由党委会成员进行第二轮民主推荐，产生每个职位的竞职人选。此外，各级党政部门“一把手”拟任人选也要逐步实行由本级党委（党组）常委会投票初选、全委会一人一票投票决定的制度，真正把选用“一把手”的决定权交给集体。要扩大公推公选、公推直选覆盖面。推行部门、乡镇正职“公推公选”，引进竞争机制，克服“由少数人选人、在少数人中选人”的弊端和用人上的不正之风，以注重实绩、鼓励竞争来调动想干事、能干事、干成事的人的积极性，以民心拥护、民意公认来引导“一把手”用权为民，从制度上抑制干部任用“潜规则”的发生。

（三）健全以民主集中制为重点的事中监督机制

加强对党政“一把手”的监督，要健全民主集中制，规范党内权力运行，理顺党内权力关系，正确定位“一把手”在整个党内权力结构中的位置。

完善党代会制度。加强对“一把手”监督，要通过完善党代会制度，进一步探索党代会和党代表有效发挥作用的制度形式。从当前各地完善党代会的试点实践来看，其目标取向应该是实行党的代表大会常任制。与党代会常任制密切相关的是党代表任期制。代表大会全体会议闭会期间，应按照党代表的职责要求，积极探索党代表充分发挥作用的制度形式。第一，建立向党代表通报党内情况制度，使党代表及时了解党内事务和党内生活的重要信息，保证党代表的知情权。第二，建立征询党代表意见制度。各级党委包括“一把手”在决策涉及有关重要问题时，应事先征询党代表的意见，并可建立党代表列席全委会会议制度和党内重大问题党代表听证会制度，以提高决策的民主化科学化水平。第三，建立党代表联系党员群众制度。代表应分地区、分行业联系原选举单位的党员和群众，及时收集他们的意见和要求，并向代表大会或同级委员会反映。第四，建立党代表调研制度。党代表应根据实际需要，对原选举单位范围内有关党的建设、经济和社会发展、群众思想和生活等问题进行调查研究，并向党的有关部门提出建议。第五，建立党代表评议制度。党代表应对由自己选举产生的党的领导机关和领导人包括“一把手”进行测评，检查、督促其廉政勤政情况、贯彻落实代表大会决议情况，并以此作为考察班子和干部的重要依据。第六，建立党代表监督制度。党代表在代表大会闭会期间应有权按照有关规定对其选举产生的党的委员会、纪律检查委员会及其成员进行监督。党代表应有权根据党员和群众的反映，对党的领导机关和领导人包括“一把手”的重大活动，特别是涉及权力滥用的活动提出质询并要求答复；同时党代表应有联名提出罢免不合格的领导干部建议的权利。第七，建立党代表述职制度。党代表应就参加代表大会（年会）的情况、闭会期间参加代表活动的情况、联系党员群众等履行职责的情况以及对提交党的代表大会的议案所采取的态度和落实情况等问题向选举单位和所联系党员进行述职，应坚持每年述职一次。唯有健全这样一些制度，才能保证党代表更好地履行职责、发挥作用，才能更好地规范党内权力运行，加强对包括“一把手”在内的党的各级领导干部的监督。

深化党委制改革。健全全委会对重要问题的票决制度，是完善党委制的重要制度安排，也是在全委会内部实现集体领导的一种新形式。从实践效果来看，实行全委会票决制度，更好地把党委常委的核心领导作用与全委会的集体领导作用有机结合起来，客观上对“一把手”的用人权进行重新分配，扩大了党委委员在干部任用上的知情权、参与权、决策权、监督权，使全委会的作用得到了较好发挥。应在现有已经取得的成功经验的基础上，进一步健全全委会票决制度。规范全委会和常委会的工作职责权限。明确常委会和全委会的工作职责权限，并以此为重点建立一整套制度，既要给常委会以足够的领导权、决策权、临时处置权，保证工作的高效运转，又要充分体现全委会的权威地位，使之在重要问题上真正发挥重要作用，在关键问题上真正发挥关键作用。完善各级党委会的议事规则，即对党委议事决策有关原则、方法和程序进行规范。应建立全委会和常委会议题的双向提出制度，拓宽会议议题的形成渠道。在全委会上，常委会可以提出议题，党委委员、常委也可以联名提出议题，如符合规定人数即应列为全委会的正式议题。在常委会上，议题不仅可由“一把手”提出和确定，也可由每个常委或2~3个常委联名提出。无论是全委会还是常委会，都要严格按照有关规定，将会议议题在会议召开前规定时间通知各位委员，使参会人员事前有较充分的准备，不搞临时动议；在此基础上，再召开全委会或常委会讨论决定，不能互相代替，更不能以其他会议形式顶替。全委会和常委会的间隔时间、参加会议人数的规定，应建立定期召开全委会的制度，适当增加全委会的召开次数，可考虑地方党委每年召开3~4次全委会。在人事任免上，应坚持无记名投票表决的原则，强化个人分工负责制，在常委会内部，每个委员都应有明确的岗位责任制，在分工负责的工作范围内权责分明。应防止过于强化甚至滥用“一把手负总责制”的倾向，在党委集体领导中，书记是主要负责人，但不等于党委分工的各块工作都必须由书记挂帅、书记拍板，这样势必造成“书记忙得团团转，副职闲得无事干”，党委分工形同虚设，“一把手”个人权力太大，集体领导有名无实。

强化决策问责制。决策权是“一把手”权力的核心内容，加强对“一把手”的监督，规范“一把手”的权力行为，关键也在于能否规范“一把手”的决策权，提高其决策的民主化和科学化水平，避免其决策行为的随意性和决策权的滥用，保证决策的正确可行。为此，必须强化决策问责制，用责任来约束权力，健全分工负责、权责一致的党内决策机制。必须明确：凡重大问题都必须由党委集体讨论，并严格按照少数服从多数的原则做出最后决定，“一把手”个人没有对重大问题的最后决定权。要制定相应的党内法规，对“重大问题”的内容以及常委会和全委会的决策权限分别做出明确的界定，对决策的程序做出明确的规定。对党委集体决策过程中提出问题、调查研究、科学论证、集体决定等决策的各个环节和步骤建立严格的制度规定，不允许超越必经的程序，做到“没有调查研究不决策，没有专家意见不决策，没有两套以上可供选择的方案不决策”，以严格的程序对决策起硬性的约束作用。高度重视专家咨询工作，建立专门的决策思想库、智囊团，利用现代科技手段，在做好信息采集、传输、存储和筛选的基础上，从理论和实际相结合上做对策研究，给党委决策当好参谋，并可实行市场化运作，对有咨询需求的提供社会化服务，实现智力资源共享。还可考虑建立重大事项决策旁听制，即凡党委研究决策重大事项，均要通过抽签方式确定党代表、人大代表、政协委员参加旁听，接受评议。

（四）建立以专门监督为主体的事后惩戒机制

所谓“事后惩戒”，就是在“一把手”出现以权谋私或用权失误时，及时给予相应的处罚，以教育“一把手”本人，同时达到以儆效尤的目的。要达到这一目的，首先应该理顺监督体制，建立相对独立的专门监督机构，充分发挥专门监督机构的作用。监督机构具有了相应的独立性和权威性后，就要强化以执法、执纪部门监督为主体的“事后惩戒”机制。主要包括以下三个方面：

增强预防意识。目前，执法、执纪部门的法纪监督明显滞后，一些党政“一把手”违法违纪时间长达五六年未被发现的现象依然存在。在新形势下各种腐败现象呈现出群体化、高层次、隐蔽性、“合法”化的新特点，部分执法、执纪部门缺乏超前意识，只能消极被动地等待腐败分子自动暴露。对此，执法、执纪部门必须把法纪监督延伸到党政“一把手”行使权力的全过程，主动出击，不放过任何线索，一经发现，追究到底。

增强制度的执行力。当前“一把手”的腐败现象呈现出向群体化、高层次蔓延趋势，重要原因就是有些地方执法不严，对腐败分子的处罚不足以震慑其他的腐败分子。因此必须加大对大案要案的查处力度，从严从重处理腐败分子。要充分发挥纪检监察部门的作用，严格执纪，不徇私情。

加强各种监督的协同合作。建立健全各监督主体联席会议制度，由党委、人大、政协、纪委、组织部、法院、检察院、公安局、监察局、审计局、主流媒体等共同组成对“一把手”监督的信息通报网络，及时掌握“一把手”的各类情况，研究制定防范措施。各监督主体要依纪依法各负其责，切实履行监督职能。纪检监察机关应把经常性的监督同及时发现和查处领导干部违纪违法问题结合起来，不仅要及时惩处违规违纪者，而且要把好防范的关口，切实发挥监督作用。各级人大常委会要进一步做好对依法任免的政府部门“一把手”的法律监督。各级政协要发挥广泛联系社会各界人士的优势，加强对各级“一把手”工作的民主监督。 进一步畅通信访举报和投诉渠道，切实保障宪法赋予人民的对国家和国家工作人员批评、建议、检举、控告等权利。在保证正确舆论导向的基础上，进一步加大舆论监督力度。

第三讲

马克思主义是科学世界观和方法论

李仁武

马克思主义是我们党的指导思想，坚持用马克思主义的科学理论武装全党，是我们党保持先进性和战斗力，领导人民不断取得革命、建设和改革伟大胜利的重要法宝。进入21世纪，面对全球化背景下各种思想文化和价值观的相互激荡，每一个共产党员尤其是党员领导干部都要深刻认识和把握马克思主义的理论品质，坚定马克思主义的理论信仰，坚持用马克思主义的基本立场、观点和方法研究新问题、指导新实践。尤其在党的十八大之后，中国特色社会主义建设和发展进入了全面建成小康社会的历史新阶段，我们党确定了与“全面建成小康社会”这一战略目标相统一的“全面深化改革”“全面依法治国”“全面从严治党”三大战略举措。这是站在新的历史起点上，开创中国特色社会主义事业发展新局面的战略新布局。为了贯彻落实好“四个全面”的战略新布局，需要我们进一步以马克思主义的科学世界观和方法论来增强对中国特色社会主义的道路自信、理论自信和制度自信，从而凝聚起为实现中华民族伟大复兴的中国梦而努力奋斗的强大精神力量。

一、关于马克思主义的科学意蕴问题

马克思主义是马克思和恩格斯在近代科学研究取得新发展的基础上，批判继承前人的思想成果而创立的科学理论体系。马克思主义包括马克思主义哲学、马克思主义政治经济学和科学社会主义三个重要组成部分。在马克思主义的理论体系中，由辩证唯物主义和历史唯物主义构成的马克思主义哲学是全部学说的理论基础，它包含着对自然、社会和人的全面发展规律的深刻认识，马克思主义的科学世界观和方法论，对谋求人类解放的社会实践具有根本性的指导意义；以劳动价值论和剩余价值学说为核心的政治经济学是马克思主义的重要组成部分，它运用马克思主义哲学提供的世界观和方法论去研究社会生产关系及其发展规律，着重剖析了资本主义社会的经济关系，揭示了资本主义剥削的秘密，对资本主义的发生、发展和灭亡做了全面分析和系统阐发；科学社会主义是以马克思主义哲学所揭示的社会发展规律作为分析基础，以马克思主义政治经济学所揭示的资本主义剥削的秘密为认识依据，论述无产阶级必然以独立的政治力量登上政治舞台，资产阶级的丧钟敲响了，剥夺者将要被剥夺，其结果是社会主义的必然胜利和资本主义的必然灭亡，无产阶级和广大人民群众将成为新社会的主人。这三个部分相互联系构成了马克思主义的完整论体系。马克思主义的创立是人类思想史上的伟大革命，它不仅为我们认识世界和改造世界提供了科学的世界观和方法论，而且为全世界无产阶级和全人类的解放指明了正确的方向和道路，提供了锐利而强大的思想武器。

对于马克思主义作为科学世界观和方法论的理解，我们首先要从马克思主义理论本身的科学性来理解。马克思主义理论的科学性着重体现在发现了唯物史观和剩余价值学说，这是人类思想史最伟大的两个社会科学理论。恩格斯《在马克思墓前的讲话》中曾对这两个伟大贡献做了这样阐述：“正像达尔文发现有机界的发展规律一样，马克思发现了人类历史的发展规律，即历来为繁芜丛杂的意识形态所掩盖着的一个简单事实：人们必须首先吃、喝、住、穿，然后才能从事政治、科学、艺术、宗教等等；所以，直接的物质的生活资料的生产，从而一个民族或一个时代的一定的经济发展阶段，便构成基础，人们的国家设施、法的观点、艺术以至宗教观念，就是从这个基础上发展起来的，因而，也必须由这个基础来解释，而不是像过去那样做得相反。”[1]“不仅如此，马克思还发现了现代资本主义生产方式和它所产生的资产阶级社会的特殊的运动规律。由于剩余价值的发现，这里就豁然开朗了，而先前无论资产阶级经济学家或者社会主义批评家所做的一切研究都只是在黑暗中摸索。”[2]恩格斯还特别强调说：“一生中能有这样两个发现，该是很够了。即使只能做出一个这样的发现，也已经是幸福的了。但是马克思在他所研究的每一个领域，甚至在数学领域，都有独到的发现，这样的领域是很多的，而且其中任何一个领域他都不是浅尝辄止。”[3]

或许大家会问：马克思主义是恩格斯与马克思共同创立的，恩格斯对马克思在理论上的贡献所给出的评价不是自说自话或“王婆卖瓜”吗？确实，科学性的评判问题要涉及真理的检验，但是马克思的理论贡献及其科学性并不是自诩的。1999年秋天，英国广播公司用几周时间在国际互联网上对“千年伟人”进行评选，评选的结果马克思排在第一位。我们不得不思考：是什么能让马克思成为世界人民心中的“千年伟人”呢？是什么让即使是享有“世界上最伟大的科学家”之称的爱因斯坦与马克思相比都只能屈居第二呢？他到底为人类贡献了什么或为人类做出了什么样的努力才使得他如今能享有如此的声誉？作为理论家和思想家，恐怕最有说服力的就是他在思想理论上给人类做出的伟大贡献。而马克思之所以能有伟大的理论贡献又离不开他的世界观和方法论，所以我们完全有理由说马克思主义的科学性内涵着马克思主义的科学世界观和方法论。

对于马克思主义作为科学世界观和方法论的理解，我们还要从马克思

1　马克思、恩格斯：《马克思恩格斯选集》第3卷，北京：人民出版社，1995年版，第766页。

2　马克思、恩格斯：《马克思恩格斯选集》第3卷，北京：人民出版社，1995年版，第766页。

3　马克思、恩格斯：《马克思恩格斯选集》第3卷，北京：人民出版社，1995年版，第766~767页。

主义理论指导无产阶级为争取人类解放的革命斗争取得伟大胜利的成功实践来认识。理论的真理性是由实践检验的，马克思主义的真理性也要由实践检验。马克思主义诞生之后就成为无产阶级及其政党的世界观和方法论，成为无产阶级和劳动人民认识世界和改造世界的强大思想武器，它使以社会主义为奋斗目标的工人运动逐渐壮大为一股世界性的、不可阻挡的历史洪流。恩格斯指出："马克思首先是一个革命家。他毕生的真正使命，就是以这种或那种方式参加推翻资本主义社会及其所建立的国家设施的事业，参加现代无产阶级的解放事业，正是他第一次使现代无产阶级意识到自身的地位和需要，意识到自身解放的条件。斗争是他的生命要素。很少有人像他那样满腔热情、坚韧不拔和卓有成效地进行斗争。"[1]因此，马克思实际上也是把马克思主义应用于无产阶级革命斗争的第一人。从巴黎公社到第一个社会主义国家苏联的诞生，再到中国特色社会主义的伟大实践，我们可以看到《共产党宣言》发表之后160多年来国际共产主义运动蓬勃发展的光辉历程，看到曾经占世界1/3的国家都宣布自己是社会主义国家的那样一种历史震撼。一个主义能如此改变世界历史的进程，在人类历史上还未曾有过！这就是马克思主义指导实践取得成功的伟大壮举，也是马克思主义具有真理性和科学性的重要标志。尽管"苏东剧变"之后国际共产主义运动出现了严重曲折，但这并不等于说马克思主义已经被证伪了，也不等于说其真理性和科学性已经丧失了。正如邓小平所指出："我坚信，世界赞成马克思主义的人会多起来的，因为马克思主义是科学。"[2]他特别强调："从一定意义上说，某种暂时复辟也是难以完全避免的规律性现象。一些国家出现严重曲折，社会主义好像被削弱了，但是人民经受锻炼，从中吸取教训，将促使社会主义向着更加健康的方向发展。因此，不要惊慌失措，不要认为马克思主义就消失了，没用了，失败了。哪有这回事！"[3]一个不争的事实是：目前国际共产主义

1　马克思、恩格斯：《马克思恩格斯选集》第3卷，北京：人民出版社，1995年版，第777页。

2　邓小平：《邓小平文选》，北京：人民出版社，1993年版，第382页。

3　邓小平：《邓小平文选》，北京：人民出版社，1993年版，第383页。

运动虽然还在曲折中发展，但是中国特色社会主义让当今中国的快速崛起被世界所瞩目和认同，依然是国际共产主义运动的希望所在。

对于马克思主义作为科学世界观和方法论的理解，我们也要从哲学理性思维的视角来认识和把握。什么是哲学？教科书告诉我们：哲学是关于世界观的学说，也是关于方法论的学说。什么是世界观呢？所谓世界观就是人们对世界总体的根本观点和根本看法，它主要解决世界“是什么”的问题；什么是方法论呢？方法论就是人们认识世界、改造世界的一般方法，是人们用什么样的方式、方法来观察事物和处理问题，它主要解决“怎么办”的问题。在哲学的理性视域中，世界观和方法论是一致的，即世界观指导着方法论，方法论体现着世界观，有什么样的世界观就会有什么样的方法论。在哲学意义上，马克思主义作为科学的世界观和方法论，需要着重把握好以下几个方面的基本认识：

第一，马克思主义科学地回答了何为世界的本原问题，终结了哲学基本问题的历史争论。可以说，在马克思主义哲学诞生之前，世界的本原到底是物质的还是精神的？不论是古代朴素唯物主义还是近代机械唯物主义都没有真正地解决好，在世界本原问题上给唯心主义留下了似乎具有合理性的生存和发展空间。马克思主义哲学提出“世界统一于物质”的理论，认为意识（精神）是人脑的机能，是对物质的反映，因而精神的世界是由物质的世界所决定的，要通过物质世界的存在来解释和说明。这就基于实证科学的研究科学地解释了世界的本质问题，把唯心主义和二元论哲学关于意识（精神）可以独立存在的理论基础给予彻底摧毁了，从而也奠定了马克思主义作为科学世界观和方法论的理论基础。这其中需要遵循的一条马克思主义基本原则，就是想问题、办事情、干工作都要从实际出发、坚持实事求是。“实事求是”最初是一个古语，出自《汉书·河间献王刘德传》中对河间王刘德的评价，认为他“修学好古，实事求是”。原意是指河间王刘德研究儒家的经典著述时非常认真，总是根据实例求证真相。毛泽东《改造我们的学习》中对“实事求是”做了新解，指出：“实事”就是客观存在着的一切事物，

“是”就是客观事物的内部联系，即规律性，“求”就是我们去研究。这一科学阐释给“实事求是”赋予了马克思主义哲学内容，使其成为中国共产党的思想路线。坚持实事求既是重要的思想方法和工作方法，也是共产党人的思想作风和工作态度。“这种态度，就是党性的表现，就是理论和实践统一的马克思列宁主义的作风。这是一个共产党员起码应该具备的态度。”[1]与此相对立的主观主义则是没有党性或党性不纯的表现，“这种反科学的反马克思列宁主义的主观主义方法，是共产党的大敌，是工人阶级的大敌，是人民的大敌，是民族的大敌，是党性不纯的一种表现”[2]。

第二，马克思主义科学地回答了世界的存在方式问题，用唯物辩证法克服了形而上学的历史局限。马克思主义认为：整个物质世界是普遍联系和永恒发展的，而矛盾是事物运动、变化和发展的根本动力，在内因和外因的双重作用下，事物通过量变和质变，经过否定之否定，不断实现由低级到高级的跨越。这就从根本上否定了唯心主义哲学认为的物质运动需要“上帝的第一推动力”问题，也克服了形而上学的唯物主义哲学把世界割裂成非此即彼的孤立存在的认知偏误。恩格斯说：“辩证法的规律是从自然界和人类社会的历史中抽象出来的。辩证法的规律无非是历史发展的这两个阶段和思维本身的最一般的规律。”[3]恩格斯把辩证法的规律归结为“量转化为质和质转化为量的规律”“对立的相互渗透的规律”和“否定的否定规律”，并认为这三个规律都曾经被黑格尔按照其唯心主义的方式当做纯粹的思维规律而加以阐明。恩格斯指出：黑格尔的“错误在于：这些规律是作为思维规律强加于自然界和历史的，而不是从中推导出来的。由此就产生了整个牵强的并且常常是令人震惊的结构：世界，不管它愿意与否，必须适应某种思想体系，而这种思想体系本身又只是人类思维的某一特定发展阶段的产物。如果我们把事情顺过来，那么一切都会变得很简单，在唯心主义哲学中显得极端神秘

1　毛泽东：《毛泽东选集》第3卷，北京：人民出版社，1995年版，第801页。
2　毛泽东：《毛泽东选集》第3卷，北京：人民出版社，1995年版，第800页。
3　马克思、恩格斯：《马克思恩格斯选集》第4卷，北京：人民出版社，1995年版，第310页。

的辩证法规律就会立即变得简单而朗若白昼了”。[1]在马克思主义哲学中，“所谓的客观辩证法是在整个自然界中起支配作用的，而所谓的主观辩证法，即辩证的思维，不过是在自然界中到处发生作用的、对立中的运动的反映，这些对立通过自身的不断斗争和最终的相互转化或向更高形式的转化，来制约自然界的生活”。[2]因此，马克思主义作为科学的世界观和方法论强调的是唯物辩证法，体现在思维方法和认知方法上是主观辩证法对客观辩证法的反映。因为辩证法与形而上学相区别的显著特点是辩证的思维方法“不知道什么严格的界线，不知道什么普遍绝对有效的‘非此即彼！’，它使固定的形而上学的差异相互转移，除了‘非此即彼！’，又在恰当的地方承认‘亦此亦彼！’，并使对立通过中介相联系”。[3]所以，坚持按辩证法办事是马克思主义作为科学世界观和方法论的基本原则。按辩证法办事就是要坚持用联系的、全面的和发展的观点看问题，一切以时间、地点和条件为转移，以避免“只见树木不见森林”“一叶障目不见泰山”；要坚持用矛盾的观点和矛盾分析方法看问题，善于“解剖麻雀”、善于“一把钥匙开一把锁”、善于“牵住牛鼻子”；要用辩证否定和过程论的观点看问题，既要继承传统又要开拓创新，避免那种简单肯定一切的“是”和简单否定一切的“非”。

第三，马克思主义科学地回答了思想认识的来源和人类的认知能力问题，批判和否定了不可知论和神秘主义的思想错误。不可知论是否认认识世界的可能性或者否认彻底认识世界的可能性的哲学理论。不可知论源于古代怀疑论思想，作为一种系统的哲学理论则出现于18世纪的欧洲，其主要代表人物有赫胥黎、休谟和康德。在现代西方哲学中，许多流派为了否定科学真理的客观意义，也鼓吹不可知论。不可知论的基本观点认为：人的认识能力不能超出感觉经验或现象的范围，不能认识事物的本质及发展规律，因而除

1　马克思、恩格斯：《马克思恩格斯选集》第4卷，北京：人民出版社，1995年版，第311页。
2　马克思、恩格斯：《马克思恩格斯选集》第4卷，北京：人民出版社，1995年版，第317页。
3　马克思、恩格斯：《马克思恩格斯选集》第4卷，北京：人民出版社，1995年版，第318页。

了感觉或现象之外，世界本身是无法认识的。马克思主义把实践的范畴引入认识论，认为人的思想认识既不是从天上掉下来的，也不是人的头脑中所固有的，而是在社会实践过程中主体对客体的能动反映，人类的认识能力是“至上性”和“非至上性”的统一，真理的认识是一个逐步由“相对真理”走向“绝对真理”的过程。恩格斯指出：对不可知论和神秘主义等哲学上的奇谈怪论最令人信服的驳斥是实践，即实验和工业。“既然我们自己能够制造出某一自然过程，按照它的条件把它生产出来，并使它为我们的目的服务，从而证明我们对这一过程的理解是正确的，那么康德的不可捉摸的‘自在之物’就完结了。”[1]在这一意义上，马克思主义作为科学的世界观和方法论，要求我们要充分相信人类认识世界和改造世界的能力，要在坚持真理的同时又自觉在实践中发展真理，努力推动理论创新和实践发展的统一。

第四，马克思主义科学地回答了人类社会的本质和规律问题，找到了揭开人类历史之秘的真正钥匙。在哲学史上，马克思主义哲学之前的历史观都是唯心主义历史观，不论是卢梭、康德还是黑格尔，他们都没有真正找到成功解开“历史之谜”的钥匙。马克思对唯物史观的发现，既完成了唯物主义的自然观和历史观的统一，也完成了自然辩证法和历史辩证法的统一，从而使马克思主义哲学具有了科学世界观和方法论的真正价值。恩格斯指出：“无论历史的结局如何，人们总是通过每一个人追求他自己的、自觉预期的目的来创造他们的历史，而这许多按不同方向活动的愿望及其对外部世界的各种各样作用的合力，就是历史。”[2]但是，由于在社会历史领域内进行活动的是具有意识的、经过思考或凭激情行动的、追求着某种目的的人，因此以往包括旧唯物主义在内的哲学都认为由目的、动机和意志等构成的精神动力是社会历史发展的最终原因。这样的历史观就是长期盛行的唯心史观。唯心史观的致命错误就在于：其一是没有研究隐藏在精神动力后面的动力是什么；其二是只看到伟大历史人物的作用而没有看到广大人民群众的历史作

1 马克思、恩格斯：《马克思恩格斯选集》第4卷，北京：人民出版社，1995年版，第226~226页。
2 马克思、恩格斯：《马克思恩格斯选集》第4卷，北京：人民出版社，1995年版，第248页。

用。唯物史观的创立，发现了“物质生活的生产方式制约着整个社会生活、政治生活和精神生活的过程”[1]的客观性，不仅看到了“国家、政治制度是从属的东西，而市民社会、经济关系的领域是决定性的因素”[2]，而且看到了人类历史是人们自己创造的历史、人民群众是推动社会历史进步的决定力量。这既是唯物史观带来的一场深刻的哲学革命，也是马克思主义作为科学世界观和方法论最具科学性和最值得重视的历史分析法。基于唯物史观的历史分析法主要有生产力分析法、生产关系分析法、社会形态分析法、利益矛盾分析法、社会矛盾分析法、阶级矛盾分析法、社会阶层分析法等，这些都是我们分析复杂社会历史现象、把握社会历史进步规律、化解各种社会矛盾的科学手段和科学方法。

二、关于马克思主义的理论品质问题

从1848年《共产党宣言》发表以来，马克思主义这一科学的思想体系始终在同时代发展、科学发展和实践发展的紧密联系中不断发展，不断回答时代、科学和实践提出的与人类自身发展最相关和最突出的新课题，充分体现了与时俱进的理论品质。正是这样的理论品质和不断发展的理论创新，使我们可以更加坚定马克思主义作为科学世界观和方法论的理论自信。其实，关于应该如何对待马克思主义的问题，恩格斯早就这样说过：“马克思的整个世界观不是教义，而是方法。它提供的不是现成的教条，而是进一步研究的出发点和供这种研究使用的方法。”[3]他反复强调：“我们的理论是发展着的理论，而不是必须背得烂熟并机械地加以重复的教条。”[4]对此，列宁也有过著名的论述：“只有不可救药的书呆子，才会单靠引证马克思关于另

1　马克思、恩格斯：《马克思恩格斯选集》第2卷，北京：人民出版社，1995年版，第32页。
2　马克思、恩格斯：《马克思恩格斯选集》第4卷，北京：人民出版社，1995年版，第251页。
3　马克思、恩格斯：《马克思恩格斯选集》第4卷，北京：人民出版社，1995年版，第742~743页。
4　马克思、恩格斯：《马克思恩格斯选集》第4卷，北京：人民出版社，1995年版，第681页。

一历史时代的某一论述，来解决当前发生的独特而复杂的问题。”[1]因此，对于马克思主义作为科学世界观和方法论的理解和认识，不能简单地照抄照搬马克思、恩格斯对某个问题的个别论断，并把它作为“大前提”逻辑地套用到现实活生生的社会实践，而是要在马克思主义的批判性、革命性、开放性、发展性、创新性上充分认识不断变化的具体实际，不断研究新情况、回答新问题、应对新挑战，以展现出马克思主义与时俱进的理论活力和指导实践取得成功的令人信服的理论力量。马克思主义作为科学的世界观和方法论渗透在其与时俱进的理论品质当中，这是我们学习和掌握马克思主义必须深入认识的一个十分重要的理论问题。

（一）马克思主义在本质上是批判的和革命的

马克思主义具有与时俱进的理论品质不是自诩的，而是由它的批判性和革命性本质所决定的。马克思主义以辩证唯物主义和历史唯物主义为基础，揭示了资本主义剥削秘密的剩余价值学说，发现了人类社会发展的必然规律和资本主义必然灭亡、社会主义必然胜利的总趋势，实现了人类思想史上划时代的伟大变革，为实现人的自我解放和全人类自由而全面的发展指明了方向。它的批判性和革命性本质，可以这样来理解：

首先，它以时代变革和社会变革的必然要求为依据，体现出与实践相结合的批判性和革命性。19世纪的西欧，随着产业革命带来了社会化的大生产、资本主义弊端暴露和资本主义经济危机爆发、工人运动兴起和推翻资本主义的历史任务提出，这样的社会实践运动迫切要求一个崭新的理论来指导。在这样的历史条件面前，马克思主义应运而生。对此，马克思、恩格斯指出：我们的“理论原理，绝不是以这个或那个世界改革家所发明或发现的思想、原则为根据的”，“这些原理不过是现存的阶级斗争、我们眼前的历史运动的真实关系的一般表述”。[2]如果说推动社会变革的实践本身就是批判的和革命的，那么因这样的社会实践需要而产生的思想理论也无疑是具有

1　列宁：《列宁选集》第1卷，北京：人民出版社，1995年版，第162页。

2　马克思、恩格斯：《马克思恩格斯选集》第1卷，北京：人民出版社，1995年版，第285页。

批判性和革命性的理论。

其次，它以对前人思想的继承、批判和改造为基础，体现出理论创新所具有的批判性和革命性。马克思主义和任何一种新的学说一样，没有离开人类思想发展的大道，必须从前人的优秀思想成果出发。这些思想成果既有人类对自然界的研究成果，也有对社会历史的研究成果。马克思主义有三个重要的理论来源：黑格尔和费尔巴哈的德国古典哲学、亚当・斯密和李嘉图的英国古典政治经济学和圣西门、傅立叶、欧文的空想社会主义学说。马克思、恩格斯对这三大优秀成果加以改造、吸收，并以此为基础创造了马克思主义的新理论。正如列宁所说："马克思是19世纪人类三个最先进国家中的三种主要思潮——德国古典哲学、英国古典政治经济学以及同法国所有革命学说相联系的法国社会主义——的继承者和天才的完成者。"[1]从新理论的诞生而言，马克思主义的创立就是马克思、恩格斯通过理论批判和思想革命来完成新理论的范式建构的，所以马克思主义从创立的时候就有了与时俱进的内在本质和不拘泥于传统思想的创新品格。

再次，它与各种错误思想或各种非马克思主义思潮进行激烈交锋，体现出思想斗争的评判性和革命性。为了实现推翻资本主义、解放全人类的伟大历史任务，马克思、恩格斯认识到必须建立独立的工人阶级政党。建立工人阶级政党的第一个步骤，是1846年春在比利时的布鲁塞尔创立共产主义通讯委员会这个宣传性的团体；第二个步骤，是1847年改组正义者同盟为共产主义者同盟。共产主义者同盟是国际性无产阶级政党的雏形。受共产主义者同盟的信任和委托，马克思、恩格斯起草了共产主义者同盟纲领——《共产党宣言》。这是国际共产主义运动的第一个纲领性文件，也是马克思主义这个崭新思想理论正式诞生的标志。《共产党宣言》刚刚问世，欧洲就爆发了1848年资产阶级民主革命，这场革命由于资产阶级在强大的个人运动面前向封建势力妥协而招致失败。为了总结这次革命经验，马克思、恩格斯及时写出了《共产主义者同盟中央委员会告同盟书》和《1848年至1850年的法兰西

1　列宁：《列宁选集》第2卷，北京：人民出版社，1995年版，第418页。

阶级斗争》《德国的革命和反革命》《路易·波拿巴的雾月十八日》等著作，提出农民是无产阶级的天然同盟军，必须打碎资产阶级的国家机器等一系列新原理。为了彻底批判资本主义，从19世纪50年代开始，马克思把他的研究重点转移到经济学领域，1867年发表了被称之为“工人阶级圣经”的《资本论》第1卷，创立了剩余价值理论，之后马克思主义的理论体系不断发展和完善。马克思主义也是在不断同各种错误思想和各种非马克思主义思潮进行不懈斗争来展示自己具有真理性的，其中最著名的论战是《哥达纲领批判》和《反杜林论》。1875年马克思针对《德国工人党纲领草案》以党内通信的形式写了著名的《哥达纲领批判》，对纲领草案中拉萨尔的机会主义观点进行了严厉的批判，阐述了共产主义发展的两个阶段并论述了两个阶段的分配原则。1876年5月至1878年7月，恩格斯写了《反杜林论》对杜林的学说进行彻底的批驳。因为杜林的理论打着“社会主义”这块金字招牌并以“科学”的伪装出现，在德国党内外都产生了很大影响。是以杜林主义作为党的理论基础，还是以马克思主义作为党的指导思想？这不仅是关系德国党能否作为一个真正的无产阶级政党而存在的根本问题，也是关系到整个国际共产主义运动沿着什么方向前进的根本问题。为了捍卫科学社会主义的学说，使刚刚统一起来的德国党沿着正确道路前进，恩格斯在马克思的大力支持下花了两年多的时间，写下了一系列批判杜林的文章，在德国党的机关报——《前进报》上陆续发表。1878年7月印成单行本，这就是著名的理论巨著——《反杜林论》。这部著作的问世，对于保卫马克思主义世界观，维护科学社会主义纲领，推动德国工人运动和整个共产主义运动的发展，起了十分重要的作用。

（二）马克思主义在理论形态上是动态的和发展的

马克思主义在理论形态上不是保守和封闭的，而是动态的和发展的，所以才具有与时俱进的理论品质，才能成为科学的世界观和方法论，才能不断根据时代和实践发生的历史性变化来确定正确的路线方针政策，指导无产阶级革命斗争和国际共产主义运动的深入发展。这种理论形态的动态性和发展性，具体体现在不同时期马克思主义理论的新发展上，特别体现在马克思主义普遍真理同各国具体实践相结合的理论创新上。

1．关于马克思、恩格斯对马克思主义理论的补充和完善。

马克思、恩格斯以与时俱进的态度对待自己的理论，他们总是随着时间的推移、形势的变化而修正那些过时的结论和观点，在马克思主义的发展史上具有非常重要的典范性。其中，最有标志性的工作是：（1）对《共产党宣言》的修改和补充；（2）结合股份公司的大量出现等新情况对资本主义社会的矛盾运动提出新的认识；（3）恩格斯晚年面对资本主义社会出现的种种新变化，检讨了他和马克思早期对资本主义命运问题做出的结论并根据历史条件的变化重新确定无产阶级的斗争策略。

对《共产党宣言》的修改和补充上，马克思、恩格斯在1872年为《共产党宣言》德文版所写的序言当中说：不管最近25年来的情况发生了多大的变化，这个《宣言》中所阐述的一般基本原理整个说来直到现在还是完全正确的；但是，这些原理的运用"随时随地都要以当时的历史条件为转移"[1]。马克思、恩格斯指出："由于最近25年来大工业有了巨大发展而工人阶级的政党组织也跟着发展起来，由于首先有了二月革命的实际经验而后来尤其是有了无产阶级第一次掌握政权达两个月之久的巴黎公社的实际经验，所以这个纲领现在有些地方已经过时了。"[2]马克思、恩格斯认为："但是《宣言》是一个历史文件，我们已没有权利来加以修改"；如果是在今天，那么"许多方面都会有不同的写法了"。[3]在1882年的俄文版序言当中，马克思、恩格斯写道："正是欧洲移民，使北美能够进行大规模的农业生产……这种移民还使美国能够以巨大的力量和规模开发其丰富的工业资源，以至于很快就会摧毁西欧特别是英国迄今为止的工业垄断地

1　马克思、恩格斯：《马克思恩格斯选集》第1卷，北京：人民出版社，1995年版，第248页。
2　马克思、恩格斯：《马克思恩格斯选集》第1卷，北京：人民出版社，1995年版，第249页。
3　马克思、恩格斯：《马克思恩格斯选集》第1卷，北京：人民出版社，1995年版，第249页。

位。”[1]这其实是对资本主义发展不平衡性的新认识，也是对马克思在1859年1月《〈政治经济学批判〉序言》中所阐述的“两个决不会”思想的进一步补充。马恩提出的“两个决不会”思想认为：“无论哪一个社会形态，在它所能容纳的全部生产力发挥出来以前，是决不会灭亡的；而新的更高的生产关系，在它的物质存在条件在旧社会的胎胞里成熟以前，是决不会出现的，所以人类始终只提出自己能够解决的任务，因为只要仔细考察就可以发现，任务本身，只有在解决它的物质条件已经存在或者至少是在生成过程中的时候，才会产生。”[2]这一思想是马克思对《共产党宣言》当中提出的“资本主义必然灭亡、社会主义必然胜利”这一社会发展趋势的进一步完善和深化，这一认识有利于避免对“两个必然”思想的简单化理解。马克思逝世后，恩格斯在1883年的德文版序言提出：“贯穿《宣言》的基本思想：每一历史时代的经济生产以及必然由此产生的社会结构，是该时代政治的和精神的历史的基础；因此（从原始土地公有制解体以来）全部历史都是阶级斗争的历史，即社会发展各个阶段上被剥削阶级和剥削阶级之间、被统治阶级和统治阶级之间斗争的历史；而这个斗争现在已经达到这样一个阶段，即被剥削被压迫的阶级（无产阶级），如果不同时使整个社会永远摆脱剥削、压迫和阶级斗争，就不再能使自己从剥削它压迫它的那个阶级（资产阶级）下解放出来。”[3]恩格斯在“全部历史都是阶级斗争的历史”的前面用括号标明“从原始土地公有制解体以来”，这显然是对《共产党宣言》中关于“至今一切社会的历史都是阶级斗争的历史”这一论断的修正。而这一修正的原因就是摩尔根的《古代社会》发表，恩格斯注意到摩尔根的研究所揭示的以原始公有制为基础的古代氏族社会并没有阶级和阶级斗争。所以，这一修改是至关重要的，体现出恩格斯以非常严谨的科学态度对待自己的理论。

1 马克思、恩格斯：《马克思恩格斯选集》第1卷，北京：人民出版社，1995年版，第250页。
2 马克思、恩格斯：《马克思恩格斯选集》第2卷，北京：人民出版社，1995年版，第33页。
3 马克思、恩格斯：《马克思恩格斯选集》第1卷，北京：人民出版社，1995年版，第252页。

在关注资本主义的新变化上，马克思、恩格斯提出的新认识和新判断主要有：在19世纪60年代，资本主义还处在自由竞争的时代，马克思就敏锐地观察到信用制度、股份公司和交易所将给资本主义经济带来的影响；恩格斯晚年对资本主义经济发展的新现象也给予了高度关注，看到了自由竞争将为垄断所代替的发展趋势。马克思指出：股份公司的出现，使“那种本身建立在社会的生产方式的基础上并以生产资料和劳动力的社会集中为前提的资本，在这里直接取得了社会资本（即那些直接联合起来的个人的资本）的形式，而与私人资本相对立，并且它的企业也表现为社会企业，而与私人企业相对立。这是作为私人财产的资本在资本主义生产方式本身范围内的扬弃”。[1]“由股份公司经营的资本主义生产，已经不再是私人生产，而是由许多人联合负责的生产。如果我们从股份公司进而来看那支配着和垄断着整个工业部门的托拉斯，那么，那里不仅没有了私人生产，而且也没有了无计划性。”[2]“股份制度——它是在资本主义体系本身的基础上对资本主义的私人产业的扬弃；它越是扩大，越是侵入新的生产部门，它就越会消灭私人产业。”[3]在这些论述当中，我们不难看出马克思已经注意到“社会资本”可以取代“私人资本”以及“没有了私人生产”和“没有了无计划性”等新情况、新变化，认为“这是作为私人财产的资本在资本主义生产方式本身范围内的扬弃”。这对我们今天重新认识资本主义是很有指导价值的。

在无产阶级革命斗争策略上的新认识，主要体现在恩格斯晚年的思想当中。恩格斯认为：在1848年以后的很长时间里，我和马克思不仅对资本主义发展的潜力认识不足，而且对无产阶级解放斗争的条件、方法的认识也有缺陷。他在反思中指出：“在当时的情势下，我们不可能有丝毫怀

1　马克思、恩格斯：《马克思恩格斯选集》第2卷，北京：人民出版社，1995年版，第516页。
2　马克思、恩格斯：《马克思恩格斯选集》第4卷，北京：人民出版社，1995年版，第408页。
3　马克思、恩格斯：《马克思恩格斯选集》第2卷，北京：人民出版社，1995年版，第519页。

疑：伟大的决战已经开始，……而结局只能是无产阶级的最终胜利。”[1]“历史表明，我们以及所有和我们有同样想法的人，都是不对的。历史清楚地表明，当时欧洲大陆经济发展的状况还远没有成熟到可以铲除资本主义生产方式的程度。”[2]“历史表明我们也曾经错了，暴露出我们当时的看法只是一个幻想。历史走得更远：它不仅打破了我们当时的错误看法，并且还完全改变了无产阶级借以进行斗争的条件。1848年的斗争方法，今天在一切方面都已经过时了，这一点值得在这里比较仔细地加以探讨。”[3]这些反思既是恩格斯对无产阶级革命形势和革命策略的新认识，也是他对自己理论进行自我审视、自我批判和自我修正的具体体现。

2. 列宁对马克思主义的继承和创新。

马克思、恩格斯逝世以后，世界革命和马克思主义发展的中心从西往东转移。19世纪末20世纪初，随着自由资本主义发展到垄断资本主义，世界开始进入帝国主义和无产阶级革命的时代。帝国主义的最主要特征是垄断。20世纪初，少数大垄断组织已经控制了资本主义各国整个工业部门和银行系统。在这个基础上，形成了金融寡头。少数金融寡头把国家机器掌握在手中，对内加紧剥削和镇压人民，对外疯狂推行侵略和掠夺政策。在帝国主义时期，垄断导致帝国主义国家国内阶级矛盾加剧，少数垄断者对无产阶级的压迫更加沉重，令人难以忍受，无产阶级和资产阶级的矛盾进一步加深；19世纪末英、俄、法、德、美、日等帝国主义国家掀起瓜分世界的狂潮，到20世纪初世界已被瓜分完毕，帝国主义的压迫和奴役激起了殖民地半殖民地人民的反抗，帝国主义与殖民地半殖民地的矛盾极其尖锐；同时，由于资本主义政治经济发展的不平衡，重新瓜分世界不可避免，导致帝国主义国家之间的矛盾也大大激化。这三大矛盾的发展，使得实现社会主义革命的条件日益成熟，无产阶级开始联合起来进行夺取政权

1 马克思、恩格斯：《马克思恩格斯选集》第4卷，北京：人民出版社，1995年版，第510页。
2 马克思、恩格斯：《马克思恩格斯选集》第4卷，北京：人民出版社，1995年版，第512页。
3 马克思、恩格斯：《马克思恩格斯选集》第4卷，北京：人民出版社，1995年版，第510页。

的伟大斗争。

20世纪初的俄国是一个军事封建的帝国主义国家，不仅是帝国主义矛盾的集中点，而且国内的社会矛盾也特别突出和尖锐，无产阶级与资产阶级的矛盾、农民群众与封建地主阶级的矛盾、资本主义与农奴制残余的矛盾、民族矛盾、俄国人民与西方帝国主义的矛盾等等相互交织在一起，十分激烈。因此，当时俄国孕育着的革命程度，比任何其他国家都要大，即将爆发的俄国革命也必然会给世界革命带来巨大影响。正如列宁所说："历史现在向我们提出的当前任务，是比其他任何一个国家的无产阶级的一切当前任务都更革命的任务。实现这个任务，即摧毁这个不仅是欧洲的同时也是（我们现在可以这样说）亚洲的反动势力的最强大的堡垒，就会使俄国无产阶级成为国际革命无产阶级的先锋队。"[1]为了解决这样的革命任务，就需要有正确的革命理论来指导。列宁"以难以置信的毅力和舍身忘我的精神去探寻、学习和实验"，"饱经苦难找到了马克思主义这个唯一正确的革命理论"[2]，并把马克思主义普遍真理同俄国革命实践相结合，成为创造性发展马克思主义的第一人。

列宁对待马克思主义的态度，可以用他自己的两句话来概括："我们决不把马克思的理论看作某种一成不变的和神圣不可侵犯的东西"[3]，"马克思主义者必须考虑生动的实际生活，必须考虑现实的确切事实，而不应当抱住昨天的理论不放"[4]。从这种态度出发，列宁揭示了资本主义经济政治发展不平衡的规律，从而得出社会主义革命可能单独在一个国家首先取得胜利的结论；并成功领导俄国的十月革命，建立了世界上第一个社会主义国家；也是从这种态度出发，列宁领导布尔什维克党和苏维埃政府实现了从"战时共产主义政策"向"新经济政策"的关键性转变，实现了科学

1　列宁：《列宁选集》第1卷，北京：人民出版社，1995年版，第315页。
2　列宁：《列宁选集》第4卷，北京：人民出版社，1995年版，第136~137页。
3　列宁：《列宁选集》第1卷，北京：人民出版社，1995年版，第274页。
4　列宁：《列宁选集》第3卷，北京：人民出版社，1995年版，第26页。

社会主义的理论创新。应该说，列宁把马克思主义基本原理同俄国的具体实践和时代特征相结合，科学地回答了一系列新课题，在无产阶级政党、无产阶级革命、无产阶级专政、民主殖民地问题、帝国主义的历史地位、过渡时期和社会主义等问题上提出了许多新观点、新论断，极大地丰富和发展了马克思主义。特别值得注意的是：1920年末和1921年初，随着国内战争结束，苏维埃政权的工作重心逐步向经济建设转移，开始了社会主义建设的实践探索，列宁创造性地提出了建设社会主义的基本思路，认为夺取政权后必须及时把改革提到日程上，把大力发展生产力和提高劳动生产率摆在首位，坚持利用资本主义特别是国家资本主义来建设社会主义。这些思想对今天的社会主义实践仍然具有重要指导意义。

3. 毛泽东对马克思主义的创新和发展。

毛泽东同志是中国共产党人科学对待马克思主义的杰出代表。毛泽东同志总结中国革命的经验，发现了一个伟大真理：中国革命没有马克思主义不行，有了马克思主义不同中国的实际相结合也不行；只有把马克思主义的基本理论和中国的具体实际相结合，走马克思主义中国化的道路，才能把中国革命引向胜利。毛泽东思想的诞生就是马克思主义中国化的第一个重大理论成果。它在战争与革命为主题的历史条件下，根据中国革命具体实践的发展要求，运用马克思主义的科学世界观和方法论分析中国问题的特殊性，找到了一条符合中国国情的正确道路，是在新的历史条件下对马克思主义的新发展。毛泽东思想的形成是毛泽东同志领导全党同曾在党内占统治地位的把马克思主义教条化、把共产国际决议和苏联经验神圣化的错误倾向进行坚决斗争的结果，在危难中挽救了革命、挽救了党。正是在毛泽东思想的指引下，中国共产党领导人民通过农村包围城市、武装夺取政权取得了新民主主义革命的伟大胜利，并在我们这样一个经济文化十分落后的国家，成功地完成了社会主义改造，建立了社会主义制度。

作为马克思主义与时俱进和马克思主义中国化的理论创新成果，毛泽东思想对中国革命和建设的重要价值主要体现在三个方面：其一是开辟以农村包围城市为特征的新民主主义革命道路；其二是走出以和平改造为特征的社会主义革命道路；其三是对社会主义建设道路进行艰辛的探索。

关于以农村包围城市为特征的民主革命道路，毛泽东思想的基本理论认识是：旧中国是一个经济落后的半封建半殖民地社会，深受帝国主义、官僚资本主义和封建主义的专制统治，在这样一个国家搞革命，必须以推翻帝国主义、官僚资本主义和封建主义的统治作为革命目标；革命的基本形式必须是“枪杆子里面出政权”，以武装的革命反对武装的反革命；民主革命的实质是农民革命，革命战争实质上就是农民战争，农民是革命的主力军，要取得革命胜利必须依靠工人阶级领导的工农联盟并广泛团结一切可能团结的力量；敌人的力量主要集中在大城市，广大农村则是其统治的薄弱环节，革命应首先在农村突破，走农村包围城市、武装夺取政权的道路。

关于以和平改造为特征的社会主义革命道路，按照马克思主义的一般原则是“剥夺者被剥夺”，列宁在俄国曾提出通过国家资本主义进行赎买政策。毛泽东同志则从中国的实际出发，提出中国社会主义革命要走和平改造之路。这是基于中国的国情得出的指导实践的理论新认识。这条道路的基本点是：通过民主革命没收官僚资本，不仅具有社会主义革命的性质，而且为社会主义改造奠定了基础；中国的社会主义改造是在人民民主专政条件下进行的，不怕资产阶级造反；用社会主义工业化带动社会主义改造，用社会主义改造促进社会主义工业化的发展；对资本主义工商业的改造，采取了委托加工、计划定货、统购包销、公私合营和全行业公私合营等一系列过渡形式，逐步把资本主义私有制变为社会主义公有制。

对社会主义建设道路的艰辛探索，丰富了对社会主义建设规律的认识，有力地指导了我国的社会主义建设。主要表现在：提出了社会主义社会基本矛盾的理论，提出了经济建设也要走自己道路的思想，提出了以农业为基础、以工业为主导的方针，提出了以自力更生为主、争取外援为辅的原则，提出了建立比较完整的工业体系和国民经济体系的设想，提出了正确处理人民内部矛盾的理论和政策等。在探索中毛泽东同志还提出了一些非常有见地的思想，如“在中国建设强大的社会主义经济五十年不行，会要一百年，或者更长的时间”；“社会主义这个阶段，又可分为两个阶段，第一阶段是不发达的社会主义，第二阶段是比较发达的社会主义”；“商品生产不能与资本主义混为一谈”，“商品生产可以乖乖地为社会主义服务”；“价值法则是一个大学校，只有学会利用它，才有可能教会我们的几千万干部和几万万人民，才有可能建设我们的社会主义和共产主义”；等等。这些思想对我们后来能够成功探索出一条中国特色社会主义道路具有十分重要的理论意义和实践价值。

4．邓小平对马克思主义的创新和发展。

邓小平是中国改革开放的总设计师，是建设中国特色社会主义新道路的主要开拓者，也是中国特色社会主义理论体系的创立者。“文化大革命”结束以后，中国面临向何处去的重大历史关头，当时摆在面前有两条路。一条是老路，就是“两个凡是”的路，那是一条继续肯定“文化大革命”及其以前的“左”的错误因而不能从困境中摆脱出来的路。一条是邪路，那就是借口纠正“文化大革命”的错误而从根本上否定社会主义的路。以邓小平为代表的中国共产党人冲破“两个凡是”的禁锢，拒绝了那条老路，又反对否定社会主义、主张资本主义的思潮，拒绝了那条邪路，开辟了一条改革开放的新路。中共十五大通过的党章在总纲中说：“十一届三中全会以来，以邓小平同志为主要代表的中国共产党人，总结建国以来正反两方面的经验，解放思想、实事求是，实现全党工作中心向经济建设的转移，实行改革开放，开辟了社会主义事业发展的新时期。”[1]在新的时代背景下，邓小平同志始终坚持解放思想、实事求是，运用马克思主义的科学世界观和方法论，把马克思列宁主义的基本原理同当代中国特色社会主义建设的实际和时代特征相结合，回答了什么是社会主义以及怎样在中国这样一个经济文化落后的国家建设社会主义的一系列理论和实践问

1　《中国共产党第十五次全国代表大会文件汇编》，北京：人民出版社，1997年版，第55页。

题，在继承毛泽东思想的基础上形成了新的理论成果——邓小平理论。

在什么是马克思主义的问题上，邓小平同志反复强调："什么叫社会主义？什么叫马克思主义？我们过去对这个问题的认识不是完全清醒的。"[1]他认为："马克思主义必须是同中国实际相结合的马克思主义。"[2]因为离开自己国家的实际空谈马克思主义没有意义，真正的马克思主义者必须根据现在的情况，认识、继承和发展马克思列宁主义；否则，就不是真正的马克思主义者。在解放思想、实事求是问题上，他以马克思主义的非凡勇气和政治胆略，领导和支持了"实践是检验真理的唯一标准"的大讨论，冲破了个人崇拜和"两个凡是"的束缚，恢复了我们党实事求是的思想路线。在"什么是社会主义，怎样建设社会主义"的问题上，他根据马克思主义基本原理和社会主义的实践经验，结合中国的实际，不懈探索、深入思考、科学回答，将全党对社会主义的认识提高到了新水平，开拓了马克思主义发展的新境界。

（三）马克思主义在体系上是实践的和开放的

马克思主义具有与时俱进的理论品质还需要从其理论体系是以实践为基础的开放性体系来理解。歌德有一句名言："理论是灰色的，而生活之树是常青的。"列宁曾引用这句名言来强调理论与实践之间的关系，认为"理论由实践赋予活力，由实践来修正，由实践来检验"。因为实践之树其实就是生活之树，尤其是千百万人民群众的生活实践之树，总是不断抽枝发芽，始终枝繁叶茂、生机勃勃，当然是常青的。所以，任何理论必须与人民群众的生活实践密切联系在一起，它才能回答社会实践提出的具体而现实的问题，彰显其作为真理的理论价值。马克思主义理论的活力就在于它的实践性和开放性，它直面无产阶级革命运动的社会实践，在指导无产阶级革命运动的实践中获得养分并不断得到丰富和发展，因而能够体现出其作为科学世界观和方法论所具有的真理本质。

1　邓小平：《邓小平文选》第3卷，北京：人民出版社，1993年版，第63页。

2　邓小平：《邓小平文选》第3卷，北京：人民出版社，1993年版，第63页。

从学理上看，科学的实践观是马克思主义哲学的基础。马克思恩格斯在唯物主义发展史上第一次对人类社会实践活动特别是社会物质生产的社会实践活动给予了充分注意，揭示了它在人类社会生活和历史发展中的地位和作用，认识到“全部社会生活在本质上是实践的”[1]。马克思在《关于费尔巴哈的提纲》中对马克思主义的实践观与旧唯物主义、唯心主义实践观的区别做了明确阐述：“从前的一切唯物主义（包括费尔巴哈的唯物主义）的主要缺点是：对对象、现实、感性，只是从客体的或者直观的形式去理解，而不是把它们当作感性的人的活动，当作实践去理解，不是从主体方面去理解。因此，和唯物主义相反，能动的方面却被唯心主义抽象地发展了，当然，唯心主义是不知道现实的感性的活动本身的。”[2]这一论述划清了两个界限：一是唯物主义和唯心主义的界限——唯心主义否定实践对于认识的根源性，夸大了主体认识的能动作用；二是新旧唯物主义的界限——旧唯物主义坚持了实践的客观性，但只是从“客体的或者直观的形式”去理解，不了解“革命的”“实践批判的”活动意义。基于这样的认识，马克思进一步强调：“人的思维是否具有客观的真理性，这不是一个理论的问题，而是一个实践的问题。人应该在实践中证明自己思维的真理性，即自己思维的现实性和力量，自己思维的此岸性。关于思维——离开实践的思维——的现实性或非现实性的争论，是一个纯粹经院哲学的问题。”[3]这是马克思主义对待实践的基本观点和基本态度，也是马克思主义作为科学世界观和方法论在理论建构上的逻辑基础。

坚持马克思主义的指导，就是要坚持马克思主义的世界观和方法论，而坚持科学的世界观和方法论又是与坚持马克思主义的基本原则相统一的。马克思主义认为坚持理论原则绝对不能脱离实际，不能离开具体的实践来空谈原则。恩格斯在《反杜林论》中，针对杜林对思维原则和外部

1 马克思、恩格斯：《马克思恩格斯选集》第1卷，北京：人民出版社，1995年版，第56页。
2 马克思、恩格斯：《马克思恩格斯选集》第1卷，北京：人民出版社，1995年版，第54页。
3 马克思、恩格斯：《马克思恩格斯选集》第1卷，北京：人民出版社，1995年版，第55页。

世界的颠倒，强调思维和意识“都是人脑的产物，而人本身是自然界的产物，是在自己所处的环境中并且和这个环境一起发展起来的；这里不言而喻，归根到底也是自然界产物的人脑的产物，并不同自然界的其他联系相矛盾，而是相适应的”。[1]在如何对待理论原则的问题上，马克思主义的基本观点认为：“原则不是研究的出发点，而是它的最终结果；这些原则不是被应用于自然界和人类历史，而是从它们中抽象出来的；不是自然界和人类去适应原则，而是原则只有在符合自然界和历史的情况下才是正确的。”[2]因此，马克思主义从来都不会把自己的理论当作封闭、僵死的体系来看待，也不承认哪种理论体系具有一成不变的所谓终极真理的权威。恩格斯指出：“思维的至上性是在一系列非常不至上地思维着的人中实现的；拥有无条件的真理权的认识是在一系列相对的谬误中实现的；二者都只有通过人类生活的无限延续才能完全实现。”[3]换而言之：实践永无止境，理论认识也永无止境，对真理的追求“按其本性来说，只能通过一个无限的渐进的前进过程而实现”[4]。因此，马克思主义作为科学的理论认识，总要在指导实践的过程中不断研究新情况，解决新问题。一方面通过吸收科学发展的成果来丰富和完善自己的理论认识，另一方面通过总结实践经验来增强自己对现实实践的指导能力，从而把马克思主义的实践性和开放性统一起来，不断展现出创新发展和与时俱进的思想活力与理论魅力。

三、关于马克思主义的当代价值问题

马克思主义是博大精深的科学体系，是无产阶级及其政党认识和改造世界的强大思想武器。社会主义运动的由来和目标，最基本的立场、观点和方

1　马克思、恩格斯：《马克思恩格斯选集》第3卷，北京：人民出版社，1995年版，第274~375页。
2　马克思、恩格斯：《马克思恩格斯选集》第3卷，北京：人民出版社，1995年版，第374页。
3　马克思、恩格斯：《马克思恩格斯选集》第3卷，北京：人民出版社，1995年版，第427页。
4　马克思、恩格斯：《马克思恩格斯选集》第3卷，北京：人民出版社，1995年版，第342页。

法，都根源于马克思主义。马克思主义诞生之后，在全世界产生了巨大而深远的影响，赢得了辉煌的历史性胜利。这是马克思主义的敌人也不能不承认的事实。然而，由于国际共产主义运动遭遇“苏东剧变”的严重挫折，马克思主义作为科学的世界观和方法论也遭到了严峻挑战。是否马克思主义的真理性已经丧失？是否在当下坚持马克思主义已经过时？对此，马克思主义者必须在理论是非面前保持清醒的头脑，正确认识马克思主义的真理性和指导现实实践的当代价值。

（一）坚持真理标准，充分认识当代马克思主义的实践价值

无可否认，“苏东剧变”之后社会主义的实践运动出现了严重曲折；进入21世纪，世界经济、政治和文化发生了深刻变化，与100多年前马克思主义诞生时的情况大不相同。但是，人类解放的任务并没有完成，社会进步和发展的规律也没有改变：“苏东剧变”虽然是社会主义运动的曲折，但绝不是社会主义运动的彻底失败；当代资本主义的发展，只能说明“无论哪一个社会形态，在它所能容纳的全部生产力发挥出来以前，是决不会灭亡的”[1]，但是不等于说“两个必然”的结论不成立了。当今时代的进步和实践的发展，都越来越充分地说明马克思主义的真理性——社会历史发展的必然规律是不以人的意志为转移的。尽管马克思主义在思想上、政治上的敌人总是不断地“宣布”马克思主义已经“过时”了，“失败”了，我们的队伍当中也有人面对今天社会主义所面临的严重曲折而对马克思主义产生这样或那样的疑问和看法，但是历史已经反复证明，作为真理的马克思主义只会在实践中不断丰富、完善和发展，而不会被历史淘汰。作为共产党人，我们在任何时候都要坚定对马克思主义的科学信仰和理论自信，要看到马克思主义指导实践的当代价值。

对于人类认识来说，世界上任何事物可分为事实范畴和价值范畴两大类。事实认识和价值认识是人类两种基本的认识，即人类的所有认识均由这两种基本认识及其复合形式组成。一般来说，人们对于事物的认识同时含

1 马克思、恩格斯：《马克思恩格斯选集》第2卷，北京：人民出版社，1995年版，第33页。

有事实认识和价值认识的成分，既认识了该事物的来龙去脉和变化规律，又认识了该事物对于人们生存与发展的价值意义。但是，不同的人在对于同一事物的认识可能存在很大差异，有些人特别是理论工作者较多地进行事实认识，而另一些人特别是社会实践家较多地进行价值认识。那么，认识的真理性到底应该如何判定呢？在纯粹思想的领域，不同的理论之间不能相互检验，因为对同一事物可以形成不同看法，那种思想更具有真理性自身无法判断；在纯粹客观的领域，客观对象本身的存在不以人的意志为转移，它也不可能对某种思想认知是否正确给予明确的回答。因此，判断人们的主观认识与客观实际是否相一致，只能通过连接思想与现实、主观与客观的具体活动——即只有依靠主观与客观相互结合、相互统一的形式，才能检验主观与客观是否相互一致。实践是主观见之于客观的东西，实践的过程是把人的主观目的加以物化，实践的结果是物化了的主观目的。因此，一种认识是否正确，是否具有真理性，只有把它应用于实践，并考察实践的结果后才能做出回答。在这一意义上，实践是检验真理的唯一标准。如果说马克思主义从19世纪诞生到今天，它的真理性已经得到无产阶级革命实践的检验，或者说它已经被证明是科学的世界观和方法论，那么它作为具有真理性的科学理论就是必须坚持的而不是随便可以被否定的。这是我们对待真理的正确态度。当然，从价值论的角度看，马克思主义指导实践所带来的社会历史进步可能并不被某些人所认同，尤其那些利益受损者为了维护他们自身的利益而不断歪曲、贬损甚至千方百计否定马克思主义，尤其在“苏东剧变”之后各种怀疑和否定马克思主义的声音甚嚣尘上，这就不足为怪了。

马克思主义的当代价值是与马克思主义要实现的历史使命相联系的。马克思主义要实现的历史使命是：“哲学家们只是用不同的方式解释世界，问题在于改变世界。”[1]“对实践的唯物主义者即共产主义者来说，全部问题都在于使现存世界革命化，实际地反对并改变现存的事物。”[2]这样的历

1　马克思、恩格斯：《马克思恩格斯选集》第1卷，北京：人民出版社，1995年版，第57页。

2　马克思、恩格斯：《马克思恩格斯选集》第1卷，北京：人民出版社，1995年版，第75页。

史使命体现在社会发展的奋斗目标上，马克思、恩格斯认为：无产阶级革命的最终结果，必然是阶级对立和阶级本身的存在条件的消失，代替那存在着阶级和阶级对立的资产阶级旧社会的，将是“每个人的自由发展是一切人的自由发展的条件”[1]的自由人的联合体。因为这样的发展目标和发展愿景是全人类的共同期待，只要这样的目标还没有真正实现，马克思主义所指导的实践不论遇到多少艰难曲折都必将不断走向深入，马克思主义的当代价值是绝对不可忽视的。如果我们承认封建社会代替奴隶社会是一个漫长的历史过程，资本主义代替封建主义也是一个漫长的历史过程，这都是以私有制为基础的社会进步和发展；那么，社会主义战胜资本主义是一个漫长的过程就不难理解了。而且，最终实现共产主义还要在公有制取代私有制的基础上以消灭阶级和阶级对立为条件，这个过程就更加漫长了。所以，在坚定社会主义必胜的同时，我们也应该充分认识建立、巩固和发展社会主义的长期性、艰巨性和复杂性。

（二）坚持科学态度，正确对待马克思主义理论本身的发展

马克思主义认为，认识与实践是辩证的统一过程，任何思想和理论只有反映实践的变化并随着实践的发展而发展才有生命力。时代不同、条件不同，具体的思想认识也会不同。我们不能不顾历史条件和现实情况的变化，把马克思主义凝固化、教条化、片断化。马克思主义经典作家在特定历史条件下、针对某些具体情况做出的个别论断未必符合今天的已经变化了社会现实，但是马克思主义分析问题的基本立场、观点和方法作为科学把握世界的思维方式在任何时候都需要坚持。我们对待马克思主义的正确态度是：“老祖宗”不能丢，又要说新话；经典著作要认真读，又要写出新篇章；马克思主义要坚持，又要不断创新和发展。

列宁指出：“我们决不把马克思的理论看作某种一成不变的和神圣不可侵犯的东西；恰恰相反，我们深信：它只是给一种科学奠定了基础，社会党

1　马克思、恩格斯：《马克思恩格斯选集》第1卷，北京：人民出版社，1995年版，第294页。

人如果不愿意落后与实际生活，就应当在各方面把这门科学向前推进。”[1]今天已经进入21世纪，面对着新形势、新任务、新考验，我们更要以高度的自觉，在坚持马克思主义的基础上，在实践中继续丰富和创造性地发展马克思主义。正如江泽民同志在庆祝中国共产党成立80周年大会上的重要讲话中所指出：“马克思主义的基本原理任何时候都要坚持，否则我们的事业就会因为没有正确的理论基础和思想灵魂而迷失方向，就会归于失败。这就是我们为什么必须始终坚持马克思主义基本原理的道理所在。”[2]

最根本的是要坚持马克思主义的科学世界观和方法论，即坚持辩证唯物主义和历史唯物主义的世界观和方法论，坚持马克思主义观察问题的立场、观点和方法。为了这样的坚持，我们需要认真学习和掌握马克思主义的理论本质，深刻领会“老祖宗”留给我们的精神财富。要清醒地看到：近百年来世界各个领域都发生了深刻的变化，马克思主义的许多观点也在丰富、完善和发展，但是马克思主义的立场、观点和方法仍然是我们研究和解决新情况新问题的伟大认识工具，是我们在复杂情况下观察世界、把握大局的思想武器和行动指南。我们讲“发展”，就是要始终坚持理论与实践相结合，在不断变化发展的实践过程中不断总结经验教训，使马克思主义研究有所发现、有所发明、有所创造、有所前进。对于中国共产党人来说，就是要以中国问题、以正在做的事情为中心，着眼于马克思主义的运用，着眼于对实际问题的理论思考，着眼于新的实践和新的发展，来推动马克思主义与时俱进的中国化发展。

（三）坚持解放思想，大力推进马克思主义中国化的理论创新

与时俱进，说到底就是要不断创新。马克思主义的生命力，就在于它在实践中能够不断创新和发展，而推进理论创新的关键又在于坚持解放思想。为此，要自觉地把我们的思想认识从不合时宜的观念、做法和体制中解放出

1　列宁：《列宁选集》第1卷，北京：人民出版社，1995年版，第274页。

2　江泽民：《在庆祝中国共产党成立八十周年大会上的讲话》（单行本），北京：人民出版社，2001年版，第26页。

来，从对马克思主义的错误和教条式的理解中解放出来，从主观主义和形而上学的桎梏中解放出来，切实推进马克思主义中国化的发展进程。要着眼于中国特色社会主义事业的新实践和新发展，不断深化对共产党执政的规律、对社会主义建设的规律、对人类社会发展的规律的认识，从而在新的历史条件下推进马克思主义中国化的新发展；同时，要用发展着的马克思主义指导新的实践，用中国特色社会主义建设的成功实践来彰显马克思主义作为科学世界观和方法论的当代价值；要通过认真学习和领会马克思主义中国化的最新成果来认识马克思主义的新发展。

习近平总书记指出："马克思主义必定随着时代、时间和科学的发展而不断发展，不可能一成不变，社会主义从来都是在开拓中前进的。坚持和发展中国特色社会主义是一篇大文章，邓小平同志为它确定了基本思路和基本原则，以江泽民同志为核心的党的第三代中央领导集体、以胡锦涛同志为总书记的党中央在这篇大文章上都写下了精彩的篇章。现在，我们这一代共产党人的任务，就是继续把这篇大文章写下去。"[1]当前，我们已经进入决胜全面建成小康社会的关键时期，"全党同志必须坚持以邓小平理论、'三个代表'重要思想、科学发展观为指导，毫不动摇坚持和发展中国特色社会主义，坚持马克思主义的发展观点，坚持实践是检验真理的唯一标准，发挥历史的主动性和创造性，清醒认识世情、国情、党情的变和不变，永远要有逢山开路、遇河搭桥的精神，锐意进取，大胆探索，敢于和善于分析回答现实生活中和群众思想上迫切需要解决的问题，不断深化改革开放，不断有所发现、有所创造、有所前进，不断推进理论创新、实践创新、制度创新。"[2]

要推进马克思主义中国化的理论创新，必须坚持运用马克思主义的科学世界观和方法论来分析和解决在新的历史起点上推进中国特色社会主义事业新发展可能遇到的各种复杂而艰巨的问题。比如要对如何看待马克思主义的科学真理性、如何看待社会主义的本质特征、如何看待中国特色社会主义的

---

1 习近平：《习近平谈治国理政》，北京：外文出版社，2014年版，第23页。

2 习近平：《习近平谈治国理政》，北京：外文出版社，2014年版，第21页。

优越性以及如何看待西方普世价值、新自由主义、历史虚无主义等思潮，保持清醒的头脑，形成正确的理论认识，不能被非马克思主义或反马克思主义的思想所惑。比如要对如何准确把握“四个全面”战略布局的深刻内涵、相互关系、实践要求，如何科学认识经济发展新常态的基本特征和运行规律提高经济社会发展的质量和效益，如何解决好全面深化改革中的深层次矛盾和问题推进国家治理体系和治理能力现代化，如何坚持中国特色社会主义法治道路、建设社会主义法治国家，如何深化对全面从严治党规律的认识、增强党的创造力和凝聚力，等等，做出深入的研究和回答。能解决问题的马克思主义才是真正解放思想、实事求是、与时俱进、求真务实的马克思主义。

党的领导干部在对待马克思主义的基本态度上，一定要坚定对马克思主义的信仰，坚定共产主义远大理想和中国特色社会主义共同理想，这是中国共产党人的力量之源、定力之基。习近平总书记在谈到共产党人的信仰时，经常谈到陈望道翻译《共产党宣言》的故事。2012年11月《人民日报》刊发了一篇短文《信仰的味道》，说一天夜里，陈望道在忙着翻译《共产党宣言》，母亲给他书桌上放了一盘粽子和一些红糖，过了一会儿，母亲在屋外问他糖够不够，他说“够了，够甜了”，后来母亲收拾碗筷时发现陈望道嘴里满是墨汁，红糖一点也没动。墨汁怎么会甜呢？实际上不是墨汁甜，而是信仰的味道甜。今天，我们的领导干部就是要坚定对马克思主义这样的理论信仰，坚定对中国特色社会主义的道路自信、理论自信、制度自信，为实现“两个一百年”的奋斗目标、实现中华民族伟大复兴的中国梦而奋斗。

第四讲

意识形态建设与话语权问题

敖带芽

社会主义意识形态建设与我国的国际话语权是两个问题，但是又紧密相关。改革开放以来，我国的改革开放和社会主义现代化建设事业波澜壮阔，成就举世瞩目。在改革开放和现代化建设的伟大实践中，始终坚持用中国特色社会主义理论体系武装全党和全国人民，指导和统领各项工作，人民的精神面貌发生了深刻的变化，全社会主流意识形态的指导地位不断得到加强。从总体上看，我国社会意识形态领域的情况是好的，主流是积极、健康、向上的。

正如世界上任何事物都具有二重性一样，在我国主流意识形态不断发展壮大的同时，必须看到非主流意识形态也在不断蔓延滋长，我国意识形态领域并不平静，以自由主义为代表的各种错误思想观点和思潮甚嚣尘上，严重干扰和破坏我国社会主义改革开放和现代化建设的顺利进行。与此同时，我们在国际上的声音还比较微弱，我们的话语权与我们的国家地位并不匹配。提升我国的国际话语权，改变我们在国际舆论上被动局面，已经变得越来越紧迫。

我们要清醒地看到，世界范围内各种思想文化交流、交融、交锋更加频繁，西方敌对势力对我国进行文化渗透的战略图谋没有改变，亡我之心不死，对我国进行西化、分化愈演愈烈，他们凭借其在当代世界中的经济、政治主导地位，在理论上鼓吹文化中心主义和文化霸权主义（如福山的“美国价值优越论”、亨廷顿的“文明冲突论”），而在方法上则采取被美国学者约瑟夫·奈称之为“软权力”的温和无形、像凉水煮青蛙的方法，通过精神、道德诉求影响、诱惑别人，向我国推销其政治制度和价值观念，以达到消解中国民族的、大众的、科学的社会主义文化的目的。各种敌对势力也总想推翻中国共产党的领导和社会主义制度。西方敌对势力除了继续通过传统渠道进行意识形态渗透外，还特别注重利用我国在“战略机遇期”和“矛盾凸显期”重叠的历史条件下出现的突发事件、特殊时机、特殊人物等渠道进行意识形态渗透，煽动街头政治，图谋“颜色革命”。这中间，有美国“转型外交”的大背景，有海外基金、非政府组织的支持。种种迹象还表明，随着国内外环境的变化，境外势力加紧插手我国国内问题，利用所谓民族、宗教、人权等问题，进行渗透、破坏、颠覆活动；它们沆瀣一气、相互勾结，插手的领域不断扩展，插手的手段趋于多样，造成的危害和后果也更加严重。近年来互联网等新兴媒体的兴起和迅速发展，已经成为不可忽视的舆论阵地。从一定意义上看，互联网已经成为错误思想观点滋生、传播和蔓延的技术条件和重要手段，凡此种种，不一而足。这充分说明，越是在复杂情况下，越要加强社会主义意识形态建设。

一、当前我国意识形态建设面临的新情况

当前在社会主义意识形态建设领域，出现了一系列值得高度关注的重大课题，归纳起来有以下六个方面。认真分析意识形态建设中的这些重大问题，对于加强和推进社会主义意识形态建设，提高执政党驾驭意识形态复杂局面的能力具有十分重要的意义。

（一）关于意识形态创新的突破口

从总体上讲，社会主义意识形态积极健康，在巩固国家政权、凝聚全国

人民共识方面发挥了重要作用。当前意识形态建设中的不利因素主要表现在三个方面：第一，社会思想的复杂性、多变性、自主性大大增强，满足人民群众日益增长的精神文化需求越来越难；第二，境外敌对势力对我国意识形态领域的攻击没有停止，而且在进攻的技术、渠道、载体、手段等方面都花样翻新；第三，国内意识形态领域的异见人士打着“解放思想”的名义，采取各种途径在政治、经济、文化、法律、哲学、历史、新闻、军事等领域散播肢解或削弱社会主义主流意识形态的话语，形成了各种各样的错误思潮，对巩固马克思主义在意识形态领域的指导地位十分不利。社会主义意识形态建设遇到的问题可以概括为五个“前所未有”：面临的挑战前所未有，遇到的压力前所未有，回应各种挑战的紧迫性前所未有，凝聚改革发展共识的艰难性前所未有，要求意识形态工作创新的呼声前所未有。

对意识形态建设进行创新，首先需要找到突破口。党中央提出深入贯彻落实科学发展观，做出“改革为了人民、改革依靠人民、改革的成果由全体人民共享”的价值选择，并将其迅速转化到政策措施层面，这是社会主义意识形态发展的重大成果。依据这一执政思路，社会主义意识形态建设应该从以下三个方面寻求创新：

一是意识形态必须时刻关注民生问题。我国意识形态建设虽然已经从革命党的大是大非问题以及阶级斗争的对抗思维中走出来了，但是改变意识形态的老面孔还需要一个过程，关注民生，正视人民群众内部改革发展过程中的利益调整以及和谐利益关系的构建，并从解决群众最需要的利益需求入手做出价值判断，这是新时期意识形态建设的着力点。

二是意识形态建设要努力促进社会公平。社会公平是社会良性运转的前提，社会主义意识形态要切实促进公平，营造追求公平和维护公平的社会氛围，赋予弱势群体充分表达自己意见的途径，实现话语权的均等，包容正确的意见表达，完善民主制度，引进制衡机制，维护各个阶层的正当权益，巩固意识形态发展的社会基础。

三是意识形态建设要着眼于实现社会和谐。和谐社会是社会主义的本质属性，和谐社会已经成为社会主义意识形态的关键词。任何意识形态的矛盾和冲突都是社会现实矛盾的折射，思想上的不和谐根源于利益冲突，利益冲突又进一步导致价值冲突。实现社会和谐要从解决利益冲突入手，意识形态建设要服从和服务于和谐社会的构建，意识形态的创新要从关注国家转向关注社会，并促进二者的和谐统一。

在意识形态创新中，一方面要坚持马克思主义在意识形态领域的指导地位不动摇，另一方面要着力于理论上的与时俱进和表达方式上的不断创新，提高意识形态的社会解释力和说服力。意识形态的新面貌既包括理论形象，也包括话语形象。意识形态的创新要求我们用富有时代敏感性的话语、用老百姓喜闻乐见的语调和词句，及时反映因时代变化而体现在意识形态领域的新变化。意识形态的老面孔使思想政治工作单调乏味，面对困难群体，说不下去；面对青年学生，说不进去；面对老同志，被顶了回去。意识形态表达方式的创新，是马克思主义与时俱进理论品质的内在要求，也是开拓马克思主义新境界的需要。在创新这个问题上，列宁曾经指出："我们决不把马克思的理论看作某种一成不变的和神圣不可侵犯的东西；恰恰相反，我们深信：它只是给一种科学奠定了基础，社会党人如果不愿意落后于实际生活，就应当在各方面把这门科学推向前进。"[1]社会主义意识形态是开放的思想体系，这就要求不同时代的人们要随着实践的发展而有所创新，不拘泥于已有的书本，不拘泥于现成的经验，注重对新的实践经验进行科学总结。

意识形态的直接载体是语言，语言与政治、意识形态是紧密相关的。意识形态表达方式的创新是通过语言来实现和完成的。"语言通过它的词汇、语法和句法，通过固定在其上的整个精神来决定哪些经验能进入我们的意识中。"[2]语言能对意识起到过滤的作用。选择恰当的语言表达意识形态，能够帮助人们实现对政治生活的认同。相反，如果没有能够找到合适的语言和句法来表达一种思想，就会妨碍思想的传达，造成人们认知障碍，甚至导致

1　列宁：《列宁选集》第1卷，北京：人民出版社，1995年版，第274页。

2　弗洛姆：《在幻想锁链的彼岸》，长沙：湖南人民出版社，1986年版，第125页。

思想混乱。在这种状态下，尽管这种思想被不断重复，掌握它的群众还是相当有限的。要知道，即使是真理，倘若被拙劣的外表所包裹，也会影响它的效果。语言的政治倾向是历史形成的，语言在不知不觉中就为人们提供了评价政治的范畴和模式。社会主义意识形态要做到与时俱进开拓创新，在载体上就要不断吸收借鉴一些新的语言来表达其所推崇的思想内涵。[1]

（二）关于社会主义意识形态研究的方法

研究意识形态，是所有的社会科学工作者绕不开的话题。由于意识形态几乎涉及所有社会科学，研究意识形态，理应采取社会科学中的各种方法，如社会调查、案例研讨、事例分析、问卷研究、比较研究，有时也可以借鉴自然科学中的一些研究方法，如社会实验、系统分析、数学模型、回归分析等。从现有关于意识形态的研究成果来看，基本上都是定性论证，所涉及问题基本上都是宏大主题，少有定量研究，少有解剖麻雀式的个案研究。在社会意识已经多样化的今天，忽视了一些群体社会意识的觉醒和成长，在意识形态当中不区分群体意识的特点，平铺直叙地用一个声音、语调、标准进行论证和教育，意识形态就没有办法真正深入人心，也没有办法做到尊重多样、包容差异。

社会主义意识形态研究中存在的问题集中表现在以下四个方面：

第一，文件替代论。即以党中央关于意识形态方面的论述为题，以党的文件为论据，浅尝辄止，没有深度，难以服人。任何国家的政治理论要达到预期的目的，都要通过大规模的政治传播，这里面既有理论研究，又有理论宣传，承担这些任务既要依靠政治领袖人物，还要依靠专业的传播者即研究宣传人员，实际上后者承担着更大的职责，他们介于讯息来源与接受者之间，可以“将一个团体中的语言、价值、利益、观念及目的等转换成不同群体可接受的内容”[2]。现有的研究大量存在的问题是不加转换，直接重复政

1　关于意识形态表达方式的创新问题，可参见敖带芽等撰写的论文《三十年来我国意识形态表达方式的创新研究》，载《科学社会主义》2008年第1期。

2　D. Nimmo，Political communication and public opinion in America，Santa Monica，CA: Goodyear，1978，p.197.

治家的话语，照搬文件。通过中国知网（www.cnki.net）的检索可以发现，从1994年至2015年，在以“意识形态建设”为关键词的575篇论文中，直接以“加强主流意识形态建设”为题的论文就有58篇，这些成果确实做到了和党中央保持一致，但是混淆了理论研究和理论宣传的界限，没有触及真正的问题，难以引起阅读的兴趣。

第二，观点重复论。即不断重复意识形态研究领域已经取得的共识，重复前人的观点，如关于意识形态的批判性、意识形态对社会存在的反作用、意识形态的规范和论证功能、意识形态的历史继承性等，这些观点在学术界应该是早有共识，现有的一些研究还在不断重复这些观点，没有向前突破。

第三，经典摘录论。即在关于意识形态诸问题的研究中，大量引用经典作家关于意识形态问题的论述，特别是马克思、恩格斯在《德意志意识形态》中的一些经典论述，似乎只要把马克思、恩格斯搬出来，就占领了理论研究的制高点。如果说引经据典在意识形态问题研究的早期，能够起到普及理论达成共识的作用，那么，在意识形态建设面临复杂情况的今天，这种鹦鹉学舌的说教功能已经大打折扣，不以创造性的劳动去研究意识形态领域存在的系列问题，不以新的理论去发展马克思主义，这样的成果不会有多大的影响。社会科学的研究难在创新，贵在创新。所谓的创新，一定是对原有的理论或经典的继承、丰富、发展和突破，而不是简单地重复。“我们进行的理论创新，就是要使我们党的基本理论在继承的基础上不断吸收新的实践经验、新的思想而向前发展。”[1]

第四，话语西方论。经济学当中的西方强势话语和研究惯性已经蔓延到了意识形态问题上面，有很多研究成果在探讨意识形态问题时，其所使用的语言基本上都是西方社会科学中的话语体系，如“意识符号、工具理性、精神分析”等，这些话语和我们所研究的社会主义意识形态有关系，但是距离较远。这些理论成果把意识形态弄得很玄乎，而对于中国特色社会主义意识形态的问题却没有涉及。意识形态既是一个认识论问题，更是一个价值论问

1　江泽民：《论科学技术》，北京：中央文献出版社，2001年版，第201页。

题；意识形态既有实然状况，更有应然状况。它是按一定目的把众多个人意识集合到一起的政治行为，有很强的主观能动性，实践要求很高，绝不仅仅是从理论到理论的问题，也不能回避现实问题去建立起什么理论框架。

由于意识形态研究中存在的上述问题，使得意识形态失去了亲切感，意识形态的老面孔难以激发起人们的政治热情，意识形态工作变成了和“虚假、茫然、困惑”等词紧密联系在一起的“空洞说教”的代名词。意识形态的研究方法需要改变，在注重意识形态文本阐述的同时，更加要重视意识形态社会认同规律的研究。社会主义意识形态表述的科学性和传播的有效性不能直接划等号，我们以前对前者研究得多，对后者关注得少。政党的意识形态要转变为群众的自觉认识，需要做大量的工作，意识形态确实有很多功能，但是这些功能绝不会自动地实现，如果政党的意识形态不能说服群众，就变成了空中楼阁。

（三）关于意识形态领域的斗争

社会主义意识形态永远是在斗争中发展的。在加强社会主义意识形态建设的同时，不应忽视意识形态领域的斗争。以前是通过对资本主义的批判使人们建立起对社会主义的信仰，通过意识形态领域的斗争维护人们对社会主义意识形态的忠诚。今天，仅仅依靠这种手段已经不够了。意识形态总是在和错误的理论、错误的思潮、错误的实践方式的斗争中，开拓自己前进的道路。在社会转型的深刻背景下，社会主义意识形态领域的斗争的确已经发生了很大变化。

对主流意识形态认同感的维持与侵蚀的斗争加剧。经济交往势必带动文化交往，国外文化形态和思潮的涌入一方面有利于人们更新观念，另一方面也会对既成的思想体系造成冲击，使人们感到无所适从。我国在党的领导下进行改革开放，建设中国特色社会主义的伟大实践。这个伟大的改革实践，既有成功的经验，也不可避免地存在某些方面的失误，反映到人们的头脑中，必然引起思想意识的相应变化。在这种情况下，社会上各种合理的不合理的改革呼声都将放大，使人感到困惑。从国外方面来看，国外文化形态和思潮一方面有利于人们更新观念，另一方面会对我国既成的思想体系造成冲撞，使人无所适从，许多发展中国家都因此而失去自我认同感。改革进入深水区，各人都不想成为改革的牺牲品，于是，愤怒和迷茫到处可见，而国家的发展和对主导意识形态的认同不能靠愤怒来激励，对国家的认同、民族精神的培育、主导意识形态的建设，应该以正面教育为主，从正面事实中得出逻辑结论。普惠性的改革已经结束，偿付性的改革已经开始，在需要偿付而不知由谁来偿付改革成本时，人们对主流意识形态的认同感就会逐渐失去。

当前境内外敌对分子、自由化分子活动之频繁，思想理论体系之完备，体制内外、境内外力量配合之默契，对某些媒体渗透之深，社会影响之大，均前所未有。他们从个人到队伍，已经形成体系；从文化到政治，已经公开挑战，对社会主义意识形态呈持续进攻态势。他们手法讲究，内外结合，上下兼顾。由于体制内外、境内境外的力量相互渗透，致使西化与反西化的斗争变得更加复杂，阵线的划分、敌我的判定也不再如以往那样清晰。他们抓住我们工作中存在的某些失误、各种突发事件或社会热点进行有组织的炒作，有意识、有计划地将舆论引向对现制度的怀疑和否定。

社会主义意识形态的发展史就是对各种错误思潮进行批判的历史。今天，当各种反社会主义意识形态的潮流涌动，我们绝不能含糊立场，放弃阵地，低头媚俗。尤其要警惕那些打着“发展创新”的幌子否定社会主义意识形态的险恶手法。我们要掌握意识形态领域斗争的规律和特点，区分学术问题、政治问题以及群众的思想觉悟问题，针对不同问题采取不同措施，不要简单地对所有问题都“一禁了之”“一关了之”。对于学术问题，可以展开学术讨论；对群众的思想觉悟问题，以典型宣传和正面引导为好；对于政治问题，“禁”要禁得果断，“导”要导得服气。在意识形态的斗争中，不要忘记争取群众的认同，获得群众的支持，夯实意识形态的群众基础。

（四）关于社会思想的多样性与意识形态的包容性问题

社会思想从来就不是一成不变的，随着经济基础的发展变化，必然会触及意识形态，使社会思想不可避免地发生变化。我国的市场经济体制不仅深刻地改变了社会物质关系，也强烈地改变着人们的精神关系，原有的意识形态、思维方式、价值观念、利益关系等都受到巨大震撼。经济体制的转换使意识形态呈现出复杂化的趋势，在当前，意识形态发展的普遍性与不平衡性同时存在；主流意识形态的导向性与落后意识形态的危害性同时存在；意识形态发展的多样性与管理上的滞后性同时存在，这就必然会导致社会思想的多样性。

在我国意识形态建设中，马克思主义居于核心地位，是社会主义意识形态的旗帜和灵魂。除了马克思主义这个核心思想外，还有其他的思想形态存在，譬如资产阶级的意识、封建主义的意识等；从世界观上看，有唯物主义世界观，有唯心主义世界观，有无神论，有有神论，有宗教神论，有邪教神论。所有这些思想形态，都存在先进与落后、高雅与通俗之分。意识形态的多样性和人们的认知水平、世界观的变化、审美情趣、个人价值的实现程度相关。意识形态的多样性既符合人们对现实不同的生存体悟，又可以满足人们多层次的精神归宿。尽管这些不同性质不同色彩的意识形态相互之间也有矛盾，但要彻底铲除它们中的腐朽成分还为时过早。毫无疑问，这些东西也将和马克思主义长期并存，并相互产生影响，甚至是尖锐的冲突。

坚持马克思主义意识形态的主导性的同时，方法上要注意包容。马克思主义的主导性不只是靠行政命令来实现的，必要的行政手段当然需要，但更主要的是通过争论和说理的途径来实现。我们不能以主导性打击、排斥多样性，也不能以多样性替代、置换主导性，主导性和多样性的统一是互为前提的。不讲主导性，就没有主心骨，人们容易失去方向；只强调主导性，人们容易陷入空想；不讲多样性，不符合人们的思想意识；只讲多样性，社会没有统一的思想，不能形成凝聚全社会的精神力量。我们要用主导性去影响和带动多样性，用多样性去培植和激励主导性，注意平衡，把握方向，掌握主动。

社会主义意识形态已经走出了以阶级斗争为纲、以搞政治运动来统率社会思想、以政治动员为基本源动力的意识形态建设格局，注重资源的分配和利益的变化，承认人们的思想异动，主动寻找思想变化背后的深刻原因，为观念整合找到了能够为各方接受的理论中轴线，这样就使意识形态的整合能够顺利进行。其次，从过去单纯强调维护意识形态权威的高度行政化手段中解脱出来，不以整人作为达到思想统一的手段，强调思想问题要通过思想政治工作来解决，重视和风细雨的细致工作，并把解决思想问题和解决实际问题结合起来，在发展中树立主流意识形态的权威。再次，打破平均主义的传统价值体系，重视利益差别，承认市场差异，在开放的过程中弥补差距，在社会竞争和多样化发展中巩固改革成果，赋予意识形态自身现代性的时代特征。

改革开放的深入发展使我国出现了大量的新兴阶层。这些新出现的社会阶层都在寻找着属于自己的位置，阶层结构之间的矛盾已经开始出现。阶层的分化打破了传统的利益格局，新的利益格局还处在形成的过程中，有时不可避免地会产生利益冲突。社会各阶层的心理都躁动不安，对未来既充满了担忧又充满了期待，希望社会变革朝着有利于自己的方向发展，这使执政党整合社会力量的难度加大了。要使社会凝聚起来，调动起社会各阶层群体的积极性，合理地整合社会资源，最有效的办法就是提升意识形态的动员能力，整合社会各阶层有益的或无害的思想意识，使社会各个阶层在意识形态中都能找到归属感。因此，要注意平衡好社会主义意识形态的纯洁性和包容性问题。政党的意识形态如果不纯洁，就会失去核心成员的忠诚，政党的意识形态如果不能包容，就会失去新社会阶层的支持，缺少群众基础的政党没有抵御风险的能力。如何做到尊重差异，包容多样，考验着我们如何灵活地调整意识形态的表达方式。

在改革开放中新诞生的社会阶层对政党的意识形态具有天然的敏感性，他们非常在意政党的意识形态是否把自己涵盖进去，这是决定一个阶层政治地位的标志。利益整合能力的高低决定着一个政党是否能够统摄社会，利益整合完成的标志就是看政党所提出的意识形态是否能得到不同阶层的广泛认同。当前所进行的利益整合，并不是要把不同利益群体整合到同一所有制、同一分配方式中来，而是在不改变现存对社会资源的占有方式、保持不同利益群体的相对独立性、承认差异的前提下，实现多元整合，创造出具有普适性、协调性、灵活性的社会利益关系，再通过意识形态来引领和反映这种关系。

意识形态是否能够获得受众的持续忠诚，除了意识形态本身的合理性外，另一个重要的因素就是意识形态对社会现象的解释力度。成功的意识形态总是能够保持合理的张力，解释社会现状，预测发展趋势，作为一种全面的知识体系为人们所接受。由于社会生活瞬息万变，我们的意识形态也应当保持适度的灵活性，不能故步自封，自己堵住意识形态能动性的大门。诺斯指出："大凡成功的意识形态必须是灵活的，以便能得到新的集体的忠诚拥护，或者作为外在条件变化的结果而得到旧的团体的忠诚拥护。"[1]要做到这一点，意识形态就应该兼收并蓄，具有宽容精神，突破一定群体或阶层的局限性，在具备思想上的系统性和抽象性之外，还要具有普遍性和高度的涵盖性。先进的意识形态是推动社会进步的思想引擎，而只有能够成功地解释社会可观察到的变化时保持适度的灵活性和适度的包容性，从而能够与时俱进地实现自我更新的意识形态，才称得上是先进的意识形态。

（五）关于社会主义核心价值观的践行问题

在构建社会主义和谐社会的过程中，有必要构筑一个共同的思想平台，以获得社会各阶层的普遍认可，唤醒人们的精神皈依，使社会的心理结构更加健康，在内心恤己的同时也能够关注公共空间，这样才能塑造出一种令人向往的集体价值感，拥有一个更令人期待的美好社会。社会主义核心价值观就担当着这样神圣的使命。核心价值观是国家思想资源的基础，它为人们提供安身立命、处世为人的行为规范和秩序准则，它既能关怀当下又可引领未来，既能渗透社会生活习惯又可塑造文化心理结构。核心价值观作为社会主义意识形态的本质属性，是国家思想资源的一张名片，它在政治上是一种道德理想，在文化上雅俗共赏，在社会心理上广结善缘，集民族性、现代性、

1 道格拉斯·诺斯：《经济史中的结构与变迁》，上海：上海三联书店，1994年，第58页。

开放性于一体，为人民提供一个权威的思想参照系。如何推动社会主义核心价值观变为大众核心思想意识，让核心价值观落地生根，这是一个艰巨的历史任务，需要持之以恒的努力才能见到成效。

在信息化时代，人们获取信息的途径大大增多了，速度也加快了，信息更新的速度也相应地加快了。人们对信息的消化和需求的便捷考验着意识形态的生命力，要想使意识形态洋溢着新鲜感，意识形态的表达方式就不能过于繁琐，不能设定太多的前提，层层论证，反复兜圈子。在不失意识形态真谛、确保意识形态基本内涵的前提下，意识形态的表达方式要尽量简洁明快、朴素流畅，意识形态的核心部分虽然高深，但在"熟食消费"的信息时代，人们更喜欢深入浅出，在表达上贴近生活，将高度的哲学理性思维通过富于时代敏感性的话语吸引受众。20世纪三四十年代艾思奇的《大众哲学》赢得了许多人，起到了宣传普及马克思主义的效果，在引导青年人走向革命之路、引向信仰马克思主义过程中发挥了重要作用。而现在，尽管马克思主义普及读物越来越多，但是在偌大读物市场中所占的比例并不大。目前市场上仅有的一些马克思主义通俗读物基本上也是各级党委宣传部门依靠行政力量组织编写的，理论界尤其是一些大专家、大学者并不愿意做这些普及工作，精品力作匮乏。学术界部分学者热衷于写一些毫无创见的"应景"文章，说些大话套话空话废话，唯独不说为老百姓所喜闻乐见的实话，影响了社会主义意识形态建设的大环境。

社会主义核心价值观用24个字将社会主义意识形态的核心内容加以简化，使普通群众对社会主义意识形态不会敬而远之，而是感觉到亲近自然，与自己的日常生活紧密相关。现在最紧迫的问题就是如何使核心价值观的内容走进群众的心里去，真正入脑入耳入心。

核心价值观的大众化就是要使核心价值观建立在民间社会认可和身体力行的基础上，正确处理好崇高和通俗的关系。通俗不是庸俗，庸俗的意识形态，没有感召力，容易被人亵渎；崇高不是唱高调，空喊口号的意识形态，没有吸引力，容易流于形式。社会主义意识形态既要反映崇高的理想，又要紧密联系现阶段人们的思想实际，实现社会思想和谐。社会主义核心价值体系是社会认同的思想基础，是统帅人们思想的黏合剂，是使全社会达致思想认同的精神中轴线。它应该在民间得到广泛认可，并内化成人们的自觉信仰，才能发挥作用。因此，必须让核心价值观变为大众理想，让它落地生根，回到民间，成为普通群众的思想观念，这样才能减少相互之间的思想冲突和不认同，使社会倡导的生活规范、职业规范、道德规范都能为广大社会成员遵循。

在核心价值观大众化过程中，要充分运用文学艺术手段，将核心价值观的思想表现在艺术形象当中。艺术形象这种载体具有恒久的生命力，一个好的文艺作品对普及核心价值体系的作用，超过十次单调的报告。在轻松的氛围中做思想工作，人们更容易接受。精神文化产品潜移默化地影响着人们的思想观念、价值判断、道德情操，对推进社会主义意识形态建设具有不可替代的独特作用。通过运用各类文化形式生动具体地表现社会主义意识形态的深刻内涵和精神实质，用高质量高水平的文化精品形象地昭示什么是真善美、什么是假恶丑。当然在创作中要尊重精神文化产品的生产规律，要在“融入”和“渗透”上用功夫，使作品的内容与形式有机结合、相得益彰，既为群众喜闻乐见，又反映和体现主流意识形态的要求。同时加强对创作思想、创作选题的引导，对体现主流意识形态的优秀精神文化产品给予鼓励和支持，对亵渎经典、嘲弄英雄和低俗媚俗、肆意恶搞的倾向予以鞭挞和抵制。

社会主义核心价值观的大众化，不仅要靠思想教育、实践养成，而且要用制度、机制来保障。社会主义核心价值观应该在各项具体制度中得以充分体现。要充分发挥政策的导向作用，使政治、经济、文化、社会等方方面面的政策都有利于主流意识形态的建设，防止具体政策与核心价值观相背离。社会管理不仅具有维护生产生活秩序的作用，也应当承担起倡导主流价值观念的责任。各级各类管理部门要把倡导主流意识形态作为分内工作，建立健全有效的激励约束机制，注重在日常管理中体现价值导向，使符合主流意识形态的行为得到鼓励，违背主流意识形态的行为受到制约。主流意识形态要真正发挥作用，必须融入社会生活，让人们在实践中感知它、领悟它。要按照社会主义核心价值体系的基本要求，健全各行各业的规章制度，完善市民公约、乡规民约、学生守则等行为准则，使主流意识形态成为人们日常工作生活的基本遵循。

（六）关于凝聚改革发展共识问题

凝聚改革共识，需要发挥意识形态的作用。意识形态的传播是有规律的。社会主义意识形态本身的科学性和先进性并不代表意识形态传播的有效性，这是社会主义意识形态之所以要随着时代的发展进行创新的前提。意识形态建设既包括意识形态理论自身的创新和发展，也包括群众对意识形态的认同和接纳，这两者是相辅相成的，而我们对后者重视程度不够，把意识形态的先进性和传播的有效性直接划等号，认为只要是先进的意识形态群众就会自觉接纳。错误的意识形态当然早晚会被群众抛弃，即使先进的意识形态，也要掌握引导的方法和规律。在政党和群众的关系认识中，我们非常重视政党提出先进思想并形成意识形态，再用意识形态教育群众凝聚共识，忽视了群众接纳政党意识形态的规律的研究。仅凭主观上的高度重视和满腔热情进行政治宣传不能完全达到意识形态建设的效果，群众掌握理论是有规律的，包括心理接受规律、大众传播规律、信息传递控制规律、主流舆论形成规律，不掌握这些规律，只靠灌输，效果就会打折扣。

凝聚改革发展共识，要求意识形态建设必须走群众路线，树立群众在意识形态建设中的主体性思想。把意识形态建设和发展的终极目标放在社会和谐以及人的发展上面，满足人的精神文化需要，提高人的思想觉悟和认识能力。要及时掌握群众的关注热点和社会的敏感话题，主动回应，增强意识形态建设的针对性和实效性。在实践中吸取人类文明发展的优秀成果，塑造社会主义意识形态的知识形象、理论形象和创新形象，为社会主义意识形态注入活力。

建设社会主义意识形态是一个长期的过程，可能要几代人甚至十几代人的努力，不可毕其功于一役。要扭转把意识形态工作等同于“完成任务”的政治宣传手段，以搞经济工作的方式来建设意识形态的错误做法。从事意识形态工作的部门切不可像搞经济工作一样，年初布置工作，年尾验收总结评比表彰。运动式和突击式的搞法是思想工作之大忌。建设社会主义意识形态必须保持连续性，不可人移事易。意识形态工作必须重视点滴的积累，社会主义思想大厦建设起来不会很快看到成绩，破坏起来却是轰然如山倒，要防止意识形态工作中的急功近利思想，要做到和风细雨、润物无声、脚踏实地、持之以恒，这样才能见到功效。

二、意识形态建设与话语权问题的提出

我们比较熟悉经济建设、社会建设、党的建设、生态建设，但是对意识形态建设了解不多，对意识形态建设的规律不熟悉，对中国在国际上的话语权问题重视不够，这个短板所造成的影响已经开始逐渐显露出来，它抵消了我们对外宣传的效果，影响了中国在国际上的形象。习近平总书记在2013年全国宣传思想工作会议讲话中强调，经济建设是党的中心工作，意识形态工作是党的一项极端重要的工作。只有物质文明建设和精神文明建设都搞好，国家物质力量和精神力量都增强，全国各族人民物质生活和精神生活都改善，中国特色社会主义事业才能顺利向前推进。

中国正在快速成长，经济总量稳居世界第二，贸易总额也与美国平分秋色，一些西方国家对中国作为发展大国面临的种种困难缺乏了解，长期从意识形态角度挑剔中国，他们不理解中国的政策和艰苦努力。由于我们在国际话语权问题上的滞后，使得我们的意识形态建设面临诸多挑战与被动，遭受较多非议，抵消了我们的很多努力，影响了我们在国际上的形象。外界正在用新兴世界大国的角度来看中国，中国将以什么方式去实现自己安全和利益的最大化，又将如何影响世界？这些问题，都需要我们在国际话语权问题上出声，以维护自己的利益。

改革开放以来特别是进入互联网时代以来，话语权建设、宣传思想工作理念和手段创新一直是我们探索的重要课题。官方舆论场与民间舆论场逐渐疏远，传统媒体与新兴媒体信息传播的差异越发明显，受众阅读偏好对官方话语提出严峻挑战，意识形态话语权问题日益突出。这些问题都说明，做好宣传思想工作，比以往任何时候都更加需要创新。

宣传思想工作就是要巩固马克思主义在意识形态领域的指导地位，巩固全党全国人民团结奋斗的共同思想基础。党员、干部要坚定马克思主义、共产主义信仰，脚踏实地为实现党在现阶段的基本纲领而不懈努力，扎扎实实做好每一项工作，取得“接力赛”中我们这一棒的优异成绩。

按照习近平总书记在2013年全国宣传思想工作会议上的讲话要求，要充分认识意识形态工作的重要性，增强话语权建设的紧迫性，从领导、组织到投入、实践各个环节都真正重视起来、行动起来，形成以创新带动发展的新局面，是当前全党的一项重要任务。习近平总书记指出：“对世界形势发展变化，对世界上出现的新事物新情况，对各国出现的新思想新观点新知识，我们要加强宣传报道，以利于积极借鉴人类文明创造的有益成果。要精心做好对外宣传工作，创新对外宣传形式，着力打造融通中外的新概念新范畴新表述，讲好中国故事，传播好中国声音。”[1]

当前，加强社会主义核心价值体系建设任重道远，培育和践行社会主义核心价值观非常紧迫。全面提高公民道德素质，培育知荣辱、讲正气、做奉献、促和谐的良好风尚有待突破。宣传思想工作中党性和人民性的统一要更加讲究技巧，硬灌的效果并不好，要靠事实说话，所推出的典型要更加接地气，可推广，群众更好地学习和接纳。

面对民间舆论场与官方舆论场的疏离，我们办法不多，理念陈旧。传统媒体与新兴媒体信息传播的差异说明，做好宣传思想工作，比以往任何时候都更加需要创新。较多部门把宣传思想工作当做“软任务”对待，把中央的精神传达学习完了就算完成任务，把主要精力用于抓经济建设，对意识形态

1　习近平：《习近平谈治国理政》，北京：外文出版社，2014年，第156页。

工作消极应付、不思进取、无所作为，对中央要求占领思想舆论的制高点、掌握宣传工作主动权认识不到位。实际工作中受条条框框限制较多，受“没有先例”所困，没有勇于探索社会信息化条件下做好宣传思想工作特别是舆论引导工作的新途径、新办法。

加强意识形态建设，提高意识形态话语水平，要着重从以下四个方面取得突破和进展。

（一）提高话语体系的科学化大众化国际化水平

我国的话语体系在中国共产党的主导下，在长期革命、建设、改革的过程中发生了变化。它既扎根在中国本土的土壤，又吸收了西方文明的要素；既接受了马克思主义的话语体系，又带上了苏俄文化的浓厚风格。今天，主导中国社会发展进程的，是中国特色社会主义的道路、理论和制度体系。所以，今天中国的话语体系，本质就是中国特色社会主义。

为什么要提高中国话语体系的科学化水平？因为中国的实践是一个不断发展、与时俱进的过程。社会在进步，作为其表现形式的话语体系，当然也要进步。这种进步的实质，就是不断提高科学化水平。社会实践更加科学了，思想观念更加科学了，作为其表现形式的话语体系，当然也就要更加科学。在改革开放实践的基础上，我们不断创造出了大量新的鲜活的话语。如改革开放、联产承包责任制、社会主义市场经济、“三步走”战略、西部大开发、科学发展观、和谐社会等，体系已经比较完整，其科学化水平当然毋庸置疑。但是，时代在继续进步，所以我们也面临着一个继续不断提高这样的话语体系科学化水平的任务。

为什么要提出话语体系大众化的问题？从根本上来说，语言是人民大众在实际生活中创造的。当代中国的话语体系，根本上来自于实践和群众，但作为国家政权组织者领导者的党和政府，对这种语言也做了大量提炼、加工、改造、制作的工作。有的，原本就来自于群众；有的，进行了筛选和提炼；有的，就是党和政府直接创造的。但是，这样的话语如果仅仅停留在书本里、文件上、报告中，是难以发挥它应有作用的。因此，所有这种话语，都还必须回到实践中，回到群众中去，为群众所接受，在群众中流传，对社会实践发挥它应有的作用。于是，它不可避免地要经过再加工、再制作的过程。这就是大众化的过程。中国化的马克思主义需要大众化，当代中国的话语体系也要大众化。

中国在国际上的地位和影响力大幅度提高后，外部世界对中国的关注度也大幅度提高。各种摩擦不时发生，各种关系有待调节。中国需要以新的态势、新的战略和新的方式在世界上展开博弈，同时，也需要以更大的努力向世界说明中国，将良好的中国形象展现在国际社会面前。因此，中国必须以更大的努力加强与世界的沟通和交流。在国际交流日益增多的情况下，提高中国话语的国际化水平，就成为一项非常紧迫的任务。简单地说，就是要加强中国话语的对外传播，通过内容和形式一定程度的转换，用外国人能够听得懂、听得进的语言，讲述中国故事，介绍中国现实，解释中国原因，展示中国形象，从而使他们增加对中国的了解、理解和赞同，使中国理念在世界上得到更大传播，使中国形象在世界上更加亲和。

（二）打通两个舆论场

两个舆论场，一指以党报党台等为核心的主流媒体舆论场，一指以微博、BBS、QQ、博客等为主的民间舆论场。两个舆论场历来就有，但网络等现代媒体的出现，凸显了两个舆论场的差异，当然也与社会转型、价值多元有很大关系。而需要引起重视的是，两个舆论场对立，将会加剧社会矛盾，甚至影响社会和谐。

两个舆论场是不得不面对的现实，他们尽管只有一个生存环境，但面对同一个社会现象或话题，却看法不同，结论有异。两个舆论场不仅对同一现象看法不同，甚至对社会整体认识也有很大差别。主流媒体舆论场主要宣传党和政府的方针政策，而民间舆论场则多讨论群众较关心的收入社保、官员贪腐、生态环境等内容，两个舆论场各有各的视角。社会转型期固有的社会问题和舆论多元化是两个舆论场对立的根本原因，世界信息畅通，各种意识形态激荡，加之社会转型期固有的问题矛盾，群众对贪污腐败、分配不公、公权滥用意见大，自然会有不同于主流媒体的声音出现，在“人人都是新闻发言人”的网络时代，这种声音会瞬间传送至数百万甚至上千万用户，就形成了有影响的民间舆论。面对突发事件、热点问题，主流媒体反应慢、失声也容易形成民间舆论场。热点、突发和重大公共事件发生后，官方反应迟缓，主流媒体没有声音，民间猜测不断，如果官方新闻发布不具体，也说不清来龙去脉，就易导致两个舆论场各说各话，甚至对立。

打通两个舆论场，加强管控，不为错误思想提供渠道，防止民间舆论场上的错误思想观点撕裂社会，误导群众。社会制度有先进和落后之分，反映一定社会制度的观念上层建筑的意识形态也就有先进和落后之分。由于意识形态是由一定的经济基础决定，反映并服务于经济基础的内容。比较意识形态的优劣，就是看它所服务的经济基础、所反映的社会性质以及所代表的社会经济政治文化的发展方向。所谓先进的意识形态，就是指意识形态能够反映社会上层建筑不断适应经济基础的要求，能够反映生产关系不断适应生产力的发展要求，积极促进经济发展和社会的全面进步，促进生产力的解放和发展，最终实现人的全面自由发展。在社会主义意识形态建设中，符合上述要求，能够有助于实现我们的共同理想，促进社会和谐，这样的意识形态就是先进的意识形态。先进的意识形态是社会进步的思想引擎，是和谐社会之魂。

建设社会主义先进的意识形态不是简单地寻找证据来论证制度的优越性，而是通过具体的行动，这些行动必须要有利于整合社会力量，关心经济和社会，平衡各个领域，提高人们的生活质量。归结为一句话，就是要有利于构建和谐社会。既然意识形态与实际的社会生活相关，而实际的社会生活是不断变化的，为了保持人们对意识形态的忠诚，意识形态就要在坚持核心价值体系的前提下与时俱进，适时变化，以保持对国内社会结构和社会状况等方面变化的敏感性。

意识形态的先进性还必须建立在民间社会认可和身体力行的基础上，正确处理好意识形态的崇高和通俗的关系。通俗不是庸俗，庸俗的意识形态，没有感召力，容易被人亵渎；崇高不是唱高调，空喊口号的意识形态，没有吸引力，容易流于形式。社会主义意识形态既要反映崇高的理想，又要紧密联系现阶段人们的思想实际，实现社会思想和谐。

（三）破解主流话语边缘化困局

在新的舆论格局中，主流话语要打好亲民爱民的牌。通过报道或言论传达党和政府的重大决策、大政方针，体现大局观和领导层的思想高度，理所应当。对日常题材的报道，宜尽可能“放下身段”，取用百姓视角，以获得民众的更多心理认同。面对重大突发性危机事件不仅应反应更灵敏，而且要以报道的深度令人信服，将正确的舆论导向寓于对事件的真实而有深度的报道之中。深度，来自对党和政府的重大决策及大政方针的深刻领会和准确把握，来自对基层情况、群众实践的深切了解和透彻分析，来自对事物的现象及背后本质的深入思考和理性观照。

当今对中国共产党主流话语体系的要求是以包容性覆盖纯粹性，以时代性统揽革命性，承认利益，直达要害，尊重法律，重视差异。其思想观念能够映照时代的变化，敏锐地察觉群众对执政话语的审美需求和消费偏好，不一味自言自语，不是简单地我打你通，我讲你听，而是重视互动，与时俱进，扩大影响，争取认同。简单一句话，不再是以“不变应万变”，而是你变我也变，一切围绕着执政这个核心目标，以实效为最终检验标准。执政话语的实效性在当下体现为能够整合社会各种诉求，不回避现实矛盾，着眼于解决现实问题，为社会提供正能量。同时又不被纷繁复杂的现实诉求牵着鼻子走，有超越时空的张力，有抵制低俗的免疫力，不是方生方死，有一定的生命力。

面对领导干部腐败高发态势，十八届中央领导集体提出“老虎”“苍蝇”一起打，坚持党纪国法面前没有例外，不管涉及谁，都要一查到底，决不姑息。“打虎”无禁区，2013年一年查处省部级干部18名，包括两名中央委员。十八大以来至2015年5月，已查处省部级领导干部103人，反腐力度之大，为改革开放以来所不多见。这种势头有力地遏制了腐败蔓延态势。“老虎、苍蝇一起打”也成为一个具有实效的执政话语。

面对垄断壁垒与利益固化态势，十八届中央领导集体提出了“冲破思想观念的束缚、突破利益固化的藩篱”。在《中共中央关于全面深化改革若干重大问题的决定》中，提出要“毫不动摇鼓励、支持、引导非公有制经济发展”；“坚持权利平等、机会平等、规则平等，废除对非公有制经济各种形式的不合理规定，消除各种隐性壁垒，制定非公有制企业进入特许经营领域具体办法”；“完善主要由市场决定价格的机制，放开竞争性环节价格”[1]。进一步深化改革，建立完善的市场经济，必然会触动原有利益格局。不突破原有利益格局，不破除各方面体制机制弊端，改革就难以深入。这份改革宣言，体现了新一届中央领导集体准备啃硬骨头的决心和勇气。“突破利益固化的藩篱”就成为一个具有实效的执政话语。

（四）提供舆论监督与话语引领水平

加强和改进舆论监督，既体现了党的意志又反映了民众心声。对党报的舆论监督，并不能一概而论。有的党报，这方面做得相当不错，不少党报，舆论监督体现出较高权威性。但在民众心目中，党报在舆论监督方面的得分不高。民众的判断是：党报舆论监督既逊色于网络媒体、都市类媒体，也逊色于同为主流媒体的广播和电视媒体。民众常对舆论监督做得出色的媒体向往之，推崇之，并因此而乐意认同和接受它们所做的舆论引导。

在我国意识形态建设中，马克思主义居于核心地位，它是我们立党立国的根本指导思想，是社会主义意识形态的旗帜和灵魂。坚持和巩固马克思主义在意识形态领域的指导地位，是党和人民团结一致，始终沿着正确方向前进的根本思想保证。实践已经证明，只有坚持和巩固马克思主义在意识形态领域的指导地位，才能保持我国的社会政治稳定。

在国际局势复杂多变、国内形势深刻变化的条件下，意识形态领域不可能纯而又纯，难免有一些噪音和杂音，关键是要弘扬主旋律，打好主动

1 《中共中央关于全面深化改革若干重大问题的决定》，北京：人民出版社，2013年，第7~13页。

仗。意识形态领域的斗争有自己独特的规律，那就是丝毫不能松劲，必须寸土必争，针锋相对，一旦有所退让，各种非马克思主义的思想就会占据关键地位，到那时再去消除其影响，就会更加困难。大量事实证明，思想文化阵地，马克思主义不去占领，各种非马克思主义的思想甚至反马克思主义的思想就会去占领，它会抵消一切正面宣传，误导群众。因此，坚持和巩固马克思主义的指导地位，必须重在建设，加强正面引导，坚持正确方向，不搞无谓争论。正确区分学术问题、思想认识问题与政治问题的界限，对学术问题提倡民主讨论、平等交流；对一般思想认识问题要积极引导，多做工作；对事关政治方向和根本原则的问题要旗帜鲜明，毫不含糊，不允许错误观点到处传播，确保社会主义意识形态的主导性。

以马克思主义为指导的社会主义意识形态在我国意识形态建设中占主导地位，在它的周围，要允许其余的意识形态存在。一音不成调，独木难成林，只有各种意识形态思想和谐共鸣，才能演奏悦耳的曲子。当然，承认和允许社会主义意识形态多样性存在，并不意味着放任各种错误的思想意识泛滥，或纵容消极的意识。要根据意识形态多样性的不同情况，区别对待，采取不同的方法、手段，防止各种非马克思主义意识形态的消极影响。同时注意利用和挖掘各种多样性意识形态的价值，通过长期的思想政治工作，提高认识，教育人们摒弃那些落后的意识形态，逐渐引导人们认同中国特色社会主义意识形态。

"一元主导，多元并存"是我国意识形态建设的基本局面。没有不同思想文化之间的交流和碰撞，就不可能推进意识形态的进步和发展。多种意识形态之间的交流融会，有利于增强马克思主义的适应性和免疫力。主导性是相对于多样性而言的，没有多样，就无所谓主导。在我国社会主义意识形态当中，马克思主义居于核心地位，它指示了意识形态发展的方向，规定了意识形态的性质，揭示了中国社会主义现代化建设的一般规律，因而是主导。人们提高认识和思想升华是一个渐进的过程，刻意去追求意识形态的纯而又纯状态，不符合意识形态自身发展的规律，也会脱离社会生活。我们需要尊重差异而不是消除差异，包容多样而不是打击多样。只有坚持弘扬主旋律和提倡多样性的统一，才能最大限度地形成思想共识。

坚持马克思主义意识形态的主导性，也要注意原则和方法。马克思主义的主导性不只是靠行政命令来实现的，必要的行政手段当然需要，但更主要的是通过争论和说理的途径来实现的。我们不能以主导性打击、排斥多样性，也不能以多样性替代、置换主导性，主导性和多样性的统一是互为前提的。在社会主义初级阶段，这种统一还是长期的，不讲主导性，就没有主心骨，人们容易失去方向，只强调主导性，人们容易陷入空想；不讲多样性，不符合人们的思想意识，只讲多样性，社会没有统一的思想，不能形成凝聚全社会的精神力量。我们要用主导性去影响和带动多样性，用多样性去培植和激励主导性，注意平衡，把握方向，掌握主动，提倡各种思想文化互补和交融，让各种先进、高雅、娱乐、通俗、商业的思想都能各得其所，以创造具有中国特色的社会主义意识形态。

第五讲

充分发挥市场在资源配置中的决定性作用

王可达

《中共中央关于全面深化改革若干重大问题的决定》（以下简称《决定》）提出：经济体制改革是全面深化改革的重点，核心问题是处理好政府和市场的关系，使市场在资源配置中起决定性作用和更好发挥政府作用。因此，探索发挥市场在资源配置中决定性作用的途径，对深化经济体制改革，落实“四个全面”的战略布局具有重大意义。

一、市场在资源配置中发挥决定性作用的重要价值

1．我国社会主义市场经济体制的发展过程。

回顾历史，不难发现，我们对社会主义和市场经济关系的认识经历了一个长期痛苦的过程。

在探索社会主义和市场经济关系的过程中，有两个历史人物，我们不能忘记。一个是列宁。在马克思和恩格斯看来，社会主义条件下不存在商品、价值、货币、竞争等市场经济必要因素，所以也就不存在市场经济。他们认为社会主义社会是有计划的组织生产、以按劳分配为特征的经济形式，按照每个社会成员的需要对生产进行有计划的调节，实现全社会有计划按比

例的生产。马克思曾明确表述过社会主义条件下没有市场经济的思想，在《资本论》第一卷中提出“设想一个自由人联合体，他们用公共的生产资料进行劳动，并且自觉地把他们许多个人劳动力当做一个社会劳动力来使用。在那里，鲁滨孙的劳动的一切规定又重演了，不过不是在个人身上，而是在社会范围内重演。鲁滨孙的一切产品只是他个人的产品，因而直接是他的使用物品。这个联合体的总产品是社会的产品。这些产品的一部分重新用作生产资料。这一部分依旧是社会的。而另一部分则作为生活资料由联合体成员消费。因此，这一部分要在他们之间进行分配。”恩格斯在《反杜林论》中写道“一旦社会占有了生产资料，商品生产就将被消除，而产品对生产者的统治也将随之消除。社会生产内部的无政府状态将为有计划的自觉的组织所代替”。恩格斯认为在未来的社会里，生产资料归社会所有，并且以直接社会化的形式应用于生产，每一个个人的劳动就成为直接的社会劳动。列宁第一个使用“计划经济”和“市场经济”的概念，并明确将这两个概念同社会根本制度联系起来。1906年他在《土地问题和争取自由的斗争》提出：“只要还存在市场经济……世界上任何法律也无法消灭不平等和剥削。只要建立起大规模的社会化的计划经济，才可能消灭一切剥削。”并指出：社会主义将实行计划经济。另一个是顾准。新中国成立后，中国经济发展所面临的一个根本性难题，就是如何认识和处理计划与市场的关系。为了破解这一难题，我国老一辈经济学家解放思想，实事求是，冲破种种羁绊与束缚，进行了开创性的学术探索，在中国大地上撒下了社会主义市场经济理论的火种，为中国经济转型留下了珍贵的思想财富。他们堪称社会主义市场经济理论的先驱，为共和国经济史书写了精彩篇章。顾准是我国提出社会主义条件下市场经济理论的第一人。早于1956年在中共中央直属高级党校和中国科学院经济研究所时，顾准就已经对社会主义条件下的商品货币关系和价值问题进行研究。1957年在其论文《试论社会主义制度下商品生产和价值规律》[1]中首次积极倡导“市场经济”，这是对经典著作的重大突破。不久，由于顾准的

1　顾准：《试论社会主义制度下商品生产和价值规律》，《经济研究》，1957年第3期。

一系列“右派”言行，顾准被打成“反党右派”。一篇闪耀着真理光芒的奇文，与中国经济擦肩而过。

从1978年到2020年，社会主义市场经济体制建立与完善经历四个阶段：

第一阶段：计划经济（1978—1984）。我国处于思想理论界拨乱反正，正本清源的转折时期。不仅要求我们运用实事求是的精神，弄清那些被混淆的经济理论问题，恢复本来面目，又要求我们对复杂而又陌生的经济运行新体制的选择问题提供理论依据。1978年党的十一届三中全会提出：“应该坚决实行按经济规律办事，重视价值规律的作用。”这是改革高度集权的计划管理体制的信号，表明中国共产党人重新开始对我国经济发展中计划与市场关系问题的理论探索。在党内，较早认识到计划经济弊端的是陈云。1979年，主持经济工作的陈云就提出社会主义经济不仅需要计划调节部分，还需要市场调节部分，这两个部分都是社会主义经济的组成部分。他指出：过去“计划工作制度中出现的主要缺点是，只有‘有计划按比例’这一条没有在社会主义制度下还必须有市场调节这一条”“现在的计划太死，包括的东西太多”，“计划又时常脱节”，并且只能搞大路货，不能使生产丰富多彩。计划“该严的不严……该宽的不宽”，市场调节作用得不到发挥，导致各部门比例失调。1979年11月26日，邓小平与外宾谈话时首次提出了“社会主义也可以搞市场经济”的论断。他说：“说市场经济只存在于资本主义社会，只有资本主义的市场经济，这肯定是不正确的。社会主义为什么不可以搞市场经济，这个不能说是资本主义。我们是计划经济为主，也结合市场经济，但这是社会主义的市场经济。”[1]1982年党的十二大明确“计划经济为主、市场调节为辅”的经济管理原则是经济体制改革中的一个根本性的问题。党的十二大报告指出：我国在公有制基础上实行计划经济。有计划的生产和流通，是我国国民经济的主体。同时，允许对于部分产品的生产和流通不做计划，由市场来调节，这虽然是从属的、次要的，但又是必需的、有益的。国家通过经济计划的综合平衡和市场调节的辅助作用，保证国民经济按

1　邓小平：《邓小平文选》第2卷，北京：人民出版社，1994年版，第236页。

比例地协调发展。十二大纠正了把计划经济简单地理解为指令性计划的传统观念，对于突破高度集中统一的计划经济体制、重视发挥市场调节的功能、推动我国经济的发展起了十分重要的作用，是我国探索社会主义市场经济的重要一环。

第二阶段：有计划的商品经济（1984—1991）。1984年，党的十二届三中全会通过的《中共中央关于经济体制改革的决定》，突破了把计划经济同商品经济对立起来的传统观念，明确提出“社会主义计划经济必须自觉依据和运用价值规律，是在公有制基础上的有计划的商品经济。商品经济的充分发展，是社会经济发展的不可逾越的阶段，是实现我国经济现代化的必要条件”。第一次明确提出了社会主义有计划商品经济的理论，标志着我国对于社会主义市场问题认识有了重大突破。1987年党的十三大在有计划商品经济理论基础上对于社会主义市场机制问题进行了新的概括和说明，十三大报告与十二届三中全会的文件相比有了很大突破，没有再提计划经济为主，而把计划与市场看作同一层次的范畴。报告明确指出：“社会主义有计划商品经济的体制，应该是计划与市场内在统一的体制”“计划和市场的作用范围都是覆盖全社会的。新的经济运行机制，总体上来说应当是‘国家调节市场，市场引导企业’的机制”，这就表明，中央已经把计划和市场都看成是调节手段，从而使我们对市场经济的认识水平大大向前推进了一步，发展到了一个崭新的阶段。1990年，十三届七中全会通过的《中共中央关于制定国民经济和社会发展十年规划和“八五”计划的建议》，把初步建立适应以公有制为基础的社会主义有计划商品经济发展的、计划经济和市场调节相结合的经济体制和运行机制作为今后十年要实现的第二步战略目标和方向。1991年7月1日，江泽民在庆祝中国共产党成立70周年大会上指出，有中国特色社会主义的经济，必须“建立适应社会主义有计划商品经济发展的、计划经济与市场调节相结合的经济体制和运行机制”。“计划与市场，作为调节经济的手段，是建立在社会化大生产基础上的商品经济发展所客观需要的，因此在一定范围内运用这些手段，不是区别社会主义经济和资本主义经济的标志。”

第三阶段：社会主义市场经济（1992—2012）。在中国改革面临着重大抉择的历史关头，邓小平发表了具有划时代意义的南方谈话，第一次明确提出了建设社会主义市场经济新体制的构想。南方谈话提出："计划多一点还是市场多一点，不是社会主义与资本主义的本质区别，计划经济不等于社会主义，资本主义也有计划；市场经济不等于资本主义，社会主义也有市场。计划和市场都是经济手段。"党的十五大指出："南方谈话是在国际国内政治风波严峻考验的重大历史关头，坚持十一届三中全会以来的理论和路线，深刻回答长期束缚人们思想的许多重大认识问题，把改革开放和现代化建设推进到新阶段的又一个解放思想、实事求是的宣言书。"1992年，党的十四大根据邓小平关于计划经济与市场经济的论断，正式提出了我国经济体制改革的目标是建立社会主义市场经济体制。党的十四大、十四届三中全会到十五大，提出市场在国家宏观调控下对资源配置起基础性作用。1993年11月召开的党的十四届三中全会，通过《中共中央关于建立社会主义市场经济体制若干问题的决定》，对以建立社会主义市场经济体制为目标的改革做出部署，明确提出建立社会主义市场经济体制，就是要使市场在国家宏观调控下对资源配置起基础性作用。1997年，党的十五大鲜明地提出高举邓小平理论伟大旗帜，肯定了邓小平把社会主义同市场经济结合起来是一个伟大创举，要求全党和全国人民坚持社会主义市场经济的改革方向，坚持和完善社会主义市场经济体制，使市场在国家宏观调控下对资源配置起基础性作用，并强调尽快建成统一开放、竞争有序的市场体系，进一步发挥市场对资源配置的基础性作用。党的十六大、十六届三中全会提出更大程度地发挥市场在资源配置中的基础性作用。2002年党的十六大提出，要在更大程度上发挥市场在资源配置中的基础性作用，健全统一、开放、竞争、有序的现代市场体系。2003年，党的十六届三中全会通过《中共中央关于完善社会主义市场经济体制若干问题的决定》，明确提出了深化经济体制改革、完善社会主义市场经济体制的目标和任务，强调按照统筹城乡发展、统筹区域发展、统筹经济社会发展、统筹人与自然和谐发展、统筹国内发展和对外开放的要求，更大程度地发挥市场在资源配置中的基础性作用。党的十七大提出要从制度上更好地发挥市场在资源配置中的基础性作用。2007年，党的十七大对深化经济体制改革做出重要部署，要求在完善社会主义市场经济体制方面取得重大进展，提出要深化对社会主义市场经济规律的认识，从制度上更好地发挥市场在资源配置中的基础性作用。这表明对于市场在资源配置中基础性作用的认识，又深化了、前进了，强调了市场对资源配置基础性作用的制度化、规范化。党的十八大提出更大程度更广范围发挥市场在资源配置中的基础性作用。2012年11月，党的十八大在进一步明确经济体制改革目标时提出，要加快完善社会主义市场经济体制，完善公有制为主体、多种所有制经济共同发展的基本经济制度，完善按劳分配为主体、多种分配方式并存的分配制度，更大程度更广范围发挥市场在资源配置中的基础性作用。

第四阶段：社会主义市场经济日益成熟（2013—2020）。从明确我国经济体制改革的目标是建立社会主义市场经济体制以来，我国关于市场在资源配置中起基础性作用的认识不断深化、不断提升，对于深化经济体制改革实践推进、实践创新发挥了极为重要的理论先导作用。但是，也必须注意到，这些认识的推进与提升，始终围绕的是市场对资源配置起基础性作用，市场在资源配置中起基础性作用的定位没有发生根本的变化。党的十八届三中全会提出，坚持社会主义市场经济改革方向，紧紧围绕使市场在资源配置中起决定性作用深化经济体制改革，使市场在资源配置中起决定性作用和更好地发挥政府作用。

可见，我们的认识经历了一个不断深化的过程：从市场和计划是区别资本主义和社会主义的根本标志，到社会主义经济体制改革的目标是建设社会主义市场经济新体制，再从市场在资源配置中发挥基础性作用，上升为使市场在资源配置中发挥决定性作用的过程。因此，确立市场在资源配置中发挥决定性作用来之不易，必须坚持，绝对不能动摇。

2．确立市场在资源配置中发挥决定性作用的重大意义。

（1）理论意义。确立市场在资源配置中发挥决定性作用，是一次重大的理论创新，是体制改革和经济发展中的又一次思想解放。突破了从基础性作用定位社会主义市场经济的原有观点，发展和丰富了马克思主义的科学社会主义理论和政治经济学理论，发展和丰富了中国特色社会主义理论，发展和丰富了社会主义市场经济理论。

（2）改革意义。为使社会主义市场经济体制更加成熟、更加定型奠定了理论上的基础，使我们能够按照市场在资源配置中起决定性作用的取向，部署深化经济体制改革的一系列重要举措，促进社会主义市场经济体制的不断完善、成熟、定型。市场经济是前无古人的伟大创举，社会主义市场经济体制本身也还需要不断完善。既然市场起决定性作用，就不能动摇发展社会主义市场经济的改革方向。

（3）发展意义。消除了发展市场经济的一个主要疑虑，使我们能够理直气壮地根据市场在资源配置中起决定性作用的要求，认识和掌握市场经济的规律并用以指导经济社会发展实践，进一步发展社会主义市场经济，在市场化进程中，推动工业化、信息化、城镇化和农业现代化同步发展，进而在发挥市场决定性作用的社会主义市场经济发展过程中，基本实现现代化，实现中国梦。

（4）实践意义。有利于激发市场主体的活力。企业是市场的细胞，是创新、创业的主体，是经济发展的基础。平等的市场准入和产权保护、公平竞争条件和营商环境是发挥市场主体活力的根本保障。市场的起决定性作用，归根到底是要进一步解放对生产力发展的所有束缚，让一切劳动、知识、技术、管理、资本的活力竞相迸发，让一切创造社会财富的源泉充分涌流，让发展成果更多更公平地惠及全体人民。有利于形成新的经济发展方式。我国目前的经济结构不合理，粗放型经济发展方式转变迟缓，不少行业产能过剩，效益下降，主要原因在于政府对经济干预过多或干预不当、市场的决定性作用没有彻底发挥。发挥市场的决定性作用，凡是市场和企业能解决的，就交给市场和企业；凡是社会中介组织能承担的职能，就交给中介组织。有利于建设服务型政府。政府治理和市场功能的边界不够清晰，政府缺位与越位并存。一方面，将精力放在审批项目、招商引资等微观经济事务上，导致政府在市场监管、管理、公共服务方面的缺位；另一方面，政府对社会事务包揽过多，没有发挥社会力量的作用。发挥市场的决定性作用，不仅有利于政府真正转变职能，而且有利于铲除滋生公职人员受贿、权钱交易的土壤和根源。有利于构建开放型经济体制。国内改革和对外开放相辅相成，是30多年来我国的一条成功经验。对外开放不仅使我国得以充分利用国际市场和国际资源，而且为国内改革提供了发展市场经济的经验、规则借鉴，成为促进改革的重要动力和活力源泉。

二、市场在资源配置中发挥决定性作用的内在机理

1. 资源配置的基本理论。

资源配置是指在社会生产和再生产过程中，各种资源在社会不同部门之间的分配和不同方向上的使用。资源配置的目标是形成社会化生产需要的协调比例，求得最大的经济效益。西方经济学把资源配置方式作为研究对象进行了系统而深入地研究。西方经济学认为，资源是有限的，而人类的需求却是无限的，这就是进行资源配置的主要原因。在资源供给有限的条件下，资源配置问题的核心是如何提高资源配置领域的效率。亚当·斯密提出自由竞争，政府充当“守夜人”角色，他把市场看作一只看不见的手，发挥着自动调节的功能，并把各种生产要素安排到最需要的用途上。马歇尔在斯密理论的基础上，把它精确为较完备的局部均衡模型，马歇尔的论述揭示了供求均衡价格就是引导资源配置的无形之手。因此，他认为对于市场作用的干预是多余的。瓦尔拉斯的一般均衡的理论扩展了市场机制对于完成有效配置资源作用的认识。而帕累托最先研究了资源配置的最优状态问题，帕累托的研究表明，在完全竞争的市场条件下可以达到资源配置的最优状态。凯恩斯针对自由竞争市场经济的弊端，提出了政府干预学说，凯恩斯认为单纯由市场机制进行自发调节具有不足之处，必须要有国家的干预和调节，从而使国家经

济能够协调发展，并且实现充分就业，提高经济增长率，防止经济萧条或衰退，改善国民经济水平。科斯认为，市场价格机制是一种配置资源的手段，企业也是一种配置资源的手段，这正是企业的性质所在。科斯第一定理认为：如果交易费用为零，不管产权初始如何安排，当事人之间的谈判都将会导致财富最大化的安排，即市场机制会自动地达到帕累托最优。科斯第二定理认为：资源配置的效率可能会不同，所以，为了优化资源配置，产权制度的选择是非常必要的。科斯第三定理认为：因为交易费用的存在，不同的权利界定和分配，则会带来不同效益的资源配置，所以产权制度的设置是优化资源配置的基础。马克思对资源配置理论进行了探索。资源配置理论是马克思政治经济学的一个重要组成部分。马克思在《资本论》中对资本主义资源配置方式进行了深入考察，他是从社会劳动的角度来阐述资源配置理论的，认为资源配置是社会化生产的客观结果，也是人类社会经济发展的共有的基本规律。因此，健全社会主义市场经济体制必须遵循市场配置资源的基本规律。西方的资源配置理论流派众多，内容丰富，要博采众长，充分吸收西方资源配置理论的合理成分，为我所用，同时要以马克思主义政治经济学为指导，不断创新资源配置理论。

2. 市场在资源配置中发挥决定性作用的基本原理。

（1）市场在资源配置中发挥决定性作用的含义。

使市场在资源配置中起决定性作用，主要是指使市场机制在资源配置中起决定性作用。市场机制有三个基本组成部分：价格机制、供求机制和竞争机制。价格机制是市场机制中最基础的机制，价格水平上升，既刺激增加供给，又会抑制需求；价格水平下降，则既会引起需求增加，也会引起供给减少。市场价格是由价值决定的，变动则受供求的影响，供大于求价格下跌，供小于求价格上升。为了求得生存和发展，商品生产者必然展开竞争，努力提高技术，改善管理，提高效率。这样，价格机制、供求机制和竞争机制共同作用，不仅实现了有比例的资源配置，而且推动了整个资源配置效率的提高。

市场机制作用的发挥是价值规律作用的表现形式。市场经济条件下，客观存在着决定资源配置的基本经济规律即价值规律。价值规律的基本要求是商品的价值量由生产商品的社会必要劳动时间决定，商品实行等价交换。但是，在知识经济的条件下，商品的价值究竟由什么决定？个人认为，在知识经济的条件下商品的价值可分为一般决定和特殊决定。一般情况下，价值由生产商品的社会必要劳动时间决定；特殊情况下，价值由生产商品的个别必要劳动时间决定。随着科技的不断发展和竞争的日趋激烈，无形资产在整个经济资产中的比重不断提高、作用日趋重要是知识经济的重要特征，是现代经济发展的必然趋势，而无形资产的价值就是由生产商品的个别必要劳动时间决定。无形资产的价值不仅由个别劳动时间决定，而且价值决定具有很大的不确定性。

（2）正确认识市场在资源配置中发挥决定性作用。

①市场在资源配置中发挥决定性作用的范围。不能把市场在资源配置中起决定性作用范围仅局限于交换过程和环节。在社会主义市场经济中，市场对经济运行和活动全过程的生产、分配、交换和消费各个环节及其彼此之间的关系都有决定性作用。市场作用调节着产品和服务的生产、收入分配、交换比例、消费状况，也调节着各环节之间的关系，包括生产、分配、交换和消费之间，分配和交换、消费之间，以及交换和消费之间的关系；也调节着社会再生产各环节内部的比例关系，如生产领域中三次产业之间及各自内部的比例关系，分配领域中积累与消费的比例、不同阶层的收入差距等，交换领域中不同商品交换的比例关系、一定市场上的供给量和需求量的平衡关系等，消费领域中生存资料、享受资料、发展资料之间的比例及消费水平、消费结构等。市场在资源配置中发挥决定性作用的资源主要是一般性资源，不包括地下资源及其他关系国计民生必须由国家控制的战略性资源、特殊资源；尤其重要的是，资源配置问题绝不是经济活动的全部，它仅仅是经济活动的一个方面。比如，文化、教育、医疗甚至金融领域等提供服务性及其他公共产品的经营活动，可以引入市场的竞争性机制，但不能让“市场起决定

性作用”。

②市场在资源配置中发挥决定性作用的层次。不能把市场在资源配置中起决定性作用仅局限于微观经济领域。微观经济领域，市场在资源配置中起决定性作用，表现为对企业的市场活动和个人经济行为进行调节，使微观经济能够灵活运转，具有效率，充满活力，这是毋庸置疑的。宏观经济领域，表现为两个方面：一是市场调节资源的存量、增量流向及结构优化，进而调节社会总供求的总量关系；二是市场作为宏观调控的实现机制，对于社会总供求的结构平衡与总量平衡也发挥调节作用。

③市场在资源配置中发挥决定性作用的方式。不能把市场在资源配置中起决定性作用简单地、不加分析地统统视为自发的盲目的作用。市场对资源配置中起决定性作用是一种自动调节功能，即只要某一构成部分或要素发生变化，就必然引起相关的构成部分或要素以至整个市场经济的运行按一定方向发生连动反应。这种功能在发挥作用时则以自觉的或自发的方式表现出来。自发作用方式，是指市场主体对市场机制的作用机理没有正确认识与把握，市场主体的行为和活动不一定符合市场主体进行市场活动的预期目的和均衡、有效配置资源的要求，这时市场对资源配置中的决定性作用就是盲目的。自觉作用方式，是指市场主体发挥主观能动性，主动地调整市场行为和展开市场活动，以使市场作用尽可能符合市场主体的预期目的和均衡、有效配置资源的要求，这时市场对资源配置中的决定性作用就是自觉的。现代市场经济运行的一个显著特征，就是市场对资源配置的自觉作用程度不断提高。

④市场在资源配置中发挥决定性作用的时序。不能把市场在资源配置中起决定性作用简单地、不加分析地视为事后调节。市场在资源配置中起决定性作用，是对一定市场运行过程的调节，体现一定市场运行过程发展的客观趋势，既表现为相互联系着的无数市场主体行为的有机集合，也表现为市场主体具有因果联系的一系列行为的有序变换，不能孤立地割断市场主体行为的空间联系和时序链条来看决定性作用的“事后”或“事前”。就一定市场运行过程中一定时点的某一市场行为调整来看，可以说是市场作用的“事后”调节；

但从整个过程来看，这一行为调整引起的其他市场要素的变化，由此必然顺序产生的后一行为调整来看，就很难说市场机制的调节是“事后”的。

⑤市场在资源配置中发挥决定性作用的条件。市场在资源配置起决定性作用是以合理而完备的法律为前提的。美国经济学家布坎南说：“没有合适的法律和制度，市场就不会产生任何体现价值最大化意义上的效率。”市场经济是法治经济，法治是市场经济的法律特征。市场经济必须是法治经济：一、市场经济是自主经济，即承认和尊重市场主体的意志自主性。要求用法律确认市场主体资格、明确产权、充分尊重和平等保护各类市场主体的财产权和意志自由。二、市场经济是契约经济。市场经济的运行，主要是通过市场主体之间经过自由、平等的协商所订立的契约来完成，市场经济最主要的法律特征就是经济关系的契约化，在现代市场经济中，契约成为经济交往的主要形式。通过契约的形式来建立经济关系和实现资源配置，契约的作用必须以法律对契约原则、方法和结果的确认和保护为前提。例如“定金”和“订金”有什么区别？要特别注意“定金”和“订金”的区别，否则，在日常的经济活动中可能回回上当，每次不一样。三、市场经济是竞争经济。竞争是市场经济的命脉，通过竞争达到优胜劣汰，合理配置资源，没有竞争就没有市场经济，但必须是公平、合理的竞争，否则市场机制可能失灵。四、市场经济是平等经济，即经济主体的地位平等。经济主体通过契约发生关系，这就意味着双方当事人的地位是平等的，必须通过法律确认所有人的平等地位。五市场经济是开放经济。一方面要求统一开放的国内市场，另一方面也要求市场国际化，统一、开放的市场体系必须有统一的调整手段和相应的规则。

市场在资源配置中发挥决定性作用绝对不是“市场万能论”，绝对不是市场在一切领域都发挥决定性作用。市场在资源配置中发挥决定性作用需要明确“三个区分”：必须把经济领域与政治思想领域区分开来；必须把市场领域同公益领域区分开来；必须把物质生产领域同精神生产领域区分开来。在思想政治领域、公益领域、精神生产领域绝对不能让市场发挥决定性作用。

3. 我国市场经济存在的主要问题。

习近平同志在关于《决定》的说明中提出：经过20多年的实践，我国市场经济体制已经初步建立，但仍存在不少问题：①市场秩序不规范，以不正当手段谋取经济利益的现象广泛存在；②生产要素市场发展滞后，要素闲置和大量有效需求得不到满足并存；③市场规则不统一，部门保护主义和地方保护主义大量存在；④市场竞争不充分，阻碍优胜劣汰和结构调整；等等。这些问题不解决好，完善的社会主义市场经济体制难以形成。除此之外，我国市场经济还存在以下三个问题不容忽视：贫富差距过大；市场经济法制不健全；权贵资本主义的危险。中国改革研究基金会王小鲁强调："中国可能要陷入权贵资本主义的泥潭。"著名经济学家吴敬琏多次发出警告："当前中国面临的最严重危险是权贵资本主义。"权贵资本主义，就是通常所说的"官僚资本主义"，即"封建的、买办的国家垄断资本主义"。主要有四大特点：裙带严重、以权谋私、官商勾结、集体腐败等。吴敬琏认为："从计划经济到市场经济的转轨过程，也会出现岔道和弯路。其中之一，就是……演变为所谓权贵资本主义。"他指出：权力抑制市场的自由交换，要防止上演社会溃散的"亚洲悲剧"，谨防经济体制向权贵资本主义蜕变。[1]由于转型时期我国市场经济体制不完善、民主法制建设较滞后、精神文明建设较松懈、各项制度建设存在缺陷等原因，"权贵资本主义"在现阶段已成为一种不争的事实。现阶段我国存在的"权贵资本主义"严重威胁着我国的经济稳定、政治稳定和社会稳定，应及时采取有效的措施加以解决。此外，苏共的惨痛教训值得我们警惕。1989年，苏联社会科学院做过一次问卷调查，被调查者认为苏共仍能代表工人的占4%，仍能代表全体人民的仅占7%，认为代表官僚、干部和机关工作人员的却占85%。一个不再代表人民利益的执政党，注定要"雨打风吹去"。[2]

1　吴敬琏：《当前中国面临的最严重危险是权贵资本主义》，《领导文萃》，2012年第4期（上）。

2　人民日报评论部：《人民是永恒的政治坐标》，《人民日报》，2011年7月7日。

我国市场经济存在问题的主要原因：经典作家对社会主义、资本主义与计划经济、市场经济的关系的认识对我国的影响比较大；我国目前的市场经济不是建立在发达商品经济基础上的，而是建立在商品经济不发达的基础上，发展社会主义市场经济的基础比较差；1992年第一次明确提出建设社会主义市场经济新体制的目标，迄今为止，发展社会主义市场经济的时间较短；我国社会主义市场经济的一系列体制机制尚不完善。

三、发挥市场在资源配置中决定性作用的主要途径

1. 完善产权保护制度是根本前提。

产权清晰是市场交易和市场机制得以有效运转的基本前提。没有清晰的产权，就没有交换关系和供求关系的出现，也就没有市场机制的产生，因而就谈不上发挥市场配置资源的决定性作用。落实十八届三中全会精神，必须进一步完善产权保护制度，努力实现国家、企业和个人拥有的财产、生产要素和资源“归属明晰、权责明确、保护严格、流转顺畅”等现代产权制度基本要求。

（1）保护合法的私有产权。亚里士多德说过：许多人共同拥有的东西最容易受到轻视，因为人们对和他人共同拥有的东西总不如对只有自己拥有的东西那样关心。美国哈丁在《科学》上发表论文《公地的悲剧》，具体场景是：一群牧民在同一块公共草场放牧。一个牧民想多养一只羊以增加个人收益，虽然他明知草场上羊的数量已经太多了，再增加羊的数目，将使草场的质量下降。牧民的取舍是：每人都从自己私利出发，肯定会选择多养羊获取收益，因为草场退化的代价由大家负担。每一位牧民都如此思考时，“公地悲剧”上演了：草场持续退化，直至无法养羊，最终导致所有牧民破产。只有明晰了产权，社会资源才不会被过度地开发和利用，才能保障资源不被过度损耗。私有财产权可以激励人的主动性和创造性，从而使社会资源达到最优配置。2004年我国《宪法》修正案第13条第1款明确规定：公民的合法

的私有财产不受侵犯。根据我国《宪法》的规定：国家承担保护私有财产权的职责；私有财产权不受侵犯；国家对私有财产的征收或者征用必须满足两个要件（依照法律规定必须给予补偿）；任何不以法律形式出现的对私有财产的征收或者征用都是违宪的；采取非法手段获得的私有财产权不得转化为不受侵犯的权利。当前应该根据我国经济发展的需要，重点做好以下工作：为私有产权提供安全的制度环境；提供私有产权运作的规范；保障私有产权功能的最大发挥。

（2）提高知识产权经营水平。当今世界，知识产权是企业参与市场竞争的根本优势，是企业进行资本经营的重要内容，是振兴民族经济的重要手段，是发展对外贸易的有力武器，是可持续发展的重要资源。通过制定和实施知识产权战略，提高知识产权经营水平，提高核心竞争能力，成为发达国家和跨国公司的重要经验和发展趋势。知识产权是促进经济转型升级的核心要素，是优化创新要素的助推器。王老吉品牌价值1080亿元，是高质量的无形资产。王老吉商标系列纠纷案涉及的知识产权包括商标权、专利权、后发商誉、商业秘密等。该系列纠纷案是近年来知识产权的热点事件之一，该案在一定程度已经超出了现有知识产权法律的规定，探索此案引发的一系列知识产权问题，对于提高企业核心竞争力具有重大意义。王老吉商标系列纠纷的启示是：强化知识产权观念；实施品牌营销战略；完善品牌危机机制；健全商业秘密制度。充分利用自贸区的机会，积极探索自贸区知识产权体制机制：完善自贸区知识产权政策；建立统一的知识产权综合行政管理机制；建立多元化的知识产权争端解决机制；建立国际化的知识产权服务机制；建立顺畅的知识产权合作交流机制。

2. 健全现代市场体系是重要基础。

建设统一开放、竞争有序的市场体系，是使市场在资源配置中起决定性作用的基础。不仅指明了现代市场体系建设对发挥市场在资源配置中决定性作用的重要性，而且指明了现代市场体系建设的基本方向。凡是能由市场形成价格的都交给市场，政府不进行不当干预。必须加快形成企业自主经营、公平竞争，消费者自由选择、自主消费，商品和要素自由流动、平等交换的现代市场体系，着力清除市场壁垒，提高资源配置效率和公平性。

（1）不断完善市场规则。健全市场体系最重要的是建立公平开放透明的市场规则。要做到“三个必须”：第一，必须实行负面清单制度。负面清单管理是一种国际上广泛采用的投资管理方式，是指政府列出禁止和限制进入的行业、领域、业务等清单，清单之外都可以自由进入，即所谓“法无禁止即可为”。负面清单只管企业“不能做什么”，与正面清单规定企业“只能做什么”相比，为市场的决定性作用提供了更大空间；负面清单大幅度收缩了政府的审批范围，条款相对清楚，减少自由裁量权和相应的寻租空间。第二，必须实行统一的市场监管。市场经济运行中存在着行业垄断、地方保护、秩序比较混乱等突出问题。地方保护和行业壁垒，影响统一市场建立和公平竞争；还没有在全国范围内真正建立起统一的竞争规则和良好的竞争秩序，假冒伪劣产品、毁约违约等问题屡禁不止；我国的市场监管体制不完善。清理和废除妨碍全国统一市场和公平竞争的规定和做法，惩处违法实行优惠政策的行为，反对地方保护，反对垄断和不正当竞争。第三，必须加强社会信用体系建设。现代市场经济是信用经济。我国信用缺失严重影响市场经济健康发展。根据统计：我国每年因逃废债务造成的经济损失至少2000亿元，因三角债和现金交易增加的财务费用约2000亿元，大大提高了交易成本，而因失信造成的经济损失占GDP的6%~10%。要构建失信惩戒机制：建立信息甄别机制；构建失信约束机制；构建信用激励机制；建立信用修复机制。

（2）健全创新驱动发展机制。尽管从2006年广州提出建设创新型城市以来，广州创新驱动发展取得了巨大成效。但是，必须清醒认识到广州创新驱动发展存在一系列突出问题。根据2010—2013年福布斯《中国大陆创新能力最强的25个城市》榜单，广州排名从未进入十强，2013年仅排第19名。2014年进入十强排名第9。根据2015年广东社科院发布的《2014年广东省现代化进程》，广州不但在总分上输给了深圳，还在经济发展、社会发展、生活发展、生态环境、科技教育这五大单项中，错失了“省内第一”。广州授权专利结构不合理，多年来，广州发明专利占授权量的比例没有超过20%。广州没有一家企业能晋级国内发明专利授权量的前十位。个人认为：实施创新驱动发展战略关乎广州的发展前途。创新驱动发展战略是广州为了形成新的经济发展方式，通过提高自主创新能力，培养新的增长动力，推动经济持续健康发展而实施的全局性根本指导方针。因此《“十三五”时期广州须将创新驱动立为城市发展战略》在分析广州实施创新驱动发展战略必要性和迫切性的基础上，提出了“十三五”规划时期广州实施创新驱动发展战略的主要对策。该研究报告建议广州市委在制订广州市“十三五”规划时，将实施创新驱动发展战略摆在核心位置，破除体制机制障碍，完善创新驱动制度，提高自主创新能力，有效抢占经济制高点，增强国家中心城市的辐射功能。该研究报告建议广州实施创新驱动发展战略应该采取以下对策：加大政府支持创新力度；强化企业创新主体地位；制定知识产权立市战略；打造自主创新人才队伍；完善创新驱动体制机制。

3. 更好发挥政府作用是重要条件。

政府和市场的关系不仅是中国社会主义市场经济体制改革的核心问题，也是现代经济发展的核心问题。从世界范围看，现代经济发展具有日益显著的两大特征：一是经济发展高度市场化。这一特征由经济全球化发展趋势决定。市场决定资源配置是市场经济的一般规律，健全社会主义市场经济体制必须遵循这条规律。所以，使市场在资源配置中起决定性作用，符合经济全球化大趋势。二是生产力发展高度社会化。在生产力发展高度社会化的过程中，需要由政府和社会来解决的问题越来越多，或者说，市场并不能解决经济发展中的一切问题。在使市场对资源配置起决定性作用的同时，需要更好地发挥政府作用。生产力发展高度社会化是生产力发展规律的表现，经济发展高度市场化是经济发展规律的表现。把处理好政府和市场的关系作为经济体制改革的核心问题，反映了对现代市场经济规律的深刻把握和对现代经济发展特征的深刻理解，体现了对社会主义市场经济理论和体制特征的认识不断深化。政府和市场是现代经济发展中的两种基本力量。市场作用是通过经济规律的内在机制、调节经济主体的活动来实现的。政府和市场的作用都是覆盖全社会的。政府作用不是只作用于市场，也会直接作用于企业、个人。市场的作用也不是只作用于企业，也会直接作用于个人和社会各个方面。政府和市场不是同一层面上的关系，政府代表了行政机构，是一种有形的行政权力。市场是一种经济运行机制，是通过影响经济主体的利益关系来实现资源配置，是无形的客观规律。政府和市场的关系从根本上说，不是相互排斥的关系，各有自身的作用范围和领域，关键是要处理好二者的关系。基本原则是，凡市场能够解决的微观经济活动和社会经济问题，都应该交给市场解决，政府主要解决市场不能解决好的或根本不能解决的问题。政府的功能和作用是保持宏观经济稳定，为社会经济运行提供和优化公共服务，保证公平竞争，加强市场监管，维护市场秩序，推动可持续发展，促进共同富裕，弥补市场失灵。市场的功能和作用是实现资源优化配置，通过竞争使经济活动充满生机和活力。政府和市场的功能和作用定位是不同的，越是对政府和市场的功能作用定位准确，二者的功能和作用就越能够得到充分发挥。党的十八届三中全会对更好发挥政府作用提出了明确要求，强调科学的宏观调控、有效的政府治理，是发挥社会主义市场经济体制优势的内在要求。使市场在资源配置中起决定性作用、更好发挥政府作用，既是一个重大理论命题，又是一个重大实践命题。

习近平强调领导干部要“学会正确运用‘看不见的手’和‘看得见的手’，成为善于驾驭政府和市场关系的行家里手”。“驾驭论” 是一个浅显明白的比喻说法。市场有如野马，它有极强的奔跑能力，在无人驾驭的时候，它为寻找水草盲目奔驰。当骑手发现了它，驯服和驾驭它，利用它的奔跑能力为自己服务，为自己所要达到的方向目标驰骋。市场决定资源配置的作用就相当于马的奔跑能力，政府则是驾驭马匹的骑手。对骑手来说，重要的是深谙和顺应马的习性，摸透马的脾气，熟练掌握缰绳、鞭子等工具的运用，不断提高自己的驾驭能力。党和政府作为驾驭者，最主要的作用和职能是确定奔跑的方向、目标，以及为保证这一目标实现所必需的资源在各领域和地区的配置。另外，还要选择恰当的途径和控制适当的奔跑速度。

《决定》强调“加强中央政府宏观调控职责和能力，加强地方政府公共服务、市场监管、社会管理、环境保护等职责”。中国整体改革能否顺利推进，关键在于政府自身。目前的问题是政府支配资源的权力太大，必须要划清楚政府和市场的边界。必须把直接控制经济的全能型政府改造为提供公共服务的服务型政府，并将各级党政机关和官员置于民众的监督之下。政府改革的目标应该是建立“有限政府” 和“有效政府”。所谓有限政府，是和计划经济下的全能政府（无限政府） 相反的政府形态。从经济方面看，市场经济条件下的政府职能范围是有限的，它所掌握的资源限于与公共物品的提供有关的资源，而不能任意扩张。稀缺资源基本配置者的角色应当由市场去担当。 所谓有效政府，则是政府应当在纳税人的监督之下，改善政府的管理，杜绝贪污和浪费，做到低成本、高效率地为公众提供服务。当前，加强生态文明制度体系特别重要。生态文明建设关系人民福祉、关乎民族未来。生态文明制度体系是一个复杂的系统工程，必须按照“源头严防、过程严管、后果严惩”的思路。目前，生态危机严重（生态环境退化和生态系统的失衡），生态危机本质是人的危机和人类的危机。1981—1996年16年间我国有生育能力的成年男性精液质量检测报告分析，男性精子数下降30%，首要原因就是环境内分泌干扰。20年前，我国育龄人群不孕不育率仅为3%，在全世界范围内处于较低水平。目前，不孕不育率攀升至12.5%~15%，接近发达国家15%~20%的比率。水污染对人的健康危害严重，人类疾病的80%与水污染有关，水污染及缺乏基本的卫生设施，每年使全球160万5岁以下儿童死亡。

要积极构建发展低碳经济的长效机制。低碳经济将成为世界经济发展的最新规则。向低碳城市转型是城市发展的必然趋势：建设低碳城市是城市可持续发展的迫切需要；建设低碳城市是转变城市发展模式的迫切需要；建设低碳城市是新一轮经济增长的推动力量；建设低碳城市是经济结构转型的推动力量。因此，在充分认识低碳城市是城市发展的必然趋势、建设低碳城市面临挑战的基础上，深入研究加快建设低碳城市的主要对策，对率先转型升级、建设幸福城市具有重大意义。近年来，广州市委市政府高度重视低碳城市建设工作，明确发展低碳经济、建设低碳城市目标。2010年广州成立了低碳经济发展领导小组，市政府多个部门为成员单位，定期就重大问题进行研究。但是，要实现真正意义上的低碳城市将是一个长期的过程，对广州这样一个经济社会快速发展、常住人口超过1000万人的城市而言，加快建设低碳城市面临以下挑战：经济总量快速发展的挑战；产业结构和增长方式的挑战；能源结构与资源禀赋的挑战；低碳技术创新与应用的挑战；政策环境和市场机制的挑战。广州建设低碳城市必须科学规划、统筹兼顾、重点推进、协调发展。当前，要根据广州城市化的发展进程，重点采取以下主要对策：根据低碳经济和低碳城市发展的最新趋势，从政府规划引导机制、产业结构优化机制、低碳技术创新机制、增加森林碳汇机制、低碳政策法律机制等方面构建广州发展低碳经济的长效机制。

4. 健全市场经济法制是重要保障。

党的十八届四中全会强调：社会主义市场经济本质上是法治经济。使市场在资源配置中起决定性作用和更好发挥政府作用，必须以保护产权、维护契约、统一市场、平等交换、公平竞争、有效监管为基本导向，完善社会主义市场经济法律制度。

完善社会主义市场经济法律制度，是社会主义市场经济运行规律的客观要求，也是保障经济持续健康运行的现实需要。但是，我国社会主义市场经济体制不完善，市场经济秩序不规范，市场经济运行成本较高，都与市场经济法律制度存在的问题密切相关。一是保护产权的法律不到位。伴随公有制实现形式的多样化发展，对国家所有权、集体所有权、企业法人财产权、土地承包经营权等各类财产所有权的法律保护明显滞后，公有产权受侵犯、国有资产流失的现象仍不少，随意查封、扣押、冻结民营企业资产等现象也时有发生。对民营企业的法律保护难以到位，民营企业受到侵权损害时，往往无法依法追责。二是促进创新的法律体系不健全。在科技创新方面，政府习惯于注重用政策的办法，而不是法律的方式，已有的法律规定也过于原则，操作性不强，缺乏应有的约束力。我国虽然科技成果较多，但能够转化的科技成果却很少。同时，涉及专利权、商标权、著作权等知识产权类民事、刑事案件频出，知识产权运用和保护的法治环境有待改善。三是市场法律体系不完备。一些重要领域的法律法规有空白，现行的法律法规中有的也受当时客观条件和认识水平的限制，对市场经济规律反映不充分，难以规范市场行为，有的甚至很难执行。同时，随着市场经济的发展，一些方面的法律制度还明显滞后。四是规范市场秩序的法律不完善。总的来看，保障合同自由、维护公平竞争、恪守诚实信用原则的法治环境尚不完善，损害市场秩序的价格欺诈、市场垄断、行政封锁等不正当竞争行为得不到有效制裁。特别是对经济生活中大量存在的行政垄断没有提出有效的法律措施，利益关系人直接提起民事诉讼的法律程序缺乏，维护公平竞争市场秩序的法律体系亟待完善。五是法治建设与体制改革不同步。以法治思维推进改革，这是全面深化改革的新要求，既要保证重大改革于法有据，又要不失改革的灵活性。目前，在很多领域两者之间还明显存在不协调、不配套的地方。

完善市场经济法律制度的主要对策：一是健全产权保护法律制度。产权保护是社会主义市场经济健康发展的制度基础。要健全以公平为核心原则的产权保护制度，加强对各种所有制经济组织和自然人财产权的保护，清理有违公平的法律法规条款。要按照平等保护的原则，创新体现公有制多种实现形式的产权保护制度，进一步完善保护国家、集体、私人产权的法律法规。二是完善激励创新的法律制度。知识产权及其保护制度是推动创新的重要保障。要按照实施创新驱动发展战略要求，加快完善激励创新的知识产权保护制度，完善专利权、商标权、著作权等法律法规及配套的行政法规等，填补有关法律空白，做到有法可依。推进知识产权法院建设，加强知识产权类民事、刑事和行政案件的审理，统一审理标准，探索建立知识产权侵权惩罚性赔偿制度。三是加强市场法律制度建设。生产要素有序流动是市场经济高效运行的必要条件。要按照反映市场经济规律的过错责任原则、所有权不可侵犯原则和契约自由原则，编纂统一、完备的民法典，修改完善《民法通则》《担保法》《合同法》等民事法律。要完善规范市场主体的法律法规，确立市场主体自主、平等地位，完善企业破产制度，健全市场主体优胜劣汰的市场化退出机制。四是完善促进公平竞争法律制度。公平竞争的市场秩序是市场经济健康发展的基础。要依法加强和完善宏观调控、市场监管，反对垄断，促进合理竞争，维护公平竞争的市场秩序。要加快制定《发展规划法》，健全以国家发展战略和规划为导向的宏观调控体系。五是要明确完善市场经济法律制度的要求。完善社会主义市场经济法律制度是建立中国特色社会主义法律体系的重要任务。全面落实这一重要任务，既关系到社会主义市场经济的持续健康发展，也关系到全面深化改革目标的实现，必须全力以赴地抓紧抓好。要加强党对完善市场经济法律制度的领导；要坚持依宪执政；要进一步完善经济立法机制；要更好地发挥政府作用；要把推进改革与完善法律更好地结合起来。

完善市场经济法律制度还要充分发挥软法在市场经济中的重要作用。法国弗朗西斯·斯奈德对软法的界定："软法是原则上没有法律约束力但有实际效力的行为规则。"软法现象发展的背景：一是世界范围内国家管理的衰落与公共治理的兴起；二是经济全球化和WTO等国际组织的推动；三是欧盟的积极实践。软法的特征：形成主体多样性，可能是国家机关，也可能是社会自治组织等；表现形式不拘一格，可能以文本形式存在，也可能是某些具有规范作用的惯例；一般不规定罚则，通常不具有像硬法那样的否定性法律后果；通常不具有国家强制约束力。软法的形式：国际层面，国家之间的协议，国际组织的规范（联合国、劳工组织、金融机构），非政府国际组织的规范；国内层面，宪制语境（政治协商、政治团体章程），行政领域（行政规则、区域协议、发展规划），社会领域（自律规范、行业标准）。

习近平强调："努力让人民群众在每一个司法案件中都感受到公平正义。"完善市场经济法律制度还需要对一些具有代表性的案件进行反思。

“许霆盗窃金融机构案”就值得反思。根据中国人民银行制定的《金融机构反洗钱规定》，“金融机构”包括：“（一）商业银行、城市信用合作社、农村信用合作社、邮政储汇机构、政策性银行；（二）证券公司、期货经纪公司、基金管理公司；（三）保险公司、保险资产管理公司；（四）信托投资公司、金融资产管理公司、财务公司、金融租赁公司、汽车金融公司、货币经纪公司；（五）中国人民银行确定并公布的其他金融机构。”该法律条款并没有明确自动柜员机是否属于金融机构。2006年4月21日晚上10时许，许霆来到广州天河区黄埔大道某银行的ATM取款机取款。许霆发现，取出人民币1000元后，银行卡账户里只被扣1元。随后，许霆先后取款多达171笔，合计人民币17.5万元。该案经过广州市中级人民法院两次审理，由无期徒刑改判为有期徒刑五年。后许霆上诉，广东省高级人民法院刑事裁定驳回上诉，维持原判。由此，该案引出的以下问题值得我们思考：一是当法律没有明确规定ATM机是金融机构时，“法无明文规定不为罪”的刑法基本原则是否适用？二是在盗窃罪中，究竟何为“秘密窃取”？三是ATM机在法律中的定位到底是什么？

5. 构建开放经济体制是关键措施。

国际金融危机影响深远，世界格局深度调整，世情、国情正发生深刻变化。客观形势要求我们必须统筹国内国际两个大局，充分利用国内国际两个市场、两种资源，推动对内对外开放相互促进、引进来和走出去更好地结合，促进国际国内要素有序自由流动、资源高效配置、市场深度融合。《决定》提出，要放宽投资准入，统一内外资法律法规，保持外资政策稳定、透明、可预期，扩大企业及个人对外投资，确立企业及个人对外投资主体地位；坚持双边、多边、区域次区域开放合作，以周边为基础加快实施自由贸易区战略；扩大内陆沿边开放，允许沿边重点口岸、边境城市、经济合作区在人员往来、加工物流、旅游等方面实行特殊方式和政策，加快同周边国家和区域基础设施互联互通建设，推进丝绸之路经济带、海上丝绸之路建设，形成全方位开放新格局。

广州要成为争当推进“一带一路”的排头兵。《推动共建丝绸之路经济带和21世纪海上丝绸之路的愿景与行动》（以下简称《愿景与行动》）规划了我国各区域、各城市在国家“一带一路”中的定位和作用。在《愿景与行动》“沿海和港澳台地区”自然段中三次直接提及广州：“充分发挥深圳前海、广州南沙、珠海横琴、福建平潭等开放合作区作用，深化与港澳台合作，打造粤港澳大湾区。”“加强上海、天津、宁波—舟山、广州、深圳、湛江、汕头、青岛、烟台、大连、福州、厦门、泉州、海口、三亚等沿海城市港口建设。”“强化上海、广州等国际枢纽机场功能。”同时，《愿景与行动》多次间接提及广州。强调：以扩大开放倒逼深层次改革，创新开放型经济体制机制，加大科技创新力度，形成参与和引领国际合作竞争新优势，成为“一带一路”特别是21世纪海上丝绸之路建设的排头兵和主力军。虽然，《愿景与行动》强调成为“一带一路”特别是21世纪海上丝绸之路建设的排头兵和主力军。但是，绝对不能将广州在“一带一路”倡议中的定位仅仅理解为广州在“21世纪海上丝绸之路”建设中的地位作用。这种理解是非常片面和危险的，其直接后果是曲解《愿景与行动》对广州在“一带一路”倡议中的科学定位，严重影响广州成为“一带一路”特别是21世纪海上丝绸之路建设的排头兵和主力军。

（1）广州参与“一带一路”建设的逻辑结构。2008年国务院颁布实施的《珠江三角洲地区改革发展规划纲要（2008—2020年）》，明确要求广州强化国家中心城市地位，将广州的发展目标定位上升到国家战略层面。2015年4月8日，国务院印发《福建、上海、天津及广东自贸区总体方案》，建立中国（广东）自由贸易试验区（简称广东自贸区），是在新形势下推进改革开放和促进内地与港澳深度合作的重要举措。2015年中共广州市委十届六次全会提出：制订广州国际航运中心建设三年行动计划，构建国际航运中心、物流中心、贸易中心以及金融服务体系相互融合的格局。根据《中共广州市委广州市人民政府关于加快实施创新驱动发展战略的决定》（穗字〔2015〕4号）提出的目标：到2020年，将广州建成体制创新、机制健全的国家区域创新平台，具有国际影响力的国家创新中心。实际上，“一带一路”“国家中心城市”和广东自贸区等一系列国家经济发展战略共同联结成为一个内在联系的有机整体。这一有机整体呈现出明显的三角互动关系。其中，建设“一带一路”是党中央的重大战略，是我国经济发展进入新常态形势下，为全面深化改革、扩大开放探索新途径、积累新经验而采取的重大举措。广州必须牢牢抓住“一带一路”倡议带来的重大发展机遇，苦练内功，迎头赶上。广州必须以成为“一带一路”特别是21世纪海上丝绸之路建设的排头兵和主力军为统领，充分发挥国家中心城市的辐射功能，加快推进广东自贸区南沙片区建设。同时，国家中心城市是广州成为“一带一路”建设排头兵的重要支撑。尽管，人们对国家中心城市内涵的理解存在分歧，但是，“一个城市究竟能不能成为国家中心城市，最终并不由政府规划说了算，也不是主观上想成就成，从根本上讲是市场选择的结果，核心问题是看这个城市是否具备国家中心城市的功能。”[1]只有充分发挥广州国家中心城市的功能和辐射作用，才能为成为“一带一路”的排头兵提供良好基础。此外，广东自贸区南沙片区将成为广州“一带一路”建设排头兵的重要平台。广东自贸区尽管从本质上来说，是一个规则的概念，还很难主动地、有意识地实现其辐射力和影响力。广东自贸试验区南沙新区片区总规模60多平方公里，占整个广东自贸试验区总面积的51.4%。南沙片区将进一步扩大开放，在构建符合国际高标准的投资贸易规则体系上先行先试，重点发展生产性服务业、航运物流、特色金融以及高端制造业，建设具有世界先进水平的综合服务枢纽，打造成国际性高端生产性服务业要素集聚高地。

（2）广州争当推进“一带一路”排头兵的优势。分析和梳理广州经济社会发展的情况，可以看出：广州具备成为“一带一路”排头兵和主力军的条件和优势。一是历史传统优势。在古代海上丝绸之路上，广州作为南中国的重要口岸，汉、唐、明、清是东方大港，在中国历史上独一无二，在世界历史上也非常罕见。明清以来，泉州港逐渐衰落，广州港继续发展，

1　朱小丹：《论建设国家中心城市》，《城市观察》，2009年第2期。

长期“一口通商”，成为明清海上丝绸之路环球贸易的唯一大港。二是经济基础优势。近年来，全市经济保持较快发展。2014年，全市实现地区生产总值（GDP）16706.87亿元，比上年增长8.6%，增速高于全国（7.4%）和全省（7.8%），其中第一、二、三产业分别完成增加值237.52亿元，5606.41亿元和10862.94亿元，分别增长1.8%、7.4%和9.4%。三是区域位置优势。作为华南地区唯一的国家中心城市，广州处于珠三角及广东省的中心位置，毗邻港澳，靠近东南亚，处于海上丝绸之路核心区域。从航海看，广州港与国内各大港口相比，通往东盟各港口城市的航线里程最短，比上海港、大连港平均短近千海里；与东盟其他港口城市相比，广州港是联通大陆腹地的最佳港口。从航空看，广州拥有前往东南亚、大洋洲和南亚等区域的天然地理优势，绕航率较低，相比北京、上海两大枢纽平均节省两小时。四是基础设施优势。广州海港、空港、铁路、信息港国际枢纽地位突出。广州港拥有覆盖世界各国的运输航线，已与世界80多个国家和地区的300多个港口有海运贸易往来。广州白云国际机场作为全国三大航空枢纽之一，年吞吐量5246万人，排名国内第二，国际及地区航线113条，通达全球五大洲。广州铁路枢纽是全国四大铁路枢纽之一，随着武广、贵广、南广高铁建成，广州通往东南亚的陆路通道框架已初步形成。广州是国内三大通信枢纽互联网交换中心和互联网三大国际出口之一，中国内地约58%的互联网通过广州与世界互联网对接。五是改革开放优势。广州是连接国际国内“两种资源、两个市场”的重要节点，是我国参与国际贸易合作的重要门户。广州是我国首批14个东南沿海开放城市之一，对外开放时间早、领域宽、层次高，在国际合作特别是贸易合作中积累了丰富经验。与80多个国家的350多个城市有贸易往来，集中了全球44个国家的领事馆和232家世界500强企业。六是科技创新优势。集结了全省70%以上的科研机构、科技人员，97%的国家重点学科、80%的高校和95%的博士，拥有重点实验室和工程研究中心的数量居华南地区之首。

（3）广州争当推进“一带一路”排头兵的障碍。一是地位弱化。从国家层面来看，广州过去“一口通商”“一枝独秀”的风光已成历史，广州海上丝绸之路的历史地位弱化，从历久不衰的海上丝绸之路东方发祥地，到全国多个海上战略支点之一。从地方层面看，广州要面临青岛、天津、上海、宁波、厦门、深圳、香港、北海等港口城市的竞争。尤其是珠三角地区的香港、深圳，外向型经济高度发达，航运和金融产业基础雄厚，广州海上丝绸之路的核心地位经受严峻考验。二是实力不足。从航空看，广州白云机场的航空线数总量不到香港机场的三分之一，大量中转国际客源被周边机场分流，如在中国—澳大利亚、中国—东南亚市场，旅客主要选择香港、新加坡、上海等枢纽，其中香港枢纽占总流量的43.5%，广州仅位列第五。广州白云机场货邮吞吐量是香港的30%、新加坡的60%、上海的40%。三是制约较多。航空方面，机场新增建设用地不足、空域和航权限制、航空货运扶持力度不足、通关服务效率偏低等问题，严重制约了国际枢纽空港的发展。航运方面，港口公路集疏运比例过低，大型集装箱船舶全天候双向进出港区航道过少，专业码头缺乏，集装箱码头布局不合理，码头泊位分散，规模化经营不足，加之国际船舶登记制度、国际航运税收政策、航运金融政策、租赁业务政策待遇不足，制约了国际航运中心建设。

（4）广州争当推进“一带一路”排头兵的对策。主要包括：不断解放思想与时俱进，加快建设国际航运中心，继续深化行政改革（当前特别要注意避免“打包式”改革、“作业式”改革、“推责式”改革），不断完善各种制度安排。

学者张维迎说过：“我们的市场经济要实现多元，至多有三百年，至少有二百年。因为，我们的经济是建立在特权基础上的，不是建立在权利基础上。”回顾过去，提出发挥市场在资源配置中的决定性作用来之不易，展望未来，发挥市场在资源配置中的决定性作用任重道远。但是，我们对未来充满信心。问题的关键在于必须充分发挥理念的力量，树立与市场的决定性作用相适应的各种理念，特别是市场理念、契约理念、自由理念、产权理念、规则理念、法治理念等。

第六讲

城市治理与有序政治参与

陈　伟

城市治理与政治参与，既是个“老”问题，也是个“新”议题，更是一个“与时俱进”的话题。

2014年12月28日，广州市同德围南北高架桥开通。30万当地的居民雀跃开怀。尽管当日上午桥上寒风凛凛，但百余名热情的街坊却意气风发、精神抖擞，与广州市长陈建华一起走过这座高架桥。行走过程中，市长和市民不时鼓掌欢呼，甚至自发引吭高歌《我们走在大路上》，歌声在桥上回荡，向四方流淌，渗入人心……

这只是该地区综合整治进程中的一个缩影，当然也是广州城市治理与公众有序参与的一个范例。抚摸同德围南北高架桥两边的栏杆，走在宽敞的桥道上，人们感慨万千。

同德围位于广州市西北角，区域面积3.8平方千米，原规划人口15万人，现居住人口却高达23万，人口密度达6.05万人/平方千米。多年来，由于城市的快速扩张，缺乏系统的地区规划，导致该地区的交通、医疗、教育、环境、治安、消防等问题均未能与市区接轨，居民幸福指数偏低，形成了积重难返的同德围问题。

2012年，中共广州市委、市政府定下帮助同德围“突围”的决心。同年

2月23日，同德围地区综合整治工作咨询监督委员会正式挂牌成立，市政协委员韩志鹏被推选为该委员会主任。这是广州首次在专项工程中成立专门的社会监督机构。

为了解决该地区群众“出行难”的问题，同德围南北高架桥建设，就是其中一个关键举措。该工程的设想来源于群众。由居住在同德围的退休工程师何世江提出最初建议。但由于这项路桥工程涉及沿线各方的利益，方案刚向社会公示时，质疑声音不断。

针对各方反映的意见，同德围的“民间组织”——咨询监督委员会（简称咨监委），会同市、区政府有关部门通过座谈会、现场视察等方式认真倾听各方意见和建议，耐心做好解释工作，积极协调各方利益。

据统计，该项目的方案经过大的调整10多次，加上局部调整共有30多次；大的协调会有40多次，加上其他各类型的协调竟有100多次。

尽管山重水复，但终究柳暗花明。市有关部门认真听取民意，反复多次修改方案后，最终各方“皆大欢喜”，方案实现“零反对”通过。南北高架路于2012年12月29日正式开工，2014年12月通车。这是铭刻广州建设碑记，折射善治，彰显官民互动鲜活历史的一段“城市记忆”。

《同德围南北高架碑记》的撰写者这样表达心声：“十年块垒突围得舒。百姓有所呼，政府有所应，从此桥路，蔚为大观；百姓有所需，政府有所为，从此同德，前途无限。”

诚然，广州乃至同德围整治，无疑是展示当今中国众多城市治理和有序政治参与的一扇窗口。重要的是，透过这个视点，我们需以更宽广的视野，吸取更积极的能量，更努力地探索和前行。

基于此，从“城市治理及政治参与简述”“当前我国城市治理中政治参与的主要态势及广州的实践”“应对与思考”三个部分，来铺陈和略析相关的内容。

其中，第一部分为理论铺垫，系与题旨相关的核心概念和基本范畴的简要介绍，以期达成一定的共识并展后面的讨论。

第二部分是重心，主要从国情和市情出发，对城市治理和政治参与的动态和“行情”，尤其是对现存的问题，做出有一定实证支撑的分析和判断，提供一个明了相关的形势与责任，在行动上出正确选择的教学支点和“入口”。

第三部分虽然名为“应对与思考”，但本意并非开出简单的“处方”，根本目的在于引发共同的关注和思考，推进和深化这个领域的改革与实践。

需要进一步强调的是，要做好“城市治理与有序政治参与”这篇文章，既要“顶天”，更须“立地”。对上，应领悟中央大政方针的真谛；对下，则务必接好体察民情民心的“地气”。

《中共中央关于全面深化改革若干重大问题的决定》指出：“全面深化改革的总目标是完善和发展中国特色社会主义制度，推进国家治理体系和治理能力现代化”；“从各层次各领域扩大公民有序政治参与”；“推进协商民主广泛多层制度化发展”，“深入开展立法协商、行政协商、民主协商、参政协商、社会协商”。

《决定》强调：“拓宽公民有序参与立法途径，健全法律法规规章草案公开征求意见和公众意见采纳情况反馈机制，广泛凝聚社会共识。”

这些论述表明，随着改革和发展的继续推进，城市治理作为国家治理的重要构成，只能强化不可弱化。其中，在城市治理中进一步扩大公民或公众有序的政治参与，对于提高现代城市的治理能力和水平，具有很强的现实意义。

换句话说，中共中央十八届三中、四中全会相继提出的上述要求，具有很强的针对性和导向性。当然也是我们“顶天立地”，做好城市治理和有序政治参与这篇文章的行动指南。

从城市管制到城市治理，从政府主导到公众参与，绝不仅仅是名称上的改变，而是从理念到实践的跨越。

城市治理与公民的政治参与有着难以分离的“内缘”根系，两者相辅相成。为此，深入认识和把握其中的机理及关键点，至关紧要。

一、城市治理及政治参与简述

城市治理作为一种生活方式。不是虚无缥缈的东西，它与我们的生活内在地融合在一起，并以理念、秩序和行为方式等表现出来。

（一）城市治理的内涵

有人认为，关于治理乃至城市治理的概念，是“舶来品”。这样的表述不够准确，也与历史不符。

治理一词作为政治和行政管理范畴，是个老资格的概念。在我国古已有之，有多种含义。一是指统治，管理。例如，《荀子·君道》：“明分职，序事业，材技官能，莫不治理，则公道达而私门塞矣，公义明而私事息矣。”《汉书·赵广汉传》：“壹切治理，威名远闻。”《孔子家语·贤君》：“吾欲使官府治理，为之奈何？”二指理政的成绩。例如，晋袁宏《后汉纪·献帝纪三》：“上曰：‘玄在郡连年，若有治理，迨迁之，若无异効，当有召罚。何缘无故徵乎？’”三指治理政务的道理。例如，清严有禧《漱华随笔·限田》：“蒋德璟出揭驳之：‘……由此思之，法非不善，而井田既湮，势固不能行也。’其言颇达治理。”如此等等，不胜枚举。

反观国外，治理的概念在西方区域（包括城市）公共事务管理中频繁使用，大约始于20世纪80年代。当代最负盛名的地方治理研究专家英国曼彻斯特大学教授格里·斯托克（Gerry Stoker）指出：“治理的概念是，它所要创造的结构和秩序不能从外部强加；它之发挥作用，是要依靠多种进行统治的以及互相发生影响的行为者的互动。”

在治理的各种定义中，全球治理委员会的表述具有很大的代表性和权威性。全球治理委员会于1995年对治理做出如下界定：治理是或公或私的个人和机构经营管理相同事务的诸多方式的总和。它包括有权迫使人们服从的正式机构和规章制度，以及种种非正式安排。而凡此种种均由人民和机构或者同意、或者认为符合他们的利益而授予其权力。它有四个特征：治理不是一套规则条例，也不是一种活动，而是一个过程；治理的建立不以支配为基础，而以调和为基础；治理同时涉及公、私部门；治理并不意味着一种正式制度，而确实有赖于持续的相互作用。

我国的学者对城市治理（Urban Governance）在理解上有所不同，主要有三种观点：一种译为“管治”；第二种译作“治道”；第三种译作“治理”。

综合国内外学者给出的定义，所谓城市治理，大致可以这样概括：它是一种特定地域空间治理的概念，亦即城市政府、企业、民间组织及市民，共同形成城市重要决策和发展战略的过程，包括各治理主体管理其共同事务的多种方式的总和，体现理念与实践的共生与演进。

由此推知，城市治理有四个基本特征：一是多元化的决策方式。在城市治理中，解决城市经济、社会问题不由城市政府来垄断，必须依靠企业、市民及民间组织的积极参与。二是复杂的治理体系。城市治理不仅要求主体的多元化，还涉及内容、形式、表现的多样化。三是过程的互动性。这是由上述特征派生的。四是城市政府承担元治（Meta governance）角色。换言之，城市政府是城市治理的核心主体。这种角色与其权责密切相关。城市政府拥有法律赋予的治理城市的行政权力，这是其他利益相关者或治理主体所没有的，因此不但要求政府发挥应有的主导作用，而且要站在更公正、合理的角度通过一定的制度安排或机制来协调各种利益关系，以促进城市的整体良性发展。

今天，对城市治理的“谈”和“做”，都不能忽视两点：

一方面，要把城市治理放在推进国家治理体系和能力现代化的总进程中考量。也就是说，既有见微知著的宽广视野，又要脚踏实地，由此及彼，力戒空谈，做可为能为之事。

另一方面，要有强烈的“本土意识”。一个国家和城市选择什么样的治理体系、治理方式，是由这个国家和城市的历史传承、文化传统、经济社会发展水平决定的，是由这个国家和城市的人民决定的。

尤其需要指出，要力求避免在城市治理和政治参与中，陷入只重视甚至迷恋“硬治理”，忽视和漠视“软治理”的泥坑。

2014年9月21日，习近平总书记在庆祝人民政协成立65周年大会明确指出："有事好商量，众人的事情由众人商量，找到全社会意愿和要求的最大公约数。"这个思想观点，被舆论概括为"中国式商量"。事实表明，在中国共产党领导下，"中国式商量"与"中国式选举"，正是当今"中国式民主"的两大支点和重要实现途径。其中，公众的政治参与，就是"中国式商量"的题中之义和重要内容。而这种参与和商量，亟须从优秀的民族传统文化中吸取营养，化解各种"制度治理"不能攻克的难题。

历史走到今天，在城市治理等公共事务领域，面对不同的社会群体、不同的利益诉求、多元的文化理念，如果没有"格物致知"正欲智性，没有"与人为善""成人之美"的良知至善，没有推己及人的圆融通达，那么无论相关的制度安排得何等精妙，要找到全社会意愿和要求的最大公约数，会是一项艰巨的任务。

为此，对城市治理客观规律及科学原理的创造性运用，务必注入中国优秀传统文化的元素和基因。

（二）现代城市治理视域下的公民政治参与

政治参与是政治学的术语。其意是指公民通过各种方式影响政治系统尤其是政府决策过程的行为和活动。

对这个定义至少应把握四层意思：

第一，它是公民影响政府决策的政治行为和活动。在这里"影响"是个关键词。换言之，倘若公民只是坐而论道，或者只有动机而无实际行为去影响政府的决策，那是谈不上政治参与。当然，影响政府的决策，既可以是直接的，亦可是间接的。在西方国家，有的公民组织或利益集团通过政治说客的"院外游说"和外围活动，来影响议会的立法，就属于政治参与的间接形式。

第二，政治参与的主体是普通公民。作为主体存在的公民，其个人或社会角色往往是多重的、交叠的。譬如，在家庭里或为父母，或为子女，或为夫妻，或为兄弟，或为姊妹，等等；在社会中或为公务员，或为教师，或为企业职员，等等。当其去影响政府的决策时，只有以公民的身份和资格，去实施相关的行为，才具备政治参与的属性。一个政府的行政官员或公务员，如果通过执行公务和职业行为，来形成和影响政府的决策，不宜视为政治参与行为。

第三，政治参与的主要目的是影响政府的决策。亦就是说，政治参与不是“过家家”，不是“走过场”，更不是“娱乐性的表演”。它具有鲜明的目的性，即关乎政府的决策，以及政策关涉的权利和利益。需要进一步说明的是，作为决策主体的政府，是广义的政府，不是狭义政府所指的行政机关。在我国，广义的政府包括各级国家权力机关、各级行政机关、各级司法机关、各级军事机关，以及掌握公权力的执政党的各级机关组织等。对这些机关、组织和决策者施加各种影响，是政治参与的本质属性。

第四，政治参与的手段既有合法的，也有非法的。由于政治诉求和政治环境的复杂性，政治参与的表达形式有合法和非法两类。一般来讲，合法的、制度化的政治参与，符合维护政治系统正常运转的需要；非法的、非制度化的政治参与，如街头暴力抗议抗争等“法外行为”，对政治秩序具有较大的破坏力和解构功能。诚然，当政府做出的某种政策、决策因情势的变化已经失去政治合法性或者公信力时，非法的、非制度化的政治参与，其存在的合理性就可能应运而生。在特定的条件下，非制度化的政治参与，也会对社会进步产生积极的作用。譬如，改革开放之初，在我国安徽、四川等地农村，农民悄然展开的“联产承包制”试验，就是一种通过特殊方式最终影响政府决策的政治参与行为。其发散效应中的积极意义，早已超越出经济生活本身，并为历史所肯定和证明。

从城市治理的角度看，政治参与就是城市的一种生活方式。作为政治进步的生活方式，政治参与应当发展成为政治文明的集合体。

现代城市发展的要求表明，文明的治理须具备五个方面的硬件和软件——

要有完善的法律法规体系；

要有分层分事分权的治理结构；

要有高效廉洁负责的有效政府；

要有自律活跃的民间组织；

要有广泛而有序参与公共事务的市民。

从城市管制到城市治理的转型内含一系列变革：在理念上，从政府本位到社会本位。亦即政府适度地还权于社会组织和公民，增强自治能力。在目标上，从突出强调单一经济指标到全面协调可持续。换言之，城市治理，不仅是“经营城市”，而是促进城市全面进步，为城市主体及人的全面发展创造更充分和优越的条件。从架构上，从相对封闭转向有利于内外沟通和官民互动。可以预期，城市治理的各种沟通管道更加开放，信息孤岛必受唾弃，公共决策部门化的壁垒将会被冲破，共治共建将成为现实。在行为方式上，从管理者倚重强力推行到强调管理就是合作，就是协调与引导。“扁平化”的治理形态、“上下互动”的决策模式，将更受青睐。在人格塑造上，完成从“臣民”到“公民”，从“村民”到“居民”的蜕变，是城市民众因应城市化与社会发展，参学补缺的必修课。

由此可见，积极稳妥地扩大现代城市治理中公民的有序政治参与，真正使市民行使知情权、参与权、表达权、监督权，切实使政治参与扬正气、提中气、接地气，是社会主义民主政治实践的生动体现，是实现民族复兴和中国梦的盛世标识。

（三）将有序政治参与引入城市治理的现实意义

其意义概括起来至少有几点：

一是有利于在全面深化改革的语境下，促进各治理要素的良性融合，全面提高城市治理的科学化水平。所谓治理要素，包括主体要素、制度要素、观念要素、心理要素、信息要素等。扩大公民有序政治参与，对于消除各种要素之间融合的屏障，客观上将起到催化作用。勇于担责的政府，敢言善言的市民，张弛有度的章法，崇善厚德的民风，包容四海的城市胸怀，在有序政治参与“磁场”力量的作用下，将进一步优化。

二是有利于促进城市政府“转型”。扩大公民有序政治参与，意味着城市社会将告别“全能政府”的时代。城市政府有舍有得，有所不为有所为，向服务型、法治型政府转变。长期以来，城市基层政府的一些工作人员，恪守“管控才是硬道理”的信条，直言对于群众的管理最有效的方式是“一靠政策二靠吓（唬）”；有的则主张“先讲管理，后讲服务”，把两者割裂开来；有的长期处在管理一线和矛盾触发点，缺乏文明执法和亲民服务的素养。扩大公民有序政治参与，让公共事务的民主决策常态化，对于打破旧式工作定势，推进行政管理体制改革，加速城市政府转型，其“鲶鱼效应”作用不可低估。总之，寓服务与治理之中，让服务决定治理，以服务推动治理，既是检验城市政府治理能力的新境界，也是扩大公民有序政治参与带来的新气象。

三是有利于化解社会矛盾和降低治理成本。扩大公民有序政治参与，势必要求激发社会组织和民间机构的活力，使之承担更多社会责任的同时，分解社会过度集聚的风险。广大市民不但是城市的建设者，也应该是城市决策的参与者，更是幸福城市成果的最终分享者。为此，把他们置于旁观者、被动者的做法，不但与时代的要求格格不入，更容易滋生排斥感和社会隔膜，积累不稳定因素。“公众有序参与的水平越高，对政府工作和幸福广东的绩效评估也就越客观和公正。”[1]有的城市，每年向社会公布政府要办的“十件民生大事”。这个创意本来很好，但却由于缺乏决策前的透明度和民意基础，招致各种质疑，甚至有“被幸福”之虞。扩大公民有序政治参与，有助于矫正这种流弊。

四是有利于优化市民素质和培育城市公共精神，实现城市治理的长治久安。在纷繁复杂的社会转型和城市变迁中，城市公共精神的涵育面临各种挑战，人的德性受到诱惑和扭曲。因此，要把扩大公民有序政治参与，当做濡化城市公共精神的“摇篮”。促进城市善治的良知，在“知行合一”的土壤中，播种、生根、发芽！使“邻避效应”不再是羁绊公共建设的“热词”和流行语。使守望相助成为城市族群融合的通行证。一言以蔽之，扩大公民

1　陈伟：《理解幸福不应忽视的几重关系》，《南方日报》，2011年2月20日。

有序政治参与，必将为提高城市公民的民主法治素质，提供更宏阔的历练场所，积累起更符合本土发展要求的实践经验。

五是在参与问题上，从求稳怕乱到肯定公众参与的合法性和必要性，并主动为有序参与创造各种有利条件。扩大公民有序的政治参与，关键在于“有序”。有序参与之关键，又在于适应新常态。在社会变革中立序，在动态发展中行动，是有序参与的“三昧真经”。墨守成规、踏步不前，懒政庸政，绝非城市治理的福音。因此，城市治理的领导者，要忠勇奋发，敢于担当又善于担当，用好公民有序参与这张牌。而改革发展再出发的大趋势，为扩大公民有序政治参与的“陀螺效应”，提供了最强有力的理由支撑。

二、当前我国城市治理中政治参与的主要态势及广州的实践

古人说得好：为政之道，须“知风化之本，见政理之源”。我们对当今城市治理和政治参与的“风化之本”“政理之源”，确实需要通观把握。那么，什么是“本”和“源”呢？

（一）触点向民生领域和民生型政治聚焦

与改革开放初期不同，当前在城市治理中衍生的政治参与，其关注点主要不集中在意识形态的争论和所有制结构的调整，而向就业、教育、社保、医保、征地拆迁、劳资纠纷、物业维权等“民生问题”聚焦。

记得20世纪八九十年代，在改革开放的新时期，人们在政治生活中较多关注“姓社还是姓资”“姓公还是姓私”的争议。在政治表达中，具有较浓的意识形态色彩。而今天的政治参与，很大程度上属于“民生型政治”的范畴。这种政治参与与现阶段的国情相吻合。

在现阶段，实现民生幸福是中国共产党人最高的价值追求，也是人民群众的根本利益诉求。

因此，不能简单认为，民生需求与政治诉求可以截然分开。在当代中国，政治发展到今天，很大程度便是协调各种公共利益。说得更透彻一点，

就是通过政治杠杆增进民生福祉。有关调查情况表明，如今中国民众最感兴趣的问题，前六位都是民生问题，而且是基础性的民生，是社会保障、通货膨胀、医疗、公共卫生、教育、养老保险问题，还有一些地方对环境生态特别关注。

在现阶段，中国社会矛盾的本质特征是民生问题。出现这种变化，一方面，随着以人为本理念的普及，民众对生活水平和生活质量的追求已经成为一种正当的行为。另一方面，大多数民众在逐步告别贫困生活以后，对于基本的民生改善必然表现出一种普遍的关切甚至是渴望。令人欣慰的是，改革开放以来，我国在保障和改善民生方面做了许多工作，取得显著的成就。但是，与人民群众的要求和期待相比，还有很大的差距。为此，民众需要通过政治参与表达对保障和改善民生的诉求。或者说，“民生型的政治参与”是当前政治参与的主要形式。

近几年，中共广州市委、市政府一系列保障和改善民生举措的持续出台，既是决策主体的积极行为，也是对人民群众“民生型政治参与”的回应。但有了政策和制度只是具备了必要条件，要把好事办好，要兑现改善城市治理的承诺还需公众的合作与实质性参与。

民生型的政治参与，在广州这种开放较早的沿海特大城市，表现得十分明显。

广州开启的破解垃圾围城的攻坚战，就是具有民生型政治参与特质的实例。

2008年，广州市10区（不包括从化、增城）生活垃圾总量达357万吨，平均每日处理生活垃圾约1万吨，与2007年同期相比垃圾总量增加17万吨，增幅达5%；按照常住人口1130万计算，相当于每个居民每天丢了0.86千克垃圾；2002年起投入使用，国内最大、建设和营运水平最高的广州兴丰垃圾填埋场，每天要“吃入”生活垃圾9000吨，照此速度，这个设计寿命为20年的填埋场将在2012年左右“寿终正寝”，提前8年退休。这意味着，广州快速增长的垃圾，将面临无处可埋的困局。实行垃圾属地化处理已迫在眉睫。广州的生活垃圾增长率连续十多年保持每年5%~6%的高增长水平，面临着垃圾围城危机。

2009年2月4 日，广州市政府通告，决定在番禺区大石街会江村与钟村镇谢村交界处建立生活垃圾焚烧发电厂，计划于2010年建成并投入运营。通告发出时，并未引起人们广泛关注。

2009年9月，广州番禺大石镇的居民从媒体、网络等渠道得知当地要建垃圾焚烧厂的消息。

随着消息的快速传播，质疑建厂的自发签名行动也在各受影响小区展开。业主最初的共识是走行政程序表达诉求。他们征集签名，到政府部门信访，足迹遍布番禺区园林局、区政府、华南科研所、市环卫局、市政府、省政府。

2009年10月30日，政府根据规划建设的有关程序，进行番禺垃圾焚烧厂的环评公示。同日，番禺区政府召开了解释垃圾焚烧疑问的新闻发布会。但在这次会上出现的四位专家及其意见，广受网友和业主质疑。

2009年11月4日，番禺区市政园林局表示，将启动调查问卷程序征集意见。次日，广东省情研究中心对垃圾焚烧厂周围方圆8千米内的12个小区调查结果显示，97.1%受访居民反对建垃圾焚烧发电厂。

2009年11月21日—22日，中央电视台公开报道广州番禺垃圾焚烧厂这一公共政策事件。

2009年11月24日，广州市番禺区官方网站发布消息：番禺垃圾焚烧项目拟重新论证选址；建立科学、民主的政府决策机制，不排除进行全区群众投票；问计于民，通过开展为期半年的全民大讨论，广泛听取民意，发动大家建言献策；加强环境评价工作；建立科学的垃圾处理机制。

“一石掀起千重浪。”除番禺区外，2009年以来，广州市花都区、萝岗区在垃圾焚烧厂选址问题上，先后出现市民对有关行政决策或行为的各种质疑、追问、批评。

2012年5月2日，在广州市政府第二场垃圾处理工作座谈会上，时任广州市市长陈建华郑重强调："要尊重市民的表达权、知情权、参与权、监督权，问需于民、问计于民、问政于民。"

"破釜沉舟背水一战，没有别的出路。"2014年7月10日，广州市召开"创建国家生活垃圾分类示范城市动员部署大会"，陈建华作动员时如是说。

面对这些难题，广州各级政府不断调整工作思路，以开明坦诚的姿态，化被动为主动，通过广纳民意、多边磋商、博弈磨合等各种方式，与市民进行良性互动。使垃圾焚烧厂重新选址和开展工程建设等工作，最终得以推进落实。2013年上半年，广州市第四资源热力电厂（原番禺区生活垃圾焚烧发电厂）环评公示通过，为工程建设上马扫清障碍。

无独有偶。2009年11月，花都要建垃圾焚烧厂的消息首次曝光。起初该厂拟选址狮岭镇汾水林场。因当地居民反对，花都焚烧厂选址工作停滞。2012年4月，花都焚烧厂的建设重启。2013年6月，花都焚烧厂第二轮选址结果揭晓，首选地由狮岭镇汾水林场改为狮岭镇前进村。但这个选址又引起狮岭镇民众的反对。不久，市城管委表示花都焚烧厂将进行第三轮选址。之后，花都垃圾焚烧厂第三轮选址又改为赤坭镇十八岭。

2014年12月，历时五年、几经波折，广州市第五资源热力电厂（位于花都的垃圾焚烧厂）选址赤坭镇十八岭的决策终于敲定，是月10日广州环保投资集团有限公司发布了《广州市第五资源热力电厂项目环境影响报告书编制服务项目》政府采购招标公告。

上述情况表明，在"民生型"政治参与不断彰显的进程中，对于各级政府提高城市的治理能力，提出了更为紧迫的、更高的要求。

（二）诉求向政府聚集

随着经济社会发展转型加速，我国公民政治参与的诉求呈现向政府聚集的趋向。如群体性事件增多等。针对行政案件中出现的新问题，广东高院近年来推行了多项改革措施。如，推行相对集中管辖改革试点，推进行政首长出庭应诉等，取得明显效果。随着广州经济的快速发展和社会矛盾的日趋多元，政法机关实施社会管理的力度不断加大，公众维权意识逐步提高，行政诉讼案件以较快速度持续增长，审理难度日趋增大。

首先，行政诉讼案件攀升，“民告官”渐成常态。法治文明属于广义的政治文明。通过司法途径进行政治表达，是有序政治参与在法治领域的重要表现形式。

1990年10月1日，我国行政诉讼法开始施行。在法律实施的20余年间，行政诉讼案件数量逐步攀升，“民告官”已逐渐成为常态化。这反映出公民政治参与的变化。

2014年8月，北京市高级人民法院首次发表行政诉讼白皮书。据书中披露的数据，2013年全市法院受理各类行政案件数量大幅增长，首次突破万件，总量达10435件，同比上升20.5%。

2015年1月29日，广东省高级人民法院新闻发布会上公布，2014年，广东省各级法院新收行政一审案件12677件，与2013年相比增长39.6%。案件类型以行政处罚、政府信息公开、行政确认为主。

2012年至2013年，广州市中级人民法院共受理一审行政案件462件，审结452件，同比分别增长85.85%、94.83%；受理二审案件2312件，审结2298件，同比分别增长4.33%、3.42%。此外，审结国家赔偿案件38件，决定赔偿4件，赔偿总金额702.6万元。

2015年，自5月1日新的立案登记制和《行政诉讼法》实施之后，全国各地法院立案数量尤其是行政诉讼立案数量大增。这种情况在全国具有一定的普遍性。

其次，以官民矛盾为特征的群体性事件增多。2014年4月26日，中国社科院法学院研究所发布《2014年中国法治发展报告》，对近14年间的群体性事件特点进行分析。

数据表明，2000年1月1日—2013年9月30日，发生在我国境内百人以上的群体性事件871件。2010年、2011年和2012年是群体性事件的高发期。2010年、2011年群体性事件数量在170件左右，2012年则飙升至200件。其中因公民、社会组织与政府或官员之间的矛盾引发的群体性事件占了四成。

群体性事件呈现地域性特征。华南地区为高发区，百人以上群体性事件发生了300多起，其次是华东地区，西南地区位居第三位。从省份看，广东居全国之首，其次是四川。著名的乌坎事件、陆丰事件都发生于广东。

出现这些情况，有几方面的原因：

其一，民主法治建设向好，公民维权意识增长。对政府的不满情绪或各种意见需要通过政治参与形式表达。广东法院系统行政审判庭的工作人员认为，行政诉讼案件量以及行政机关败诉率的逐年上升，原因是行政诉讼案件尤其是政府信息公开案件，越来越受社会关注。此外，职业打假人对工商等市场监管部门的诉求也在不断增加。中共十八大以来，十八届三中全会和四中全会做出的两个决定和重要部署，对公民依法维权意识的增强，也产生了明显的导向性。

其二，各级政府享有较大的公权力，系城市治理的主导性主体。依照城市治理的一般机理和现实状况，城市政府仍然是城市治理的核心主体。城市政府拥有法律赋予行政权力，这是其他利益相关者或治理主体所没有的，因此，城市居民和社会组织势必通过政治参与，要求政府站在公正、合理的角度，通过一定的制度安排或机制来协调各种利益关系，以促进城市治理的整体良性发展。

其三，民众对政府有心理和行为上的信任和依赖，习惯找政府表达意愿和期待解决问题。在我国，无论从历史还是现实看，各级政府处于长期执政或施政的状态，政绩的积极面占据主要地位。尽管具体工作尚存不足，当民众对党和政府的信任感深入骨髓，“有事找政府”，依然是公民有序政治参与的重要理由。

其四，政府职能转变尚存不足，依法行政水平有待提高。对政府的信任和依靠，不是我们各级政府掩饰工作不足的理由。相反，某些政府机关或工作人员，在城市治理中由于工作或观念错位、缺位、越位，引发的非理性和非制度化政治参与，要引以为戒、高度警觉，防止重现的。

应对上述变化，务必要求在城市治理中加快推进政治体制和行政管理体制改革，进一步理顺政企关系、政资关系、政事关系、政府与市场中介组织关系。同时努力提高公共决策水平，提高公共服务质量，减少行政成本，降低社会风险。

在这方面，广州市政协委员曹志伟是一个积极的探索者和推动者。

2013年1月21日广州市政协会议上，曹志伟展示出一张事关广州建设工程项目审批流程的“万里长征图”，引起了时任广州市委主要领导的关注。

四个月后，《广州市建设工程项目优化审批流程试行方案》（简称“穗府〔2013〕8号文”）正式出台。5个审批阶段的办结时限被要求从799个工作日压缩至37个工作日。尽管没有减少一项审批事项，已遇到重重阻力。

2013年11月25日，广州市政府常务会议上通过了穗府〔2013〕8号文《补充规定》，对流程进一步优化。

《试行方案》整合了22个审批部门、50项审批事项、5个审批环节。通过整合流程、一门受理、并联审批、限时办结的改革方式，变“串联审批”为“串联审批与并联审批相结合”，打破了部门界限，解开了部分审批事项互为前置的“死结”，实现了优化审批流程的目标。

以上事实昭示我们：

1. 协商民主和参政民主大有可为。城市治理的决策模式正在由传统单方或小范围决策模式向较大范围的咨议性决策模式转变。“中国式商量”大有用武之地。

2. 渐进性逻辑。从上述案例可以看出：从城市管治到城市治理，政府、市民和社会组织等都面临着在利益整合中学习合作的考验，经历着由被动到主动、由浅层互动到深层互动的转变。

3. 现代城市治理的决策模式不能一成不变。要求更强调科学可行、透明公开、充分尊重民意。

（三）网络参与和“数字治理”方兴未艾

着眼于提高公共服务水平，近十年“电子政务”在城市治理中得到普遍应用。与“电子政府”的繁盛相对应，“电子公民”也十分活跃。依托网络技术使城市的领导者、施政者在问计于民、问需于民、问政于民方面有了更便捷的“直通车”，市民则通过上网大大增强了组织动员能力，网络上的政治参与和“数字化治理”成为城市的新热点。然而，动力与压力、机遇与风险、热情与理性同在，如何利用好现代信息技术促进政治文明和城市文明的发展，无疑是摆在政府和民众面前的一道新课题。

在广东省深圳市罗湖区，有这样一个堪称网络参与和“数字治理”成果斐然的幸福社区。

2007年4月28日，罗湖社区“家园网”正式开通。这是全国首家由区级党委政府创建，立足社区，面向居民，以交互式论坛为主要互动平台的社区网站。

目前，每天超过10万人次点击，高度有效的发帖回复，使家园网被誉为罗湖区的“网络民意直通车”。比起传统的信访渠道，民众更愿意通过网络提意见、建议，约束少了，表达更真实。

其核心栏目的“家园论坛”覆盖了全区10个街道、83个社区和700多个小区；所有的社区工作站、居委会、物管处、业委会等负责人，都有自己的账号和联系方式，时刻关注论坛动态，随时准备反馈回应。

家园网的板块划分、内容设置和功能设定，都立足于满足社区自治实践的需要，引导网民第一时间关注和介入公共事务。例如，业委会和楼（栋）长的选举过程在家园网上同步直播；社区发展经费的使用方案和使用情况，在家园网上晒出，接受网民的投票和监督，等等。

家园网的“问政与答政”主要在论坛中进行，网民与政府有问有答、反复沟通，突破了传统半封闭的问政方式，把网民的投诉和建议，相关部门的处置过程和解决结果都晾晒在“网络阳光”之下，使网民的关注评论变成监督力量，倒逼相关部门寻求解决问题的长效机制，确保及时有效地化解矛盾。

截至2014年4月，罗湖区各部门通过家园论坛及时解决处理民生意见、建议28000多条，居民在家园网反映的问题，相关部门的回应率达95%以上，有效解决率达70%以上。

“家园网对我们政府工作的思路、方式方法带来了翻天覆地的改变，我们过去是开会再开会，自编自导自演自唱，现在我们是以群众的问题和需求为导向。群众反映最强烈、最迫切的问题，网上一看就知道，工作有了明确的目标，像走了捷径，事半功倍。”罗湖区东晓街道党工委书记陈武如是说。

罗湖区委区政府认为，“办网站就是办民生”“舆情就是工作的指挥棒和风向标”。七年多来，罗湖区虽然经历了各级领导换届，但对家园网的重视和支持一如既往，保证了家园网的运营发展，没有“人走政息”。

（四）媒体介入常态化

媒体介入常态化是现代城市治理的基本特征。像广州这样拥有三大报业集团、资信发达、媒体高度密集的特大城市对此深有体会，其他城市也不能例外。

近年来，随着互联网技术的发展，以及电脑和手机等移动网络终端的普及，我国网民规模不断扩大。网民借助社会化媒体进行网上政治参与，日益发展。据2014年发布的中国互联网络发展状况（第33次）统计报告显示，截至2013年12月底，中国网民数量达到6.18亿，全年共计新增网民5358万人，互联网普及率达45.8%。手机网民规模达5亿，增加8009万人，网民中使用手机上网的人群占比提升至81.0%。

截至2013年12月31日，新浪网、腾讯网、人民网、新华网四家微博客网站共有政务微博客账号258737个，年增长率为46.42%，其中党政机构微博客账号183232个，年增长率为61.61%；党政干部微博客账号75505个，年增长率为19.22%。

2014年全国两会期间，新华社、人民日报、中央电视台、中国新闻通讯社四家媒体，开设了专门的两会专题，供网民进行两会相关信息搜索，并在专题下进行讨论。据统计，此次全国两会期间，四家媒体微博共发布946条微博内容，共被转发312048次，被评论30434次，远高于政府机构和党政干部的微博活跃度和网民参与度。

上述情况表明，社会化媒体凭借其便捷性、公开性、平等性、自发性和互动性等优势，业已成为网民进行网络政治参与的常态化渠道。

然而，媒体介入常态化情境下的政治参与，也有需要冷静思考的地方。比如，享有知情权是所有主体参与城市公共治理的前提，但行为端正和行业自律他律不可或缺。又如，媒体的良性运作和正确的舆论导向，对于城市公共精神的培育和公权力的监督，具有举足轻重的作用。再如，在民主法治的轨道下，实现媒体介入和政治参与的常态化、正常化，是城市治理的一个关键命题。

（五）增量呈上升势头

就城市治理的现实情况来看，现阶段以人民内部利益关系调处为主线的政治参与，其增量和规模有逐年攀升的势头。

首先，从主体构成看，呈现参与主体多元化发展的特点，不仅一些新经济组织和个人表现出极大的政治热情，连一些传统的社会精英也加入到维权的行列中来。

其次，从参与形式看，趋向多样化扩增。例如，一些地区和城乡首创的重大民生决策“咨监委”“民主恳谈会”“信访下乡”“政务超市”“执法听政”等，为政治参与的成长，提供了多方探路的“抓手”。

再次，从地域分布看，趋向四方毕现的格局。改革开放四十年来，不仅沿海中心城市和开放地区，而且在内地乃至某些偏远的小城小镇，城乡治理中的政治参与，均呈现出“忽如一夜春风来，千树万树梨花开”的态势。

一方面，这是在制度安排下，各社会群体政治参与受到“增量民主”拉动的结果。例如摸索发展基层党内民主的多种途径，把政治协商纳入决策程序，加强与民主党派合作共事，促进基层群众自治的发展，激励了政治参与的发展。另一方面，一些基层干部和群众在“准制度化试验”或“体制外”参与方面，进行一定的尝试。面对这种态势，现有的政治体系需要提供更多的通道，使积聚的政治能量得到合理疏导和释放。比如，加强对公民正确行使知情权、参与权、表达权、监督权的知识培训和技术训练，十分必要。再一方面，社会转型中各种利益的整合和平衡，以及公民维权意识的勃兴，都是政治参与增量扩增的内在动因。

（六）组织化程度空前增强

政治参与本质上是利益博弈的过程。为了形成一定的优势，近几年来，包括广州在内各类城市公民的政治参与从个体为主向横向联系发展，成为新的趋势。这在一些以复退军人、农民工、环保志愿者等为主体的维权活动，尤其常见。从城市治理和政治参与的良性发展来看，如何将公民政治参与的组织化有效纳入法治化的轨道，是考量各级党组织和政府政治智慧的重要标尺。

顺应这种趋势，2013年3月，广州市在建立重大民生决策公众意见征询委员会制度之始，就十分重视从制度设计和善治目标着眼，引导和促使城市治理中公民有序政治参与的组织化向正确方向发展。

例如，《同德围地区综合整治工作咨询监督委员会工作规则》（以下简称“规则”），就是依照上述治理思路制定的。

在组织原则上，要求该委员会“要自觉接受上级各级党委和政府的指导”（“规则”第二条）。这条规定是组织依存的政治前提。

在组织架构上，规定“咨询监督委成员主要由同德地区各级人大代表、政协委员、党员代表、企业代表、社区居民等各阶层代表以及越秀区、荔湾区代表和媒体代表共37人组成，设主任1名，常务副主任1名，副主任5名，秘书长1名，副秘书长2名，设常委11名。咨询监督委日常工作原则上由主任主持，主任因故不能参加，则由常务副主任主持”（“规则”第三条）。依此组成的人员表明，“咨监会”不是游离于现有政治制度之外的社会组织，而是对既有决策体系和秩序的完善和补充，是对接与合作的关系。

在工作职责上，规定了“意见征集”“过程监督”“协调矛盾”“工作评价”四项内容（“规则”第四条）。这既是职能定位，又有助于防止工作“缺位”和“越位”。

在议事规则上，明确“对重大事项及时进行讨论、表决，要超过半数委员参加会议才能对重大事项进行表决，参加表决会议的委员中要超过半数同意才能形成决议或决定，讨论表决前应广泛征求各方意见，表决结果视实际情况在一定范围公布”（“规则”第七条）。这是民主与集中议决原则的体现。

在信息发布上，规定“以咨询监督委员会名义对外发布信息，由常委会确定信息发布范围、内容和方式，统一对外发布”（“规则”第八条）。这条规则的制定颇有政治智慧，可有效戒免在信息发布上出现“政出多门”的杂音或噪音。

在组织理念方面，要求“咨询监督委员会成员要有强烈的使命感和高度的责任心”，“积极发挥桥梁和纽带作用”，“深入群众，了解辖区各群众的呼声”，“服从主任的工作安排，积极参加咨询监督委员会的各项活动，及时掌握各项整治工作的进展情况，并适时提出合理化意见和建议，全程参与各项整治工作”。

这一个严谨周密、虚实结合、设计合理，从正面引导公民进行政治参与的“治理规则”范本。它对于优化政治参与组织化程度的实践，提供了宝贵的经验。

（七）参与水平不断提高

随着社会开放度的扩大和政务、厂务、村务公开，在城市治理领域公众的政治参与水平在不断提高。从纵向来比较，我国公民的政治参与逐渐进入“双高”——热情提高和水平提高阶段。20世纪90年代初，在基层民主动员型参与启动时，公众参与的热情还不够高。但最近几年，不但公众的参与意识和热情在“升温”，参与的水平也在“水涨船高”。广州城市废弃物处理及环境保护公共议程启动以来，政府、市民、社会各方之间相继产生的互动、博弈、公共决策整合等大量事实，无论在事前事中事后，都给我们上了生动和深刻的一课。

2009年启动首次环评后因居民反对搁置之后，2012年4月17日至5月2日，广州花都区生活垃圾综合处理中心建设项目第二次环评重启。据花都区政府官方网站公布的《广州市花都区生活垃圾综合处理中心建设项目环境影响评价公众参与第二次公示》文件中环评报告书简本中的结论称："本项目建成后对周围环境的影响不大，从环境保护的角度看，本项目可行。"

但一些市民对此却不认同。2012年5月23日，在广州市城管委的接访中，上百名花都、清远居民为反对在花都区汾水林场选址建设焚烧厂而来。六批约30位市民在接访的3小时中当面向城管委官员陈述反烧理由，质疑花都焚烧厂建设二次环评"遮遮掩掩"。业主钟女士说，自己是从区城管局官方网站上看到有二次环评的公示，"区政府网站没有，也没有在周边小区公示栏张贴告示"。她认为，这种重要信息的发布形式不合适，"政府完全可以在报纸上发公告"。她建议，重大环保项目环评阶段可以召开相关利益人参加的听证会，并希望相关部门告知"公众在哪个环节可参与，在哪些环节可行使救济权"。

另外，上访的市民在现场派发了《关于花都在汾水林场建设垃圾焚烧发电厂的反对意见》中看到，提出反对建焚烧厂的四点理由：1．选址位于风景区。花都山前大道周边，有10000亩花兜水库、国家4A级风景区"故乡里"等众多景点，拥有洪秀全水库和芙蓉璋水库等旅游娱乐资源。此外，项目选址离洪秀全故居的直线距离不足10千米。2．附近多高端楼盘。项目选址汾水林场，周边密布大型小区，如假日半岛、美林湖、金碧御水山庄、南航碧花园等。其中，选址离假日半岛也只有2.2千米。同时，该选址周边有16个村，其中距离2.5千米范围内就有9个村子。3．近水源优水质。花兜水库、洪秀全水库和芙蓉璋水库均不远，这些水库均属于广州市饮用水源二级保护区范围。4．不符合风向要求。花都常年主导风向为偏北风，项目选址狮岭汾水位于花都的北面，正位于上风向。继收到"钟表"、"鸭梨"以后，广州市城管委此次接访又收到了一篮子"苹果"。送苹果的居民表示，"苹果寓意'平安'，我们反对焚烧垃圾，希望每个人都平平安安的"。

这告诉我们，从对政府环评公示的回应，以及上访者的组织谋划、理由表达、利益诉求、程序安排来看，其缜密有序和有理有节，无不反映出公众政治参与水平在不断提高。

（八）问题与缺失

1. 个人维权参与多于公益决策参与。公民在政治参与中伸张或维护个人的合法权利本来无可厚非。但从城市治理和政治参与的健康发展来看，需要在私益维权和公益维权之间妥善引导，谋求平衡。特别是城市环保问题，若只盯着违法行为所造成的民事损害救济，而对诸如政府不作为或立法缺失之类的维权置若罔闻，那只是“瘸子式维权参与”，对社会发展不利。

2. 被动参与、被迫参与强于自觉参与。相当一部分政治参与，是由于某些政府人员不作为或乱作为造成的，属“逼上梁山”的举动。自觉参与是指在理性自觉前提上的参与，应努力倡导。而对于被动参与、被迫参与，须从决策和执行的前端入手，比如从制度检视、规范执法等环节解决问题。

3. 街头式参与、缠访式参与时有发生。这是大大消耗执政资源、行政资源的参与方式。应从源头梳理，标本兼治。

4. 娱乐性参与、炒作式参与相互交织。其特征是使政治参与无序化、扭曲化，损害政治参与的公信力。

5. 诱致式参与、“作秀安排式参与”占有一定空间。这类参与方式的危害具有一定的隐蔽性和欺骗性，对政治参与公信力的伤害更加不可小视。

6. “高意愿低行动”式参与、“搭便车”式参与或隐或现。这反映出从臣民到公民，从走出庭闱到兼济天下，普罗大众需要长期熏陶，不断强化政治人格塑造。

7. 名誉式参与“遮盖”了实效式参与。这种方式通常带有制度安排的浓重色彩，被看做是某些政治待遇的体现，在被安排者缺乏行动自觉以及政治理性的情况下，难以产生实效，甚至可能降低政治参与质量。

8. 网络参与主体发展不平衡。表现于城乡之间、不同年龄不同文化程度主体之间，不同社会阶层之间。比如在资信发达的城市、在熟练运用各种网络的年轻群体、在知识界和社会精英阶层，借助网络进行政治参与，相对占优。

9. 制度式参与和教育式参与明显失衡。突出表现是重制度化参与，轻教育式参与，忽视政治文化的建构和熏陶。在现实生活中，过分强调制度的作用，陷入“制度迷信”的困惑，或者认为教育是虚的，其效用不可预期、难以测度，因此贬损政治信仰、政治伦理等育人教化的基本功能，都是不可取的。当前特别需要确立这样一种认识，不是教育式参与低效或无效，而是怎样找对使其正能量大力彰显的正确的方法。其中，充分吸取中华民族优秀传统文化中治国理政的政治智慧、政治品质，通过家庭教育、学校教育、社会教育等根本支点濡化大众，是一条比较易于推行、贴近地气的路径。

总之，对当前城市治理中政治参与的另类形态，不可放任自流，由其“任性”膨胀。须综合施策，使之回归德性和法性，健康发展。

三、应对与思考

（一）将城市治理中扩大有序政治参与作为民主法治实践的必修课

具体行动：民主法治不是城市治理的“外衣”，而是深入其肌体和精髓的灵魂。治理和参与贵在有序。有序的参与和有效的治理相互融通。把扩大公民有序的政治参与作为城市治理的必修课。

这里有个颇有思考价值的案例。这个案例的标题虽然用的是《我在香港说“反对”》，但涉及的只是城市治理中一件很平常的事情。里面说的“我”，也只是使用第一人称的一位香港普通市民。然而，通过这一滴“水”，却能“折射”出引发思考的光亮。为了体现案例的完整性，全文照录如下：

两个月前，我收到了香港酒牌局发来的一封公函。大概是说，我住的大厦楼下的临街门面房要开一个酒吧，店主已经向酒牌局申请营业执照，征询各位业主及租户的意见。公函很详细，还说了四条可能发生的情况供业主和租户借鉴。这四条是：营业时间到两点，可能会影响休息；可能有噪音；可能有人喝酒闹事；可能因为酗酒发生人命案件。我当时因为考虑到晚上可能会比较吵，就填了反对意见。

过不多久，酒牌局又发来公函称：因为您对此执照提出反对意见，故而暂时仍未批准这个申请，我们将在某年某月某日举行一个听证会，您必须出场当场阐释您具体的反对意见，供本局参考云云。底下是详细的地址、时间以及行车路线等。

公函说，如果的确不能来，要说明原因。现场使用英语和粤语两种语言，如果不会的话，现场还会准备翻译。如果你还希望申请人提供更详细的资料，可以向申请人提出要求。

过了两天，又收到公函。里面有厚厚一大叠资料，是申请人提供给酒牌局和反对者的。

在材料中申请人做的承诺包括：装修材料使用隔音的，保证两点钟之前打烊，如果这个时间之前没有客人，就会提前打烊。他们会保证不让客人喝醉，如果喝醉，他们会负责将客人送上车，且规劝客人不可大声喧哗。他们也提供了附近店面的酒牌情况，并列举了最近几年该地区的酗酒犯罪记录等等。酒牌局也表示，未来如果出现纠纷或者诉讼，这些材料可以作为呈堂证供。

看到这个东西，我觉得也没什么可以反对的了，于是认真回复了函件，并表示我同意这个申请，希望申请人能够履行自己的承诺。信发出去第三天，楼下就开始装修了。我才知道，如果不是全体业主同意的话，这个酒吧是决计开不成了。

上述案例究竟有什么启示呢？

其一，政治参与实践体验既是“必修课”更是“公修课”。在案例中出现了三个主体：行政机关、某大厦的业主、酒吧开业申请人。这三方主体，在这个事关民生决策的政治历练中，既要分别研修“如何依法决策”“如何依法表达”“如何依法申请开业”的科目，又要同时研习“怎样依法依理合作”的公修课。随着事情的展开，他们都各自拿出了相应的答案。这些应答“形分而神合”。检视其中的结果，会发现“崇法守德”的一条主线贯穿其中。

其二，政府肩负着引导公民有序参与决策的“培训”责任。从案例的起点到终点，我们可以看到，政府的审批机关（酒牌局）通过发送公函—征询住户业主意见—提示酒吧开业可能引发的事项—精心准备拟组织直接利害相关者召开各自表达意见的听证会—会前对参会者各方的权利和责任充分告知、正确引导等等，使整个流程环环相扣，如法如理，细致入微。包括听证会提供多语种翻译，反对者如何获得申请者的法定承诺并通过索要证据保留追诉的权利，这些细节都考虑到了。政府监管机关在这里扮演了一个“释疑解惑”的培训师角色。这个角色真实自然，具有统摄力而又平易近人。贴心服务使人印象深刻。

其三，理性妥协乃政治参与中利益博弈的重要开关。这个案例告诉人们，城市治理并非“只治理别人，不治理自己”。在一个政治参与过程中，无论做出“赞成”或者“反对”的表达，均应承担相应的法律和伦理责任。政治参与不意味着就是“争权夺利”。必要的理性妥协和让步，也是一种破解难题、求得各方意愿最大公约数，打开胜利之门的“枢纽”。此案例中“意外”且“皆大欢喜”的结局，就是明证。

在城市治理中扩大公民有序的政治参与，既是民主法治实践的必修课，更是利益博弈各方的公修课。

（二）突显民生和廉政两大主题

在现阶段的城市治理和政治参与中，离开民生去讲民主，离开民权去讲民生，离开政治清明去讲幸福，是脱离实际的。因此必须以对人民高度负责的责任感，切实做好民生和廉政这两篇文章。

关于民生幸福与政治参与、城市治理的相关度，在前面的论述中已多有论及，在此着重谈谈后两者对于反腐倡廉的重要意义。

其一，党和国家坚定反腐形成新的氛围，给扩大公民有序政治参与及净化城乡政治环境提供有利条件。中共十八大以来，在以习近平为总书记的党中央的领导下，反腐败斗争进入一个新阶段。其规模、强度、影响力等，在新中国的历史上，写下了令人瞩目的一页。首先，"苍蝇老虎一起打"。在解决"四风"突出问题中，各级纪检监察机关对违反中央八项规定精神的问题的处理力度甚大。中央纪委监察部网站信息显示，截至2014年5月31日，全国共查处违规问题41880起，处理54862人，给予党纪政纪处分14050人。[1]其次，对位高权重的贪腐分子决不心慈手软。至2015年9月22日，十八大以来落马的省部级以上官员已达128名。这些举措，在党内外、国内外产生了巨大的反响，有力地鼓舞了广大党员、干部和群众反腐败的信心和斗志。反腐败斗争与扩大公民有序政治参与，体现了党和人民根本利益的一致性。这种政治意愿和政治力量基于强烈认同的空前结合，对于净化城乡政治环境和治国安邦，给人们带来新的期待。

其二，反腐斗争的长期性复杂性，客观上需要在城市治理中持续推进改革和扩大公民有序政治参与。当前腐败的顽疾，成因错综复杂，对其惩治不可能毕其功于一役。反腐斗争长期在路上。2014年最高人民检察院工作报告显示，2013年"全年共立案侦查贪污贿赂、渎职侵权等职务犯罪案件37551件51306人，同比分别上升9.4%和8.4%"。[2]一方面，在高压态势下，贪腐的势头虽有所遏制，但依然比较严重。另一方面，贪腐的方式和手法也会更加隐蔽和巧妙。为此，无论是抑制"舌尖上的腐败"，还是"车轮下的腐败"，都需要扩大公民有序政治参与，真正使滥用权力吞噬公共利益的恶行，在阳光下去除伪装，在民众的有效监督下无处可遁。在党和国家的领导下，在加强民主法治的轨道上，鸣响有序政治参与的集结号，在反腐斗争的持久战中坚定不移地贯彻群众路线，当为攻坚克难的一把利器。

其三，互联网信息技术手段的应用和普及，为扩大公民有序政治参与和网络反腐提供崭新的机遇。互联网等现代信息技术手段与社会生活方式的高

1　李炳毅、冯金钟：《反腐倡廉建设中公众有序参与问题研究》，《中共云南省委党校学报》，2014年第6期。

2　同上。

度融合，为党和政府、国家和公民通过政治参与进行“网络反腐”“网络问政”“网络监督”，开辟了新的机遇和前景。2008年到2012年，中央纪委监察部举报网站共收到网络件30.1万件次，约占中央纪委监察部同期信访举报总量的12%，其中检举控告类网络件21.9万件次。党和国家对此深谋远虑，继中央纪委和国家监察部的网站开辟有举报专栏之外，2014年4月，人民网、新华网等中央重点新闻网站，以及新浪网等主流商业网站，亦同步推出网络举报监督专区，鼓励公众积极参与网络举报。这种通过网络和政治参与联手反腐的大思路，值得期许。

概言之，在现阶段特别需要彰显“民生型政治参与”和在反腐斗争中“贯彻群众路线”的巨大能量。为此，奏响民生和廉政两大主题曲，是实现城市治理能力现代化和提升政治参与水平的核心内容。

（三）突破“知行背离”的瓶颈

城市治理和政治参与不仅贵在有序，也贵在坚持贵在行动。要匡正“重硬治理、轻软治理”认识误区。软硬兼治，从“我”做起，从现在做起，从身边的每件事情认认真真做起，才能打破知易行难和知而不行的怪圈。知行合一，既是中华民族政治文化的优秀传统，也是现代政治文明的应有之义，为此“信、解、行、证”缺一不可。

《做才是得到》这本书里面讲到发生于我国古代的一个耐人寻味的故事。在唐朝，有一天大诗人白居易去拜访鸟窠道林禅师，向他提问：“什么是佛法大意？”禅师说：“诸恶莫做，诸善奉行。”白居易听了十分失望，大名鼎鼎的鸟窠道林禅师，居然如此平常，于是不悦地说：“这个道理，三岁小孩也懂。”禅师答之：“三岁小孩虽晓得，八十老翁行不得。”

确实如此，再高深的道理，或者耳熟能详的常识，如果只求字面上的理解和自以为懂了，从来不打算在实践中体悟践行。那么“道”和“理”之间就仍然隔着千山万水，相距甚远。

可见，国家治理、城市治理和有序政治参与本质上是一种价值追求和生动实践。尚真求善是政治参与的德性实践和国家社会治理的生命力所在。

据《史记·商君列传》记载，春秋时期，秦孝公任命商鞅实施变法图强政策，但商鞅担心天下人对自己产生非议，法令虽已制定，暂未公布。于是在国都市场南门立下一根三丈长的木杆，招募百姓宣称若有能将它搬到北门的就赏给十镒黄金。百姓对此感到惊讶，没有人敢去搬木杆。商鞅又宣布命令说："有能够搬过去的就赏给五十镒黄金。"重赏之下，有一个人搬木杆到北门，立即赏给他五十镒黄金，以表明没有欺诈，以此为推行变法赢得公信力和各方支持。这就是历史上"徙木立信"的著名典故，也是尚真笃行的范例。事实表明，突显"笃行"的引领效应，是宏发城市治理和有序政治参与真精神之关键。为此，以下"箴言"当付诸实践。

其一，知以行为立。人们经常说的一句话是"真不真见行动"。如果说提高城市治理和有序政治参与的能力不是空洞的政治口号，从来都需要求真务实的话，那么今天的实践就更需要提升"笃行"的思想张力。因为，改革进入攻坚期，经济治理、政治治理、文化治理、社会治理、生态环境治理等问题众多、难关重重，在这种形势下，信念、信仰、笃行等人文资源，对于激励斗志、凝聚人心、奋发进取无疑具有至关重要的作用。换言之，一个正确的、实在的具体行动，胜于十万打"大而无当"的宣言。由是观之，软治理应系一种"尚真与笃行"的文化实践。软治理应当从"尚真"做起，重在"笃行"，自上而下，全民效之，童叟无欺。诚如清代先贤李毓秀所撰《弟子规》所言："凡出言，信为先。诈与妄，奚可焉。"

其二，行以实为道。言而无信、知而不行是败坏城市治理和政治参与名声的"天敌"。因此强化城市治理和有序政治参与，不但要"笃行"，更要"行实"。理想—信仰—承诺—行动—实效，这是前后相继、首尾相顾的思想和实践过程。中华人民共和国成立以来，经受了历史的种种考验，取得举世瞩目的成就，走到今天实属不易。在新的历史起跳点上，我们不但要加大城市治理和有序政治参与的力度，更要提高其成效，逐步实现精细化治理。因此，鼓实劲、重实干、求实效，应该成为提升当今和未来城市治理和有序政治参与水平的行动准则。这是促使两者的价值实构从"应然"向"实然"

飞跃的最有效举措。

（四）提高体制机制改革的水平和优化人的素质

制度优化和素质强化是提升城市治理水平的根本“要件”，也是规避非制度化参与和制度外参与的良方。要从城市的长治久安考虑，以善治为价值取向，不断提高体制机制改革的水平和优化人的素质，以构建政民之间恒久的互信互助互爱的城市精神。

言及提高体制机制改革的水平，往往首先考虑到外在的制度。这当然是十分重要的，带“根本性”的。但不能由此而推断，只有改革体制机制才是提高城市治理和政治参与水平的唯一根本手段。

国家及城市的治理体系是凝聚多种要素的综合体。软治理和硬治理作为国家或社会治理的两翼 ，其功能和作用不可偏废。简言之，所谓软治理，是指治理主体通过理想、信仰、道德、价值、心理等非强制性要素和手段，对治理对象施加影响力，以实现治理目标的活动和过程。硬治理是软治理的相对概念，其要义是运用法律制度、司法制度、政治制度等刚性强制力，推进治理活动的过程。

从历史和现实来考察，这两种治理方式在“治标”和“治本”的问题上，可谓“兼而有之”，功能互易，绝非只有单一性。

春秋战国时期的思想家和政治家对此多有洞见。孔子曰：“道之以政，齐之以刑，民免而无耻；道之以德，齐之以礼，有耻且格（《论语•为政第二》）。”

管仲以治国纲纪昭告：“国有四维，一维绝则倾，二维绝则危，三维绝则覆，四维绝则灭。倾可正也，危可安也，覆可起也，灭不可复错也。何谓四维，一曰礼，二曰义，三曰廉，四曰耻（《管子•牧民》）。”商鞅则明确主张：“法令者，民之命也，为治之本也（《商君书•定分》）。”

在治国方略的谋划上，不仅古圣先贤留下了精辟的见解，中国共产党的历届中央领导集体的领导人亦发表了许多真知灼见。进入改革开放和社会主义现代化建设新时期，邓小平在深刻总结治国理政经验教训时指出：“我们过去发生的各种错误，固然与某些领导人的思想、作风有关，但是组织制度、工作制度方面的问题更重要”；“不是说个人没有责任，而是说领导制度、组织制度问题更带有根本性、全局性、稳定性和长期性”。

江泽民明确提出要“把依法治国与以德治国紧密结合起来”的治国方略。

胡锦涛强调：“要坚持把依法治国和以德治国结合起来，不断加强全民族的思想道德建设，促进依法治国基本方略的实施。”

习近平指出，“制度问题更带有根本性、全局性、稳定性、长期性”，“从思想道德抓起具有基础性作用”，“理想信念是共产党人的精神之‘钙’，必须加强思想政治建设，解决好世界观、人生观、价值观这个‘总开关’问题”。

上述思想观点很有价值和明确的导向性。因此，要在提高体制机制改革水平，强化制度治理的同时，通过人心教化和德性教育，优化人的素质，推进城市治理和有序政治参与达至内外兼备的“善治”境界。

在这个过程中，要高度重视弘扬中华民族优秀传统文化和切实践行社会主义核心价值观。

儒家传统文化中的“仁、义、礼、智、信”，今天依然有实践的现代价值。

就“仁”而言，“仁”字的结构，意指两人以上方成仁爱，即主张自己被爱的同时，要承担起爱别人的责任，把爱亲人、爱家庭、爱同事、关爱他人、关爱自然万物视为一体，融和相处。亦即“亲亲而仁民，仁民而爱物”（孟子言）。这与社会主义核心价值观中倡导的和谐、平等、友善并不矛盾。这是城市治理和有序政治参与所需要的。如果不讲“仁爱”，政通人和、人和自然和谐相处从何而来？例如，城市发展需要建设垃圾焚烧厂、变电站，倘若人们反对的理由只是为了自身的清洁、自己的安宁，而置他人的利益和生态环境于不顾，那么文明、和谐又怎样彰显呢？

就“义”而言，义者，正义、大义、大气也。古字“義”，离不开我，用我身上的王去辨别是非，并在他人需要时，及时出手，帮人家一两下，即为义。今天我们讲“舍小利而求大义”，绝非唱政治高调，与每个人相距甚远。例如现时城市中的旧房子，加装电梯成功率普遍较低，究其原因与人们公利心淡薄、人际关系冷漠有很大关系。试想，如果在日常生活和政治参与中只惦记自己的“一亩三分地”，对一己私利寸土必争、锱铢必较，只讲小道理，罔顾大道理，对整体利益事不关己、高高挂起，那么社会主义核心价值观中倡导的爱国、友善又怎样落地呢?

就“礼”而言，礼者，示人以曲也。己弯腰则人高，对他人即为有礼有敬。因此敬人即为礼。政治参与是否需要礼敬呢? 比如，市民对官员，干部对群众，语言表达，诉求沟通，精诚合作，文明施政，哪一点不必论及礼节礼仪? 可见，礼者亦即礼序、规范。需要特别强调，政治生活中倡导的“中国式商量”是讲礼敬的，讲民族传统的，是以理、依礼服人的。贡高我慢，与政治文明无缘。这与社会主义核心价值观中倡导的民主、文明是相通的。

就“智”而言，智者，破迷开悟、彻悟也。有人认为，智慧就是知识渊博，就是聪明才智。因为掌握的知识越多，只能说明知识的丰富，并不等于掌握智慧，无所不知。另外，聪明可以利己，也可以害己。“聪明反被聪明误”就是例证。智慧与知识、聪明不同，它是透彻认知人生及宇宙的真实能力。智慧具有超越个人意识的真实境界。现代文明治理中的政治参与，尤其体现政治智慧。譬如，“有为”与“无为”，“行义”与“舍利”，“法治”与“德治”，“进取”与“退让”，“加速”与“舒缓”，“高层”与“基层”，“热问题”与“冷思考”，等等，如何排序和决断，非常需要考量治理者和领导者的智慧。智慧的获得和积累，要深入生活实践，从“正心、正知、正觉、正行”做起。智慧不是圣贤的专利，“人人皆可为尧舜”。同理，在城市治理中践行社会主义核心价值观，也需把“信愿行”结合起来，从我做起，从现在做起。

就“信”而言，信者即诚信、信实。中华民族有深厚的诚实守信的优良道德传统。儒家把诚信视为人的基本道德。《中庸》认为“诚”是“天之道”，“诚之”是“人之道”。今天我们在城市治理和政治生活中，更要讲诚信。有人曾经这样概括：政治是灰色的。要纠正这种说法，最有力的回答则是先从“政治立信”“政治互信”做起。所有治理主体都须在自律和他律的规约下，视诚信为生命。比如，政府官员做出决策和承诺时，谨记“凡出言，信为先”“诈与妄，奚可焉”。又如，市民参政议政时，力戒“见未真，勿轻言”“知未的，勿轻传”。企业在开展公关活动时，“唯其是，勿佞巧”“市井气，切戒之”。有的城市在动员社区居民作垃圾分类时，由于没有解决好垃圾收集与分类运输，乃及终端处理等问题，使政府的公信力受损，整体工作推进受阻。这种教训当认真汲取。

第七讲

领导干部的心理调适能力

李　萍

胡锦涛在十八大报告中指出：要注重人文关怀和心理疏导，培育自尊自信、理性平和、积极向上的社会心态。为什么在党的代表大会报告中提到这个问题？这说明这个问题很重要。

现代人很注重健康，健康意识大大增强。但什么叫健康？世界卫生组织对健康的定义是："健康不仅是没有疾病，而且包括躯体健康、心理健康、社会适应良好和道德健康。"现代心理医学研究表明，人的心理活动和人体的生理功能之间存在着内在联系。有生理学家把情绪称为"生命的指挥棒""健康的寒暑表"。许多医学专家认为：良好的情绪本身就是良医，人体85%的疾病可以自我控制。

本文讨论三个问题：

一、为什么要提高领导干部的心理调适能力？

二、当前领导干部的心理状况如何？

三、怎样提高领导干部的心理调适能力？

通俗地说就是这样三个问题：

第一，我们感觉有压力吗？压力大吗？

第二，我们的压力来自哪里？事业？家庭？社会？其他？

第三，我们如何缓解自己的压力？又如何使自己快乐从而提高幸福指数？

一、为什么要提高领导干部的心理调适能力？

先看一个数据：

当前领导干部心理压力大吗？

□压力很大（23%）

□压力较大（68%）

□一般（9%）

□没有压力（0%）

这是笔者2013年12月第4期正处任职班做的问卷结果。“压力很大”和“压力较大”两项相加超过90%，没有压力为零，是一个令人不轻松的数字。

2011年10月22日《人民日报》海外版的一篇文章《中国进入全民焦虑时代 快乐正悄然离民众远去》，核心提示是：在北京——焦虑是市民咨询最多的问题，在上海——快乐正悄然地离民众远去，而焦虑已成为现代人的心理病。

无独有偶，2011年10月22日《广州日报》发文：《中国进入“全民焦虑”时代——焦虑蔓延至社会各个阶层》。中国30年走过了其他国家一两百年的历程，急剧变化令社会全面焦虑。从东部都市到西部农村，从普通民众到达官巨富，焦虑如同挥之不去的空气，蔓延至社会各个阶层。2012年2月22日《广州日报》又发文《中国进入全民焦虑时代：白领精英和底层蚁族最焦虑》。社会最焦虑的两类人是：一类是高层，有社会地位，有权力，是社会精英，精英没有退路；一类是蚁族，很多人是农村考上大学出来的，家里对他们有很高的期望，他们要买车买房，焦虑也是因为没有退路。而普通生活中的“压力山大”们表现在：农民为滞销的农产品犯愁；大学生为考研就业焦虑；家长从幼儿园起忧虑孩子升学教育；企业老总担心资金链短缺；普通市民担忧工资和银行存款跑不过CPI；退休在家颐养天年的老人担心住的地板是否有毒，用的锅灶是否符合标准，出外就餐，除了遇到地沟油，还有什么其他陷阱。焦虑已成为现代人的一种生活常态。《中国青年报》社会调查中心一项由2134人参与的调查显示，焦虑已经成为现代人的一种生活常态——34.0%的受访者经常产生焦虑情绪，62.9%的人偶尔焦虑，只有0.8%的人表示从来没有焦虑过。2012年3月3日作家梁晓声新书《郁闷的中国人》出版。在开篇的话中这么写道“在相当长的时期内……中国人的心情几乎可以由‘郁闷’二字来概括。人们郁闷于时代，可又不得不适应五花八门的时代规则。被两种力量（自我、社会）拉扯长大的中国人，像极了一张单薄的纸。心灵之扁平呈现于脸，而满脸写的只不过一种表情——失我之郁闷”。

心理专家认为，尽管现代人生活条件更好，焦虑的人却更多，正是源于现代人的不安全感更甚。人人有压力，人人会焦虑，焦虑已成为“时代病”，而焦虑这种“心病”最终可导致“身病”。据2010年5月29日《环球时报》报道：研究显示中国精神病患超1亿，重性精神病患人数已超过1600万。中国疾病预防控制中心精神卫生中心2009年初公布的数据显示，我国各类精神疾病患者人数在1亿人以上，但公众对精神疾病的知晓率不足5成，就诊率更低。2011年9月8日《广州日报》显示：中国每年28.7万人死于自杀，200万人自杀未遂，相当于每两分钟就有一人自杀身亡。据中国疾控中心数据，在过去50年里，自杀率上升了60%，农村自杀率是城市的3倍，即75%的自杀发生在农村。精神疾病已成为15～34岁青少年人群的首位死因。专家分析两类人群压力大：一部分是在校学习的中学生、大学生，另外一部分是走入社会才成家立业的青年父母。这两类人群肩负的压力巨大。前者学业负担重，还面临自身成长和感情、就业等多方面压力。而步入社会的青壮年面临生存、工作、经济负担、子女教育等实际问题。大多数青壮年的心理压力和各种负担始终无法得到释放和纠正，最终走上自杀的悲剧道路。

当然精神疾病也不是中国独有，有近4成欧洲人也被它困扰。新华社研究报告称：欧洲国家近四成受心理和精神疾病困扰，形成巨大的社会和经济负担，“精神疾病已经成为21世纪欧洲最严重健康问题”。大约1.65亿人患精神疾病，占30国总人口的38%，病症表现主要为抑郁、焦虑、失眠和痴呆。美国有两成人患精神疾病。美国政府研究人员2010年11月发布报告称：2009年逾4500万美国人患有某种形式的精神疾病，约占美国成年人口的20%，而患有严重精神疾病者达到1100万。美国药物滥用和精神健康服务管理局的报告称，18~25岁之间年轻人存在精神疾病的比例最高，达到30%，而50岁及其以上年龄群最低，为13.7%。美军平均每天发生至少一起自杀死亡事件。据新加坡《联合早报》报道：过去10年来，美国军队死于自杀的人数已超过在阿富汗战场上阵亡的人数。美国国防部长帕内塔说这是他“上任以来最感挫折的挑战”。国防部已拨出20亿美元，为士兵治疗心理疾病。世界卫生组织专家断言：从现在到21世纪中叶，没有任何一种灾难能像心理危机那样带来持续而深刻的痛苦，人类已进入“心理疾病”时代。在这种背景下，十八大报告中指出要注重人文关怀和心理疏导具有非常重要的意义。

二、当前领导干部的心理状况如何？

我们的压力来自哪里？事业？家庭？社会？其他？如果我们选择工作排第一，那么工作势必成为我们的压力源。

2011年第6期《凤凰周刊》封面标题《大陆官员“压力”调查》显示：当官真累！中国社科院政治学研究所2011年十月公布了一份《县处级领导干部日常工作生活观察》调研报告，调研对象包括8个省市的12个区县的162名领导干部，发现地方党政一把手工作、生活呈“一少三多”特征：休闲少；会议多，出差多，陪同多。2011年6月《半月谈》显示：《多份调研报告揭示基层干部“心”累》，80%以上的官员特别是基层官员普遍存在较大的“心理压力”，存在一定程度的“心理不平衡”“心理疲劳”及“压抑心理”。2010年调查显示，45.1%认为自己是“弱势群体”，各级领导干部已成为心理问题频发的重点人群之一。

中国公务员心理健康网首席顾问徐培基《公务员心理健康状况研究》报告显示：70%以上心存戒备；30%对自己的工作越来越不感兴趣；40%认为工作没多大意义；50%以上时常感觉倦怠；70%以上缺乏应有的工作激情；34.5%不同程度地存在抑郁倾向（其中，重度占3.46%，中度占9.9%，轻度占21.30%）。

三、如何提高领导干部的心理调适能力？

我们如何缓解自己的压力？又如何使自己快乐从而提高幸福指数？

这个问题我们从“探索领导干部心理调适之法”和“探索领导干部情绪管理之策”两个方面来谈。

（一）探索领导干部心理调适之法

领导干部既面临来自工作的、家庭的、上下级的种种压力，也有个体因素造成的压力，如果自己不会排解，不能自拔，就会导致越陷越深，最终出现我们最不愿意看到的在很多地方出现过的领导干部自杀问题。所以，必须要积极主动探索提升领导干部心理调适之法。领导干部心理调适的关键在于自我调适。具体包括：

1. 正确看待压力，塑造积极阳光心态。

遇到困难，产生压力，可能是自己的能力不足，也可能是环境或他人的因素，以积极乐观的心态拥抱压力，要多从正面来激励自己，不仅会平息有压力而带来的紊乱心情，而且能使问题导向正面的结果。

什么是积极阳光心态？就是知足、感恩、达观、进取的心理状态，是一种健康的心理。我们说，心态的力量是很大的。朋友圈流行这么几句话：你改变不了环境，但可以改变自己；你改变不了事实，但可以改变态度；你改变不了过去，但可以改变现在；你不能控制他人，但可以掌握自己；你不能预知明天，但可以把握今天；你不能样样顺利，但可以事事尽心；你不能左右天气，但可以改变心情；你不能选择容貌，但可以展现笑容。这几句话细细品味很有道理，不要小看了心态的力量。

你改变不了环境，但可以改变自己：我们在学习、工作和生活中，不可能一帆风顺，种种失败、无奈我们无法改变，需要我们去面对、去处理。是一味地埋怨生活，从此消沉、萎靡不振，还是改变自己，对生活充满感激，跌倒了再爬起来？英国作家萨克雷说："生活就是一面镜子，你笑，它也笑；你哭，它也哭。"

你改变不了事实，但可以改变态度：人有时是很脆弱、很无能、很无助的，在日常生活和工作中，有很多的事情是不以我们的意志而转移的。无论我们多么不情愿，多么不高兴，甚至是多么愤怒与不满，该发生的事情还是照样发生了。有些问题，如果我们试着改变一下对它们的态度，情况就会截然不同：比如，上司批评了自己——这说明上司还在意自己，批评是人进步的基础。世界推销大师原一平曾经当掉自己的衣服，请朋友喝酒吃饭，目的就是让朋友们每个月给他提出五个缺点，然后，自己下决心改正它们。当上司对自己所犯的明显的错误不闻不问的时候，你可能就离下岗不远了。再比如，孩子这次没有考好——比起那些成天泡在网吧的孩子，自己的孩子不是很优秀吗？总之，一个人因为发生的事情所受到的伤害，远不如他对这个事情的看法更严重。事情本身不重要，重要的是人对这个事情的态度。所以，如果改变不了事情，就改变对这个事情的态度。态度变了，事情就变了。

你不能预知明天，但可以把握今天：天有不测风云，人有旦夕祸福。明天的事情难以预知，但我们可以把握今天，把握此刻。目的并不是唯一，放慢脚步。慢慢体味生活的过程，活在当下，享受过程。

你不能样样顺利，但可以事事尽心：人生不如意十有八九。万事如意仅仅是人们的祝福和幻想，能做到百事如意就是人生的幸事了。虽然我们不信上帝，但借用西方一句话：上帝是公平的。他在对你关上一扇门的时候，一定会给你打开一扇窗。老天不可能所有的好事都给张三，所有的倒霉事全给李四。一个人不可能一直都是好事好运，顺心如意。我们所能做的就是事事尽心，你尽心尽力了，就可以问心无愧了。

你不能左右天气，但可以改变心情：天气我们无法左右，连天气预报有时也不准，但我们可以调整自己的心情，去体味蒙蒙细雨的浪漫，下雨可以降温，可以除尘，阳光明媚更好，可以杀菌，可以补钙，可以享受阳光浴。

你不能选择容貌，但可以展现笑容：虽然爱美之心人皆有之，但我们无法选择自己的容貌，有人遗传得好，有人不幸劣化遗传，但我们坚信漂亮不等于美，人的美是一种由他的综合素养、素质、学识，知性的沉淀由内而外散发出来的一种气质、一种韵味。

生活中有很多智慧需要我们学习。要开启人生宝藏的八把钥匙：第一，珍惜应该珍惜的。第二，感谢应该感谢的。珍惜、感谢哪些人呢？那些爱我们的人和我们爱的人。第三，发现应该发现的。第四，把握应该把握的。工作生活中有许多机遇稍纵即逝，该把握的时候一定要及时把握，既不盲目自大，也不必过度谦虚。第五，原谅应该原谅的。原谅是一种风度，是一种修养。人的一生中会遇到不顺心的事，会碰到不顺眼的人，如果你不学会原谅，就会活得很痛苦，活得很累。人和人的学识不同，见识不同，修养不同，对事物的看法自然就不一样，人与人之间有碰撞，有摩擦，有矛盾，是很正常的。原谅别人需要有自我牺牲的精神，要有一个宽阔的胸怀，吃亏并不代表软弱可欺。原谅不会让你一直幸运幸福，但它至少会让你减少痛苦。假如你不能原谅，一定会痛苦不堪，郁郁不乐。当你宽恕、原谅了一切之后，你会发现，得到释放的不是别人，而是自己的心。第六，忘记应该忘记的。生活中或许会有一些人一些事让你不能忘却释怀，样板戏《红灯记》中，李铁梅有一句唱词“仇恨入心要发芽”，反映出革命战争年代需要牢记的阶级仇民族恨。在和平年代如果我们把生活中的不如意牢牢记在心里，也来个仇恨入心要发芽，就超越了人民内部矛盾的范畴。所以生活中有些事即使被人误解伤害也要学会劝自己原谅该原谅的。忘记那些使人不愉快的事其实就是让负性情绪离开自己，不再让负性情绪伤害自己。生活里需要更多宽容谅解等正能量情绪的滋润。第七，发泄应该发泄的。中国传统文化对男性的教育目标是大男子能担当，这当然有积极的意义，但要求男儿有泪不轻弹，要求男人受到委屈也要泪往肚里流，这就不可取了。把本来该发泄出来的负性情绪堆积起来会对健康造成很大的伤害。其实伤心的、悲愤的泪饱含毒素，应该让它流出来，这有利于身心健康。至于女同胞，大家知道，女性是感性动物，无论伤心高兴都会情不自禁哭出来，很多女性的体验哭出来心里就好受多了，心情也好了。所以必须要发泄该发泄的。当然除了哭之外，还有许多其他途径发泄负性情绪。第八，接受应该接受的。人类的痛苦均来源于拒绝接受现实。活在过去是抑郁，活在将来是焦虑。活在现在并抓住现在才是真实、快乐的。

综上所述，在生活中，我们要有改变态度的心态，享受过程的心态，活在当下的心态，感恩的心态，境由心造的心态，善于妥协的心态，归零的心态。归零心态又叫作垃圾桶心态。人们每天必须及时清理垃圾。心理垃圾也一样，一些负性情绪要及时清零，归零。该放下的事情就要放下，老计较过去不愉快的事，让过去的不快成为现在的包袱，心理垃圾多了就会影响心情。人的心只有方寸大小，负性情绪堆集多了就容不下正向情绪的阳光雨露。人生需要归零，每过一段时间就将过去“清零”，让心灵充盈新鲜空气。

2. 管理好时间。

工作压力的产生往往与时间的紧张感相生相伴。不少同志经常将工作任务拖延到最后一刻才完成，这样给自己的工作和心理都造成极大压力。安排时间是否合理，对我们在工作当中的效率有很大的影响。因此，领导干部应学会时间管理，把工作安排好，把重要的事放到首位，处理好轻重缓急。具体说做到这么几点：第一，想到就立刻去做。想到的事情立刻去做，会明显提高生活和工作效率，改善拖延症。第二，先做重要的紧急的。懂得分轻重缓急，在工作上对于减轻你的压力有十分重要的作用。第三，节约时间成本。把握时间，把时间花在重要的事情上，是很有必要的。生活中，工作中，你必须懂得事情本身与时间成本之间的关系，不要把时间白白浪费在无关紧要的小事上。第四，懂得休息。懂得适时让自己休息的人，才是真正懂得安排时间的人。休息是为了更好地工作。

3．确立合理的目标追求。

压力的一个突出特点表现在对未来的焦虑和担心。做事情一定要实事求是，量力而行，不宜高求，也不宜低就。应对压力的最佳办法就是确立合理的目标，集中精力把今天的工作做好，把当下的工作做好。目标的价值是给人以鼓励，催人奋进。如果目标变成了沉重的负担，那么它就不仅没有任何激励作用，而且还会让成功离你越来越远。如果你暂时还没有能力去摘天上的星星，不如先把藤上的葡萄作为目标。制定合适的目标，正确认识目标，化压力为动力，人生才会更精彩。

4．建立自己的朋友圈。

压力过大的时候，要寻求朋友的帮助，不要试图一个人就把所有压力承担下来，积极与朋友或家人倾诉交流。毛阿敏的《永远是朋友》唱得好："千里难寻是朋友，朋友多了路好走，以诚相见心诚相待，让我们从此是朋友。千金难买是朋友，朋友多了春长留，以心相许心灵相通，让我们永远是朋友。结识新朋友，不忘老朋友，多少新朋友变成老朋友，天高地也厚，山高水长流，愿我们到处都有好朋友。"

5．压力大时主动寻求心理援助。

压力大的时候，应采取主动寻求心理援助、进行心理咨询等方式来积极应对。有研究显示，目前至少有30%~40%的工作人群在工作时感受到过分压力，并且超负荷的工作量、过分的时间紧迫感是抑郁症和焦虑症发生的高危因素，而抑郁症是自杀的最大危险因素。为及时疏导上述人群的心理危机，避免恶性事件的发生，首家由广州市卫生局组织的精神卫生救援专门机构——心理危机研究与干预中心于2007年10月30日在市脑科医院正式成立。该中心向广大市民开通了4条免费心理热线：020-81899120。市民可24小时拨打心理咨询热线。专职热线接线员由经过规范化培训的心理咨询师和心理医生担任。在化解心理危机的同时，针对其中一些高危来电，将和110、120联动，及时把那些徘徊在自杀边缘的求助者拉回来。据介绍，热线开通当天截至下午4点，就收到倾诉电话88个，内容涉及婚恋、家庭、工作、人际关系等多方面，打来电话的男性比例超过六成。[1]广州市心理危机干预中心还成立了继深圳之后广东省第二支重大灾害事故心理卫生救援队，由广州市脑科医院40名心理医生和专家组成。一旦再发生像非典、海啸、坠机、塌桥等重大事件，心理救援队将及时赶赴事故现场，为灾害幸存者、目击者以及遇难者家属及时提供心理救援。

（二）探索领导干部情绪管理之策

人们常说，“冲动是魔鬼”。日常生活中，许多人都会在情绪冲动时做出令自己后悔不已的事情来。学会有效管理和调控自己的情绪，是一个人走向成熟的标志。安东尼·罗宾斯说：“成功的秘诀就在于懂得怎样控制痛苦与快乐这股力量，而不为这股力量所牵制。”如果你能做到这点，就能掌握住自己的人生，反之，你的人生就无法掌握。弗洛伊德说：学习掌握自己的情绪是成为文明人的基础。

1．了解心理学关于情绪变化规律的相关知识。

增强应对情绪偏差的理性自觉性。我们知道，人类的基本情绪有七种：喜、怒、哀、乐、悲、惊、惧。大家注意看看，人类的基本情绪中有几个是正向的？几个是负向的？七种基本情绪中只有两个是正向情绪，这是人的本能决定的。既然这样，我们为什么不放大这两个正向情绪，缩小五个负向情绪呢？开心是一天，不开心也是一天，我们为什么不开心地过好每一天呢？人类最原始的情绪有四个：快乐、愤怒、悲哀、恐惧。大家看看仍然是正向情绪少，仅仅一个。当前党员干部常见的不良情绪有：抱怨、易怒、抑郁、焦虑、多疑、强迫现象、心理失衡等。心理学家统计的结果表明人类共有六大恐惧：怕贫穷，怕被批评，怕得病，怕失去爱，怕年老，怕死去。这里要多说一句，人除了怕老、病、死以外，都不喜欢被批评。有位干部说，人都

1　杨霞：《广州成立首个心理危机干预中心和心理卫生救援队》，新华网，2007年11月01日。

喜欢听好话，领导也是人，也喜欢听好听的话。这是符合人性的真理。既然如此，我们在工作中对领导对下级说话要讲究艺术，尤其是批评人要讲究艺术。对孩子提倡赏识教育也是基于这个道理。

2. 培养情绪自觉意识。

情绪是指个体对本身需要和客观事物之间关系的短暂而强烈的反应，是一种主观感受、生理的反应、认知的互动，并表达出一些特定行为。情绪管理是将这些感受、反应、评估和特定行为挖掘并驾驭的一种手段，是对个体和群体的情绪感知、控制、调节的过程。包括两个方面：正面情绪是指以开心、乐观、满足、热情等为特征的情绪；负面情绪是指以难过、委屈、伤心、害怕等为特征的情绪。人一定会有情绪的，压抑情绪反而带来更不好的结果，种种的负面工作情绪无论是对个人还是组织而言，危害都是很大的。长期的情绪困扰得不到解决，除了会降低个人的生活质量，还会使个人丧失工作热情，影响个人与同事的人际关系，并且影响个人的绩效水平。学着体察自己的情绪，对情绪有正确的认识，是情绪管理的第一步。

3. 适当表达自己的情绪。

善于表达情绪，让压力释放出来，才能使身心健康。中国人的表达情绪大部分时候都是在发泄，所以伤己伤人，妨碍沟通。愤怒是每个人常有的，因此要了解如何表达心中的愤怒。压抑怒气或不适当地表达愤怒的后果，可能会影响心理与生理健康。压抑怒气导致的紧张，可能会引起失眠、溃疡症、腰疼、头疼等疾病。正确的做法是能够恰当地表达自己的感觉。应该了解，勃然大怒并非是表达愤怒的唯一方式，也不要认为愤怒是一种危险激烈的情绪。其实那种压抑怒气、不表达怒气才危险。如何“适当表达”情绪，是一门艺术，需要用心体会、揣摩，要学习用语言表达感受，用适当的方式表达自己的情绪，更重要的是要运用在生活中。“枕头大战”成为一种流行全球的白领缓解工作和生活压力的方式。

4. 主动管理自己的情绪，以适合自己的方式舒缓情绪。

纾解情绪的方法很多，有些人会痛哭一场，有些人找三五好友诉苦一番，有些人会逛街、听音乐、散步或做别的事情以分散注意力。比较糟糕的方式是喝酒、飙车，甚至自杀，这种方式我们不提倡。纾解情绪的目的在于给自己一个厘清想法的机会，让自己冷静点，也让自己更有能量去面对未来。要选择适合自己且能有效纾解情绪的方式。如果纾解情绪的方式只是暂时逃避痛苦，尔后需承受更多的痛苦，这便不是一个合适的方式。有了不舒服的感觉，要勇敢地面对，根据不同角度去选择适合自己且能有效纾解情绪的方式，就能够控制情绪，而不是让情绪来控制我们。掌握自己的情绪，才能掌握自己的未来。

管理好情绪的办法有幽默、升华、补偿、转移、合理宣泄等。生活中我们要学会自我解压，放松身心。方法有很多：可以考虑发展多种兴趣，参加户外运动锻炼身体，外出旅游给自己心灵放个假，去闹市购物，多吃使人愉快的食品，比如巧克力、牛奶、香蕉等，或者考虑换一种工作。

还有一种可以使人快乐的方法——数钱。2013年4月13日《新快报》报道：中山大学社会心理学美女教授周欣悦发表在国际著名心理学刊物《心理科学》上的论文《金钱的符号作用：启动金钱概念改变社会痛苦和生理性疼痛》引起了社会的广泛关注。看来数钱的确能缓解身心疼痛，但我们不鼓励拜金。

5. 不要把工作上的压力带回家。

要养成负性情绪归零的心态，尽量切割工作与家庭生活的情绪环境。一位家庭主妇在她的房门上挂了这么一块木牌："进门前，请脱去烦恼；回家时，带快乐回来。"在她的家中，男主人平易近人，孩子大方有礼，一种温馨、和谐充盈整个空间。询问那块木牌，女主人笑笑，解释说："有一次我在电梯镜子里看到一张充满疲惫的脸，一副紧锁的眉头，忧愁的眼睛……把我自己吓了一大跳。于是，我开始想，孩子、丈夫看到这副愁眉苦脸时，会有什么感觉？假如我对面也是这副面孔，又会有什么反应？接着我想到孩子在餐桌上的沉默、丈夫的冷淡，这些在我原来认为是他们不对的事实背后，隐藏的真正原因竟是我！当晚我便和丈夫长谈，第二天就写了一块木牌钉在门上提醒自己。结果，被提醒的不只是我自己，而是一家人……" 主妇不经意间的一句平白朴实的话，让原本死气沉沉的家庭又焕发出生机。如果我们稍稍用心，把这种豁达和体恤用于生活、工作的各个方面，“踢猫”这条恶劣的传递链就能被截断了。

因此，在日常生活中要坚持用全面论、相对论、发展论看待问题。不要像泰戈尔所说：“我们错看了世界，却反过来说世界欺骗了我们。”在生活中我们要争取做到：要有目标去追求，要经常保持微笑、要学会和别人分享喜悦，要乐于助人，要保持一颗童真的心，要学会和各种人愉快地相处，要能处变不惊，要保持幽默感，要能宽恕他人，要常和别人保持合作并从中获得乐趣，要保持高度的自信心，要尊重弱者，要具有胆识和勇气。当然，偶尔也放纵自己一下，但不要财迷心窍，做到君子爱财取之有道，要守住法律的高压线和道德的低压线。这样，我们就可以做到——宠辱不惊，看庭前花开花落；去留无意，望天外云卷云舒。生理需要保养，心理更须呵护！

第八讲

领导干部的媒体沟通能力

段秀芳

互联网尤其是移动互联网的飞速发展，极大地改变了新闻宣传的生态环境。据中国网络信息中心最新发布报告统计，截至2014年12月，我国网民规模达6.49亿。其中，手机网民规模达5.57亿，较2013年增加5672万人。网民中使用手机上网的人群占比由2013年的81.0%提升至85.8% 。中国网民的人均周上网时长达26.1小时。调查还显示，有54.5%的网民表示对互联网信任，相比2007年的35.1%，网民对互联网的信任度有较大幅度提高。[1]在移动互联网时代，碎片化时间阅读新闻成为网民的主要活动之一。而随着微博、微信、微视、移动客户端等应用的兴起，网民接触新闻的渠道增多。手机网民更是可以随时随地浏览新闻。微博对新闻事件的快速传播，形成热点话题，并联动主流新闻媒体进一步广泛传播，已经成为普遍现象。文字、图片、声音、视频，都是网络信息传播的载体。谣言、恶意炒作等负面效应，在短时间内能够迅速放大。互联网已成为新闻宣传的主要阵地之一。

随着社会的进步与发展，党委、政府与媒体的关系，也发生着微妙而现实的改变。处在问题多发期和矛盾凸显期的各级党政领导，面对汹涌而来的突发事件，是掩？是拖？是压？还是“沉默”？ 致使突发事件演变成为

1 《中国互联网络发展状况统计报告》，中国互联网络信息中心，2015年7月。

"新闻事件"，将社会情绪积聚为溃坝能量，引发更大的社会冲突？还是准确、及时、公开、透明地发布新闻，抢占舆论先机，占领舆论制高点，正确引导社会舆论，科学疏导群众情绪？这不仅仅是一个如何面对媒体，如何引导舆论的问题，更是一个考验各级领导干部执政能力的问题。

一、媒体沟通的挑战与困惑

这门课程已经在在党校开设了几年。那个时候许多学员到党校来学习，对我们提出来需要解决的问题和要求是什么呢？很多学员问我："段老师，你能告诉我们，面对南方都市报记者的提问，我们怎么回答？""面对媒体记者的突然到访，或者记者没有经过预约，突然来到了我们的办公室，或者来到工作现场，我们怎么办？""面对'三无'记者的时候，或者面对记者围追我们问一些我们无法回答的问题，怎么办？"……可以说，当时，我们主要教授给大家的，就是如何应对媒体的最基本的技巧性内容。

那么，几年过去了，现在，党政各部门的领导干部，面对媒体的现状是否发生了变化呢？目前每个单位都设立了新闻发言人，统一了新闻发布的出口，看上去面对媒体更加专业化了。但是实际上，在工作中我们发现：

一方面，随着2011年微博等新媒体的不断发展，微传播时代的来临，每一个领导干部都被置于媒体和公民的关注下工作和生活，随时都可能成为媒体和公众关注的对象。所以，不是每一个媒体沟通的问题和工作的发布，尤其是热点舆情中，都能够由新闻发言人来与媒体及时地沟通。因此，掌握基本媒体沟通的技巧仍然是每个领导干部需要的基本技能。比如说在广州地区，平面媒体单位有6报3台。3台是指广东电视台、南方电视台和广州电视台。如果是广东电视台的《今日关注》频道和广州电视台的《G4》频道来采访，我们是否要区别对待，如果有区别，区别在哪里？虽然这两个频道都是民生体的频道，但二者最大的区别在于《今日关注》是卫星电视频道，《G4》频道不是卫星频道，因为广东地区的上星电视台只有3家，那就是广东电视台、南方电视台和深圳卫视。因此对每一种媒体性质和风格的了解，非常有利于我们与媒体的沟通。

今天随着网络新媒体的发展，新闻舆论监督的范围是无所不至了，媒体和网民关注领导干部的方式，不再是某一位领导干部在事件处置中的态度，而是喜欢将某一个领导干部的表现迅速上升为部门和地区的政府执政表现。我们可以看到，今天时而发生一个与政府相关的舆论事件，媒体和网民质疑的口吻，最后到哪里呢？不是这个事情解决得怎么样，而是他会说，这样的部门，这样的领导干部，还合不合适去“为人民服务”“还符不符合一个共产党员的标准”。所以今天我们来谈与媒体如何沟通的问题，我们自然会想，我们需要什么样的能力，才能应对媒体。今天的媒体沟通能力，不再仅仅是提高领导干部在现场应对媒体的个人技巧的问题了，当然技巧很重要。2009年广州新光公司一位负责人在媒体见面会上面对记者提问时说“我是不是拉屎臭不臭也要告诉你？”类似这种个人应对媒体的问题应该已经越来越少了。那个时候的媒体，喜欢揪着官员的岗位表现，现在对于官员，更多是从履行职能的角度出发，比如是否公平，是否符合程序，是否符合人性、人情。

另一方面，目前新闻发言人又受到行政管理体制现状的影响，而没能及时发挥舆论引导和媒体沟通的功能。比如说，目前大部分单位的新闻发言人，主要是由分管人事、宣传、办公室的副职担任，而这个副职的人选随时会随着岗位分工的改变而随时更换，并不能长期由一名固定的人员担任；同时在遇到热点突发事件时，新闻发言人很难迅速做出判断和全面掌握情况，更重要的是无法立刻做出决策，迅速实现舆情传播的沟通和控制。

可以说，从微博、微信、微视和客户端等三微一端的新媒体迅速发展以来，如何与媒体沟通一直就是领导干部面临的巨大挑战。面对这些挑战，我们怎么办？认识上、行动上如何应对？在这几年与各级领导干部的交流中，我感受到领导干部的几种态度和变化。有的领导干部过去是敞开心扉，主动与媒体记者们打交道，在经历了某些与媒体沟通的惨痛教训后，这一两年开始，反而不敢说话了，不敢和媒体记者打交道了；有的领导干部认为只要不出事，只要没有负面报道，就是成功的媒体沟通了，将“报道无负面”和“舆论不说坏”作为与媒体沟通的主要工作；还有的领导干部认为有需要沟通就找宣传部，仍然将媒体仅仅看做是“党和人民的喉舌”；等等。这些认识态度是对还是错呢？为什么会产生这样的行动呢？都是来自每一个领导干部对新媒体发展带来的挑战的一种应对性反映，都是基于这些年与媒体打交道之后形成的惯性反应。那么，今天与媒体的沟通中，究竟存在什么问题和挑战呢？主要存在两个困惑和挑战。

第一，客观性问题的挑战。

媒体记者呈现的新闻与真相的差距让我们很痛苦。我们的官员们会经常说：“事实上根本不是他们报道的这样！记者为什么不报道客观事实？”那是我们的以为，过去中国的新闻就是党想说的新闻，政府想说的新闻，宣传部想说的新闻，那时的声音是一家之言，但是现在，党管媒体的打破、公民知情权的认识、网络新媒体时代的发展，导致过去的好日子一去不复返了。结果，我们经常纠结在新闻真实性问题上，“不为我说话，至少要说真话吧”。过去敢说话，现在不敢在媒体面前说，认为实在迫不得已，绝对不和媒体打交道。这一类想法的根本原因就是害怕媒体，害怕记者。为什么呢？怕是怕在哪里呢？我们说，怕就怕在一个点上，那就是我们告诉媒体的事情，告诉媒体我们认为是真相的内容，比如说我们接受媒体采访了，讲了一大段话了，结果电视台播出的内容，报纸刊登出来的标题和内容，并不是你接受采访的意思。发现媒体断章取义了，或者将我们不小心说的一句话放大成了新闻标题了。所以领导干部害怕媒体记者的原因，不是真的害怕他们的采访，而是害怕媒体记者乱说话，认为媒体记者说的都不是真话。所以今天和媒体打交道的时候，是不是临时性的技巧问题呢？技巧问题是存在，但首先我们要知道的是，媒体记者他们的新闻立场和出发点在哪里？然后才能知道，记者做出来的新闻，说出来的话，和我们想要告诉记者的话，能否达成共识，才能达到我们想要的媒体报道和宣传效果。

第二，危机性问题的挑战。

和过去相比，让领导干部最害怕的就是今天的网络媒体已经进入到Web 2.0的时代，我们都说信息社会，新媒体，有的叫做“自媒体”。这样一个媒体时代，对于政府官员来说，最大的冲击在哪里啊？就是领导干部的执政环境发生了巨大的改变。这个执政环境的巨大改变是什么？那就是，我们必须适应“在媒体的关注下”去工作。而这个东西，它是个思维层面的内容，也就是说，我们有没有习惯，我们的工作中，处处就想着“媒体关注”，而不是等着媒体来关注了，我才关注到“哦，原来我的工作，媒体会关注和感兴趣”。这一点上，说起来容易，做起来是非常难的。比如，很多同志会问这个问题，我为什么要适应媒体关注啊？那我会和他交流说，如果你认为可以选择性地接受媒体关注，那么，媒体也可以选择性对你进行“客观性的真相报道”，当我们去埋怨媒体没有正确报道我们的工作时，是否也是因为你根本没有这个意识让媒体有“客观报道”的机会呢？所以，今天讲的这个“信息社会、新媒体时代”对于媒体和公众来说，他希望政府进行的每一个环节、每一个程序都是透明的。公众希望通过媒体这样一个渠道，来使得政府的所有工作，都一览无余地展现在公众面前。但是这显然是不可能的，所以这就使得一些媒体和记者对我们某一些部门、某一些工作，带有极大的敏感性和倾向性，并且在这个中间寻找有新闻价值的新闻资源。

当领导干部们没有完全公开信息的能力，同时也没有“在媒体关注下工作”的敏感性时，而媒体又在不断想要挖掘政府工作中的新闻资源时，问题就会随着而来，那就是危机性问题。我们认为一件很小的事情，或者是我们可以解决的一件突发事件，可能出乎我们的意料，通过媒体记者，突然被点燃了，结果发酵放大成为一件危机事件（或者称为新闻群体性事件）。在这种沟通体验下，领导干部会非常害怕媒体，感觉与媒体打交道是如履薄冰，不知道是什么时候，一颗定时炸弹就会在我们身上爆炸。因此，在信息社会中，伴随公民参与意识和权利意识的觉醒，最容易按照“沉默的螺旋”定律制造新闻热点事件，将地方政府和部门官员推入媒体和公众关注的焦点，并且被“集体宣判和命定”。

由此可见，要解决好领导干部的媒体沟通问题，首先需要关注的不是技巧问题，而是这两个直接冲击心理的挑战。只要解决好了这两个挑战，两个困惑，那么再去应用技巧就轻松很多。

关于“客观性问题”，不管你接受媒体采访前做了多少的工作，检验的标准最后只有一个，那就是在报纸、电视台、门户网站的标题是不是我们想要推出的口径和主题。如果没有做到这一点，我们就失败了。如果我们讲的话能够成为媒体报道的标题，那就是解决好了所谓的真实性报道、客观性话题了。现实中，我们讲的这个客观性话题，是领导干部目前最难攻克的问题之一。关于“危机性问题”，避免新闻群体性事件的出现，避免小事变大事，成为热点舆论事件的制造者。换句话讲，就是使我们的工作成为常态。通常出现新闻热点事件时，领导干部的工作就进入了“突发事件的应急状态”。但是按照目前的《中华人民共和国突发事件应急法》和各级地方政府的《突发事件应急预案》的启动条件，并不完全适用与新闻群体性事件启动预警的条件。比如有些新闻热点事件中，并没有出现重大财产的损失和人员的伤亡，但是却被新闻媒体频频报道、网民频频围观、意见领袖频频参与，结果导致舆情不断升温、发酵。

为了更好地说明这个问题，我们用“2013年3月广州市海珠区赤岗城管事件”这一个案例来体验一下。

二、案例分析和评论

（一）案例事件陈述

1. 事件经过。

2013年3月6日，《南方都市报》的微博上出现了一则关于“广州海珠区城管队员与女小贩发生冲突”的图文帖子，频遭转发。百度关键词搜索相关帖子有20600个，相关图片和视频近2000个（张）。

——消息称下午15:10，赤岗街城管执法人员在客村立交，对一名在禁止摆摊设点的地方摆卖水果的红衣女小贩，进行执法劝离的过程中，遭到女小贩辱骂，因此就掐住对方脖子意图将其放倒。不过，涉事城管中队的有关负责人却表示没有掐小贩脖子，只是采取了隔离控制措施。

——3月6日15:40时许，红衣妇女的丈夫到达现场，情绪激动，对辖区公安民警实施辱骂、推打，并砸执法车辆。在增派警力的协助下，当事人被带到赤岗派出所调查处理。

——当日，广州海珠区赤岗街道办事处称，对执法过程中个别队员的不当行为进行了批评教育，并予以停职处理。

——3月7日，广州城管已向女摊贩李女士道歉，并归还了其贩卖水果的车辆。李女士接受城管道歉，表示事情到此为止。

——但是此后，网络舆论放大此事的影响。

——3月21日上午10时，广州市城管执法新闻发言人吕志任召开新闻座谈会，公开“城管掐小贩脖子”等近期多起城管小贩冲突事件视频。

——3月22日，中央电视台就此事件到广州海珠采访，并于第二天在中央电视台法制频道栏目播出。

2. 网民质疑。

疑问一：为何事发后半个月才公布视频？

海珠城管执法“掐女小贩脖子”事件已经过去近半个月了，当时就有市民要求公布现场的有关视频，但为何要等到现在才公布这视频？广州市城管局副局长吕志任表示，自3月6日以来，广州城管执法发生了多起事件，处理这些事情已经耗费了一些时间。同时，吕志任说，在该事情发生后，需要进行调查，并依照有关的程序执行后，才能公布视频。吕志任还说，这次是城管首次公布执法视频，已经走出了一大步。他承认这次公布视频的时间比较迟，以后将会考虑第一时间公布有关的执法视频。

疑问二：为何视频不完整？

为何视频只拍摄到一部分？警察介入后发生什么事？吕志任透露，该视频是城管人员在执法过程中自己拍摄得到的，当时也确实只拍到这些情况。对于为何后来不继续拍摄，吕志任表示，可能是后来城管执法人员看见警察介入处理后，就不继续拍摄了。他说，目前对此事，市城管局只有这一段视频，至于公安部门有没有其他相关的视频就不清楚。

（二）案例分析

1. 我们要思考的问题。

问题一：为什么真相视频出来后，仍遭到很多的质疑？

问题二：为什么这件突发的、极小的事情被记者抓住不放，以至于发酵成为危机事件？

2. 我们要认识的教训。

第一，缺乏对媒体制造新闻方式的敏感性，对记者微博发稿的方式不了解。

在与媒体打交道之前，我们应该知道，他们是如何分类的，各自持有什么特点。通常把报纸、杂志、通讯社、广播、电视称为传统媒体，网络及手机称为新媒体。在现代新闻传播中，任何报道都遵循报道框架理论，即记者叙述一条新闻的切入点或者视角构成了其报道的框架，新闻如同一幅镶在相框里的照片一样，这个相框决定了读者能够看到什么看不到什么。记者决定把什么内容收进新闻报道的相框内，同时决定把什么内容排斥在相框外。另外，记者还设计相框的形状、新闻语言与词汇、制造语境，以使其选择的事实能被读者理解。换句话说，记者会通过报道框架“让别人说出自己想说的话”，让公众读出（看到）他想说出的内容。依据这个理论，我们发现，新闻报道中，不可避免地会反映出媒体记者的主观态度或者说他们的偏见。新闻确实基于事实进行报道，但是呈现出来的内容，却是态度、观点和情绪。因此，了解每一个媒体，比如某报纸、某电视台的某频道、某新闻节目的媒体属性和报道风格，这是基本的新闻敏感性要求。

在这个案例中，南都记者的发稿方式，首选了图片微博发稿，而不是在其报纸上进行文字报道。图片发稿，尤其符合报道框架理论的特点。图片和电视台的画面节目的特点之一，就是还原现场能力极强，但同时片段性、情节性也极强，更容易塑造出记者想要的主观态度。这种图片微博发稿方式直接导致了新闻中“一个带着孩子在路边求生记的妈妈”的形象被突显出来，而这位妈妈“违规摆摊”“冲突执法人员”的事实被高情感图片直接掩盖和忽略掉了。可见，记者在这个事件中设计的“相框内容”是人物的性别和身份的特殊性，希望公众关注女性立场。而其他事实已经被放在“相框以外”，没有受到公众关注。因此，当我们寻求真相、要求媒体记者进行“真实性报道”的时候，也意味着我们首先能够明白记者立场和报道的切入点，看看他们的报道框架是否与我们的事实报道要求有冲突、或者说不相吻合。如果出现这种明确的倾向时，我们应该立刻警觉，尽力将整个新闻的议程设置引导到政府的议程设置中来。

第二，缺乏对新媒体新闻传播规律的认识，导致错失“第一时间”。

可以说，目前中国存在三类媒体及与之相应的舆论场：一类是传统主流媒体。以党报党刊为代表的传统主流媒体，他们所制造的舆论场主要体现的是党和政府的议程，完成党和政府的喉舌功能。第二类是新的商业集团媒体。他们制造的舆论场主要体现的是全球化的议程和市场背后的公众力量，包括新兴企业集团、专家、明星主持、明星主编记者等，善于制造公共议程，可以称为新主流舆论场。第三类是混杂着各种声音的网络媒体。这个舆论场汇集了真与假、客观与极端、理智与感性的民间舆论场。目前许多的政府热点事件中，我们发现传统主流媒体做制造的官方舆论场，经常被新主流舆论场和民间舆论场边缘化，一定程度上，“喉舌”的声音越来越小，党报党台经常在重大舆情事件中丧失了“新闻议程设置”的功能。因此，我们需要高度关注的是，在突发事件被媒体点燃成为新闻热点事件时，要以新主流媒体舆论和网络舆论作为应急处置的控制点，而不是像过去的传统舆情处置方式，只重视传统媒体，尤其是中央电视台等中央级党报党刊的报道为舆情控制点。在这个案例中，事件传播途径是：南都报图片微博—南都报纸刊登文字—各大报纸、电视台、网络视频、微博转载—意见领袖介入—中央电视台采访—政府应对，公开视频。

我们发现，政府召开新闻座谈会，公开最能澄清事实的执法视频，是在事件发生的半个月后。从舆情发展来说，当新媒体不断转载、网民围观时，应该就是控制舆情的最佳时机，为什么却在半个月后呢？显然地方政府在考虑舆情处置的方式时，仍然是以传统媒体的报道级别的升级发酵为标准。中央电视台的到访成为了新闻座谈会必须召开的理由。然而，我们说，新媒体时代，微博等新媒体改变了传统媒体首声效应，今后更多热点事件的发酵地多半会外溢到多平台（微信、聚合APP、新闻客户端、网站等），如果我们没有意识到这个时机的重要转变，那么，“第一时间”处置的时机就无法把握了，并且非常容易丧失最佳的处置时机了。

第三，缺乏对突发事件和危机事件的区别性研判，导致处置方式不得当。

突发事件一定会转变成为危机事件？突发事件尽管会给我们带来麻烦，但它本身并不是那么可怕。俗话说，没有过不去的坎儿；尤其对于有着丰富工作经历的领导干部来说，只要我们投入精力，积极处理，事情总会向好的方向发展。可怕的是，突发事件发生后，当事者在媒体面前的表现，比如惊慌失措，想掩饰，想隐瞒，结果刺激到了媒体的敏感神经，吊起了他们的胃口。结果是，突发事件经过媒体的加工和传播，信息会被不断放大和扩散，造成社会的不稳定和公民心理的恐慌，从而酿成真正的危机。而这种危机会给当事人和政府带来难以挽回的损失，尤其是信誉的损害。

那么，突发事件与危机事件的区别是什么？就在于人的区别。危机事件其实是新闻群体事件。指因为媒体传播、凸显某些事件的特征和内涵，导致社会各界对事件深度广泛的关注，并且通过新媒体放大了具有代表性的观点和倾向，产生叠加效应，形成和不断扩大共振的区域和幅度，进而影响整个事件的公众认知、思想观念、价值取向、意识形态、政府决策、公共秩序、社会发展等等，导致难以预料的后果。所以，突发事件损害的是国家和地区的人民生命财产和安全健康，但是危机事件损害的是政府的公信力，是执政党的执政基础。无法避免突发事件，但是应该想尽办法避免危机事件的发生。当突发事件发生时，我们只要面对突发事件中涉及的财产和生命的损失，及时启动政府应急预案，需要面对的主要是事件中的“物”的问题（有财产损失的解决好赔偿诉求，有问责的追究责任人）。但是当突发事件发展成为危机事件中，最大的区别就是不再是简单地按照“突发事件应急法”的标准和规则应对了，而是增加了许多“人”的因素。我们需要面对记者的穷追不舍、公众的舆论压力、内部人员的人心不一以及来自上级领导的审查问责等，所有这些都让事情变得越来越复杂和不确定。

因此，当媒体介入时，我们首先需要判断是，这个事件被点燃成为了危机事件呢，还是仍然保持着突发事件的特点。这一判定很重要，直接决定了我们处置的方式是完全不一样的。如果仍然是突发事件，我们可以按照事先预定的“突发事件应急预案”的方式进行行政处置，对于这个阶段的媒体报道，不需要“大惊小怪”；但是如果发展成为了危机事件，那么我们的应对方式就不仅仅是按照突发事件的处置方式，这就会涉及更多的舆情应对处置方式。换句话说，突发事件可以通过问责、赔偿等内部行政处置方式解决好，但是危机事件一定要采取修复外部政府形象为主的舆情应对方式，而不是用问责、赔偿等行政方式来代替舆情应对模式。

在这个案例中，一开始，当地政府对这个事件的性质界定中，认为这只是一起城管执法人员执法不当引起的一件突发事件，因此，我们用行政处置方式来解决，由基层街道作为行政责任主体，第一时间将执法不当的执法人员停止处理，同时由垂直管理执法部门做好安抚工作，向当事人（红衣女小贩）道歉并归还水果车，结果发现这种应对对于平复舆情情绪、防止事态的发展上丝毫没有起到作用。不仅如此，意见领袖和网络借机酝酿出新的舆论高潮。如果一开始我们就发现这起事件正在朝着危机事件的方向发展，那么可能第一时间会采取高度重视的态度，统筹各方力量，迅速决策，拿出舆情应对的新方案来；也许在第一时间就在门户网站或者官方微博上发布执法视频，将舆论的焦点及时进行引导，而不至于站到了舆论阵营中的“审判席”上。

经过这个案例的分析和剖析，我们明白了最害怕的“新闻客观性”问题和“新闻危机性”问题的症结在哪里了：那只是因为我们将新闻报道当成了行政工作，而没有从新闻人的角度出发，没有习惯在“媒体关注下”开展我们的舆论引导工作。一方面，新闻是根据事实写的，但它本身并不代表真相，不是记者对某件事情的客观描述，尽管记者总是试图使他的作品看上去很客观、公正和平衡。所以学会新闻记者的报道方式，进行新闻议程设置。另一方面，准确把握住突发事件和危机事件的研判方式，等同二者的结果，必然会贻误处置的最佳时机，导致舆论发酵。同时，准确把握区别，才不会眉毛胡子一把抓，一味地采取传统的行政处置方式了。

2013年8月19日，中共中央总书记、国家主席、中央军委主席习近平在全国宣传思想工作会议上发表重要讲话。习近平指出，宣传思想部门承担着十分重要的职责，必须守土有责、守土负责、守土尽责…… 宣传思想部门工作要强起来，首先是领导干部要强起来，班子要强起来。要坚持政治家办报、办刊、办台、办新闻网站，成为在理论上、笔头上、口才上或其他专业上有“几把刷子”、让人信服的行家里手。只有掌握了与新闻、媒体、记者打交道的心理素质和基本原则，我们才能克服困难，摸清情况，准确把握住事件的节点，做好舆论的引导。

三、媒体沟通的工作重点

在这样一个全媒体时代，面对媒体功能和记者角色的改变，领导干部首先迫切需要改变的是对待新闻的态度，要从控制媒体转变为为媒体服务，站在新闻人的角度来和媒体打交道。从这样的视角出发，当我们和媒体进行沟通时，我们该做些什么？

（一）确定好与媒体沟通的立场

通过案例分析的方式，感受了在实际工作中可能遇到的媒体沟通的问题，对案例中呈现的问题已经有了共识，相信再出现此类的问题时，我们已经清楚如何把握和应对的原则了。大的原则了解清楚了，接下来就可以就细节问题来进行梳理。我们发现，即使了解了一些原则性问题，但是每一个人在与媒体沟通时候，为什么表现出来的又完全不同差别极大？因为我们每一个人当时的心态都不一样。曾经有一位心理学家经过调查后发现，人最害怕的事件之一就是：在公共场合说话或者讲演。在话筒面前、摄像头面前，在公众面前的时候，每一个人其实都非常紧张。每个人克服紧张的能力的不同，往往直接决定了当时能说出什么话、表出什么态来。所以，许多的领导干部在面对媒体的时候说错话，问题并不是出在对业务工作的不熟悉，而是紧张了、害怕了。一紧张害怕，连自己都不知道说出来的话是什么了。尤其是突然被媒体截访的时候，记者拿着话筒突然出现在你面前的时候，一下子就慌了，甚至语无伦次，结果表现出了过激反应。认为媒体就是来给我们找麻烦的；同时作为管理者的傲慢心态也一并起作用。其实，新闻媒体记者来采访，只是为了新闻报道的需要。需要我们注意的是：

一方面，新闻记者并不针对领导干部，并不是专门来抓丑揭黑的，即使新闻记者一开始有自己的“偏见”。可以说，他的到来只是因为有新近事件、新近事实的发生，所以来进行一个工作。另外，记者代表着公众还承担着“舆论监督”的功能。所以，记者只是为了完成自己的工作，需要新闻素材才进行采访。

另一方面，全媒体时代的记者采访与传统时代的记者采访不一样。可以说，记者找到我们采访的时候，也是记者采访结束之时。一个记者在采访之前，对这个新闻报道的框架、新闻事实的要点甚至新闻的标题，已经做了大量事实信息的搜集和网络评议的跟踪。往往记者到来的时候，只是想就这个事情了解政府的立场、官员的态度。有些领导干部并没有认识到这一点，刚好在记者面前表现出不耐烦和推脱的态度，结果被镜头捕捉到难看的那一面。

随着文化体制改革的深入发展，媒体市场化之后，开始走向商业化、产业化和集团化。在这一个改革的过程中，为记者提供了一个平台，就是选择合适的媒体，可以做专门揭露社会黑暗面的调查新闻和独家新闻，为弱势群体说话，令读者同仇敌忾、热血沸腾。因此，记者追求尖锐性的新闻报道，而不仅仅是进行新近事实的报道。这样同时会增加领导干部“妖魔化”的情绪倾向。在采访时，在彼此敌对情绪的点燃下，非常容易导致领导干部在媒体面前的失态和出丑。

因此，把握好领导干部的心态，首先要树立起新闻记者喜欢见到的官员形象。这种形象是什么样的呢？关键把握好两个字：“诚”与“信”，诚实与守信。与记者打交道时不可以向记者撒谎。“不向记者撒谎”是否等于“和盘托出”呢？当然不是，面对记者，我们一定是对信息有取舍，有选择。请记住的是：不一定把全部真话讲出来，但是讲出来的一定是真话。同时，要对记者守信用，答应记者的事情要做到，比如承诺什么时候回复，什么时候发给记者需要的材料，什么时候约记者见面接受采访，采访的时间什么时候开始，什么时候结束，等等。

其次需要理解清楚的是，关于不说假话、怎样讲真话的问题。在这个问题上，我们发现很多领导干部并不擅长，同时还经常在负面事件中出现一个现象，那就是真话也说了，但是却得不到记者和公众的认可和接受，仍然走向被声讨追责的地步。在2011年的“7·23”温州动车的特大事故中，当时铁道部新闻发言人王勇平，在温州宾馆的新闻发布会上，可以说态度是诚恳的，回答记者的时候是知无不言、言无不尽的。但是仍然成为了一个失败的舆情应对的典型案例。这是为什么？在“7·23”中，最大的冲击来自于网络微博当时的崛起，导致网络公民的信息全民搜，使得传统的新闻发布会中“统一口径”“发布事故现场跟进调查通报”的功能受到了前所未有的挑战之外，更多的原因还来自于“如何讲真话”的问题。“如何讲真话” 要求满足的条件就像撰写一篇新闻通稿一样。过去我们撰写新闻通稿，把握的就是将新闻的“六要素”说清楚就可以。但是从新闻采写的要求来说，这是个误区，同时从媒体沟通的角度来说，也是一个误区。

我们经常斟字酌句说出来的那些话，就相当于过去通讯社采稿的消息稿一样。我们不知道的是：通讯社的稿件从来不会单独发一篇消息稿，都是采用成对发稿、连续发稿的。消息稿是为了第一时间满足大家的事件的“性质知情权”，告诉大家在什么地方发生了一件怎样的事情。紧跟其后，通讯社的记者会发“通讯稿”，也就是对这个事件的各个要素、各方态度、各种认识等属于稿件“血”和“肉”的内容进行跟进报道，以期完善公众对事件的“细节知情权和好奇心”。因此在和媒体沟通时，应该至少考虑三个条件：

第一是关于“准确性——客观性”要素。换句话说，如何讲真话首先要确定我们想要讲的关键信息，将事件的基本情况表述完整、准确、真实。这是沟通的基本要求，但并不是唯一的要求。许多的领导干部认为做到了这一点就足够的，但其实还不够。

第二是关于“详实性——细节性”要素。除了要满足好人民的知情权之外，我们还需要考虑公众知晓细节的权利和好奇心的满足。经常发现，在许多重大事件中，我们希望统一口径进行新闻通报，就会指定某一两家党媒，发一到两篇公告性质的新闻通稿，开一到两场新闻发布会，领导在会上严肃申明，没有沟通交流，更加没有问询，只有告知。结果向维稳工作一样，将新闻事件也进行维稳。公众关于这一事件，只能知道极少的信息，在形象上，一下子就造成了“政府想隐瞒什么，不想让公众知道什么”的舆论形象，而从来没有考虑到公众对“信息公开”和“细节知晓”好奇心的满足。所以这就没有充分考虑到第二个要素。我们可以组织发稿，组织采访，组织审稿等，但是绝对不适合简略细节、删除过多信息，只做“定性”工作，没有“信息量”的报道。这样导致的结果常常是“外面谣言飞，我自岿然不动”“外媒说，网上说，党媒不说”“民间说，政府不说”。这样只会损害我们政府的公信力和领导干部的形象。

第三是关于“主观性——方向性”要素。政府要对媒体、公众表达的态度的定位。正因为我们总是认为我们是“实事求是”的说话，所以经常出现的情况就是政府官员只说出了他们的“工作”，陈述了政府做的“事情”，但是如何看待这个“工作”和“事情”，如何评判？正是需要政府的表述。所以我们不仅需要讲出“事实”，还应该表达出我们的“努力”的主观态度，表达出政府的“立场”，这才是我们期望获得公众理解、信任、支持的依据。而不是干巴巴地告知媒体和公众，而是要进行方向性的议程设置和舆论引导。

（二）选择好要沟通的媒体和人

我们发现，确定好与媒体沟通的立场，就是要准确把握住政府和媒体、记者的关系定位，然后根据媒体特性，选择我们需要进行新闻发布和媒体沟通的媒体和记者。

1．关于第一个问题：做媒体记者喜欢的媒体沟通人。我们与媒体沟通时，用什么样的角色和姿态呢？说到底，政府官员和记者，就是“信息源”和“挑战者”的关系。国务院新闻办公室新闻局编写的《政府新闻发布工作手册》中的一幅图非常好地归纳了政府官员与记者之间的关系。

媒体和记者会喜欢什么样的媒体沟通人，这一点上决定我们不要去做媒体和记者憎恨的人。那么，记者往往喜欢的官员形象会是什么样的呢？是能够立刻回答问题、回答问题时能够不绕弯子、回答问题时有新观点、新角度、能够准确理解记者的选题、能够理解记者的发稿压力等。针对这样的要

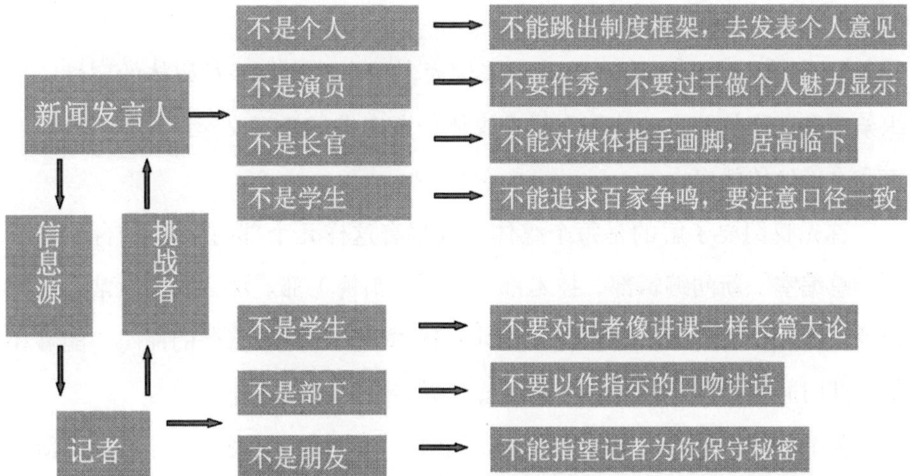

政府与记者的关系图解

求，领导干部应该尽量满足记者的需求，主动地提供各种新闻报道的资源，比如事件的最新进展、报道的新视角、事实与数据、新鲜的引语、好声白、好画面、典型的人物、情绪、争议和冲突等。同时媒体和记者最不喜欢什么的媒体沟通人呢？一般来说，记者不喜欢的政府官员具有这样的一些特征：不尊重记者的出现、不守时、不守信用、不回电话、提供一些不相干的事实混淆视听、要求审稿等等。在这一点上，我们应该高度重视，是否经常会出现记者不喜欢的行为，结果由此出现沟通的一些问题。尤其是在记者事先打破了政府在媒体沟通的常规要求时，导致一些领导干部不高兴时，出现一些不尊重记者的行为。关于“要求审稿”这个话题，我们同时也要区别对待。“要求审稿”本来的含义在于确定媒体报道时，是否达到了我们的要求而没有偏离报道的口径，同时也说明我们和一些媒体记者之间的信任度是不够的。因此，在重大事情的口径上，我们希望能够通过“要求审稿”来确保无误。在实践中，我们发现从“要求审稿”逐步演化成为了“只能用通稿”。这都是违反新闻传播规律的一些极端做法，更是害怕媒体的极端表现。因此，准确的媒体沟通应该在稿件的态度上就有所表现。在满足了多元采稿，不要求只用通稿的情况下，适当地要求媒体配合对稿件进行审核，是可以的。但是绝不能极端化。

2. 关于第二个问题：选择谁来沟通。只有熟悉每一种媒体的属性、组织架构和运作的特点，才能在找准媒体记者来进行新闻议程设置，将政府的声音准确地传播出去。

首先我们要了解的是每个媒体大致都有这样几个部门：社长/台长办公室、总编室、新闻编辑部、技术部、广告（销售）部。那么我们通常会选择各种媒体的相关的编辑和记者，尤其是新闻编辑部是最重要的部门。能够和这个部门通力合作，我们将会获得公众更多的理解和支持。

报纸的特点是刊登昨天的新闻，同时，与广播、电视相比，报纸的新闻报道也会更加深入，用语更加严谨。与通讯社的消息报道相比，报纸的新闻特写、言论选择、图片处理会掺杂进更多的该报纸和其记者编辑的倾向性。

比如在案例中的《南方都市报》，其记者的倾向性是非常明显的。报纸中日报记者一天可能要完成2~3个采访报道任务，周报由于其新闻时效性赶不上日报，所以一般更多地会着力于调查类的新闻报道和观点性很强的新闻分析文章。文字记者、部门主编是我们的主要沟通对象。

通讯社：俗称新闻的批发商，把每条新闻卖给报纸、广播、电视、网络媒体。比如记者招待会、开闭幕式等。重在速度，往往是最早报道突发事件的人。比如每年的人大会，除了官方通讯社的新华社、中新社，还有美联社、法新社、路透社、彭博社、道琼斯新闻。当我们希望将一条硬新闻广泛传播时，邀请通讯社的记者来报道。作为中国官方通讯社的新华社，可以说，对政府信息的报道是最权威的。记者是我们的主要沟通对象。

电视的最大特点是报道今天的新闻。电视记者和编辑们都希望通过图像、视觉图像来说话。所以电视并不需要深度报道，但是电视的最大功能是能够还原现场，加上声、画一体的特点，给人身临其境的感受，所以很能够满足公众参与事件当中的需求。同时电视可以进行剪辑和后期制作，所以很容易出现画面的情节性和片段性，因此要把握好电视在制作处理上的记者编辑的倾向性。记者、节目编导、节目主持人、主编和制片人是我们的主要沟通对象。

网络媒体大部分使用的大多数都是二手信源，但同时网络也形成了一个无边界的群众论坛，能够容纳各种言论。网络媒体一般不设记者只有编辑。由于网络媒体传播速度快，也是假新闻和谣言的滋生地，危机事件的发酵地；栏目主编、直播主持是我们的主要沟通对象。

（三）选择合适与媒体沟通的方式

召开新闻发布会：主动发布+记者提问。发布的内容可全部公开。因为规模较大，权威性强，所以有重大新闻时才举办。记者提问前主动发布的内容十分重要，为整个新闻发布会定下基调。对于例行发布的政府部门，外交部、卫生部等，由于频繁，所以分为主题新闻发布和无主题新闻发布，后者更接近记者招待会。

举办记者招待会：记者提问，不用特别进行主动新闻的发布。简短的开场白后进入回答环节。适合国家首脑、部门最高领导和指定发言人的新闻发布会。对发言人的工作要求全面了解。做猜题准备。制作答案速查手册，尤其是具体数据、政策条文。我国少用，美国多用“以言代行”。

接受单独或联合采访：接受媒体和主动约见。可以有选择地接触媒体。注意第三方在场的问题。比如重大事件上让新华社发布权威信息。要求发表前交给自己检查，确认自己被引用的话准确无误。可以采取先联合采访，结束后再安排某媒体进行专访。可以自己准备录音笔或录像机，与专访媒体同步录音或录像。

发布公报或申明：一般采用文字发布，篇幅不宜过长，简短精练。是非常郑重的新闻发布形式。在处理敏感问题、重大问题和危机事件中，为了准确和快速地传达给公众信息时可以采取这种形式。一般通过通讯社、报纸、官方网站全文刊发，或是电视、广播播报。要求行文精准。

组织考察采访：为记者提供采访的路线、日程、背景材料，为记者的交通、住宿等提供便利。记者报道多为专访、特写。需要长篇幅、多角度报道。比如京汉高铁开通的全程报道。软性体裁的新闻报道方式。

回应记者询问：遇到突发事件、热点问题时，记者向新闻发言人提出疑问，通常有借助电话、传真、电子邮件等媒介，对于许多记者关心的问题，可以通过官方网站、官方微博、网络在线咨询对外发布。要求新闻发言人反应速度快，尽早了解情况，确定口径，赶在记者截稿前回应他们。

（四）学会接受各种形式的采访

接受一个记者的专访或者是几个记者的小规模访谈是政府官员经常面对的情况。不论是接受采访，还是主动约见媒体，都需要精心准备，抓住一切机会发布你的消息，为自己的组织形象加分。如何提高这种能力呢？

首先，要精心准备 。

如何在接受采访前做好充分的准备，从而在采访过程中能够掌握主动。许多失败的例子都是因为官员们掉以轻心，没有准备好，结果在采访时被记者的问题牵着走。任何采访我们应该做到三个步骤：调研舆情、统一口径、包装信息。

第一，调研舆情。媒体想知道什么？（列出问题单）哪些媒体将派记者参加？媒体的读者、观众和听众是谁？在相关问题上做过怎样的报道？派来的记者曾经有哪些报道？最近记者关心的热点问题有哪些，会和我们的发布内容联系起来吗？

第二，确定口径。你想让媒体知道什么？（牢记主题，不能被记者牵着鼻子走）主题和核心信息是什么？目前掌握的信息有哪些？还缺少哪些信息？决策领导对新闻发布内容的意见，哪些漏掉的问题没有确定口径？

第三，包装信息。什么样的信息会成为媒体上的新闻？（用记者的方式传播）选择新鲜的角度、戏剧性的情节、吸引人的直接引语、通俗的语言、直观的图表、必要的背景介绍。

采访前，我们可以从下面八个问题来准备采访。

——是否清楚前来采访媒体的特点？

——曾经怎样报道过相关题目？

——有没有按要求发来采访提纲？

——可能提问提纲之外哪些敏感或热点问题？

——是否明确此次采访自己希望达到的目标？

——是否能用3点将核心信息表述出来，并找出一些例子、故事、图片、数据、比喻。

——与记者事先约定采访的基本底线——可公开发表、内幕消息、深度内幕、不能发表。

——需要了解记者的语言风格。

其次，应对好可能说错话、报道错的情况。

对大多数发言人来说，在接受采访前或多或少会感觉到精神压力，主要是怕说错话，怕记者的刁钻问题让自己在第二天的电视和报纸上出洋相。其实，媒体的采访并不是总是充满威胁的，要知道记者只是想引用你的话来完成他的工作，如果你接受了他的采访，实际上是帮助了他，同时利用这个机会也可以传递你需要公众知道的信息。但是一旦出现了不合适的言论和错误的信息，或者刊播出来的言论被曲解、放大、断章取义了，能够做些什么呢？我想，掌握的原则就一个：根据错误造成的严重程度来判断是否需要采取补救措施，要补救到什么程度。如果说，错误并没有引起公众的注意力，或者只是个很快就被忘记的微弱反应，那么，领导干部们就忍一忍，什么也别做；如果引起了纠纷或者形成了不利于自己的舆论，则应当以职业化的、不对抗的方式进行更改。比如，用新的一篇报道去覆盖掉过去错误的言论和报道，也可以请更多的媒体记者来传递给公众正确的信息，而不是和记者争执。

现实工作中，很多领导干部只听得好报道，听不得所谓的“负面报道”，一旦出现对自己单位不利的报道时，就容易热血沸腾，一定想和媒体“斗到底”。实际上，这种心理是“官僚主义作风”在新闻报道中的典型表现。媒体对政府的本身就具有“新闻舆论监督”功能，不可能整天对政府“唱高调”，恰恰这样，一些媒体记者就是抓住了领导干部的这一心态，大做文章，反而促成了一些“无理记者”不正常的行为。比如借机敲诈勒索、行贿受贿等。我们要习惯“新闻舆论监督”，有则改之，无则加勉。

最后，保持好态度的定位。

我们每一句话说出来用什么样的态度，什么样的语气，什么样的眼神说出来，带来的效果都是不一样的，我们要传达的是坦诚的、乐观的、积极的态度。

当遇到重大突发事件时，我们要做到这几点：1．第一时间公布信息，在媒体上塑造可信赖的公众形象。珍惜每一次接受采访的机会，借助媒体把握住突发事件中发布信息的主动权。该道歉的就要道歉。2．绝不说谎，说谎等于自掘坟墓。可以选择说什么和不说什么，但是要确保告诉记者的每一句话都是真实的。媒体要求采访的时候，经常的特点是，记者已经掌握一些所谓的真相，他只是来求证的。3．对受到损失的人表示关切。人性的语言、真诚的态度会让公众更容易接受你和你接下来要说的话。4. 告诉媒体和公众为了处理此事我们做了哪些努力。多谈正在实施的措施，这比等着记者追问你谁该就此事被问责要明智得多。

不论面对怎样的媒体和记者，在态度上，我们始终保持着：1. 第一时间和口径一致性，牢记立场和角色；2. 尊重记者，热情大方，以诚相待；3. 熟悉内情，掌握大局。

当突然被截访时，我们应该在态度上保持着：1. 在记者面前永远保持耐心和心情舒畅；2. 只说知道的，不对自己不了解的评论；3. 抓住亮相机会，以我为主，传递自己的信息。

无论选择什么样的媒体和记者，无论用什么样的方式去和媒体记者沟通，我们只有一个目的，那就是维护政府形象在公众心目中的信任感。实现这一个目标只有一个渠道，就是让媒体成为政府和公众沟通的桥梁。媒体既不是“喉舌”，也不应该是“利刃”，良好的沟通只会让媒体成为我们的联系桥梁和纽带。通过这个桥梁，让公众支持政府，信任政府，这才是执政基础的牢固体现。

后记

我们党在90多年辉煌征程中有许多特质一直在传承，其中始终重视学习、一贯善于学习，犹如一根红线贯穿其中，从未断裂。特别是在党和国家事业发展的每一个大变动、大转折、大调整时期，我们党总是发出学习的号召；而每一次学习热潮的兴起，又都推动党的事业实现了大进步、大跨越、大发展。随着形势和任务的不断发展，党员干部遇到的“陌生领域”越来越多，“本领恐慌”愈来愈强。如果不加强学习，不加强对干部的教育培训，我们党就没有办法赢得主动、赢得优势、赢得未来。

党校作为干部教育培训的主阵地，必须发挥干部培训主体作用。党校姓党是中国共产党总结党校办学经验作出的高度概括，也是对党校的性质、地位和作用作出的鲜明、准确、科学的界定，它反映了党校办学的基本规律要求，因而成为我国各级党校一切活动的第一原则和行动指南。在2008年全国党校工作会议上，时任中央党校校长的习近平指出：“党校姓党是对党校性质、地位和作用的科学定位，是做好党校管理工作必须长期坚持的根本原则。这一原则，无论什么时候、无论哪一级党校，都要始终坚持。” 2015年11月23日，习近平主持召开中共中央政治局会议，审议通过了《关于加强和改进新形势下党校工作的意见》，提出：“加强和改进党校工作，最重要的是把党校姓党原则贯彻到党校各项工作中，特别要抓好党的理论教育和党性教育这个主业，不断提高教学水平。”

广州市委党校历来重视从严施教，注重加强教师集体备课，对教师和教学活动严格要求，弘扬严谨治学、以德施教的风气，坚持研究无禁区、讲坛有纪律，决不允许传播违反党的理论和路线方针政策、违反中央决定的错误观点。为深入贯彻习近平总书记对党校工作的重要指示精神，2015年3月，广州市委党校决定编写《干部培训讲演录》，对我们在党校教学中优质讲稿进行深加工，使更多党员干部能够分享教师的教学心得。时任市委党校常务副校长王永平研究员组织我校专家学者成立了编写组，并担任编写组组长。王永平研究员拟定了编写提纲，提出具体编写任务，主持召开多次协调会讨论研究编写工作，负责本书的统稿审稿，还承担了编写策划和组织联络工作。

在本书编写过程中，市委党校分管教学工作的陈治桃、单良同志，教务处处长陈晓平同志提出了许多建设性意见，政法教研部主任敖带芽同志协助编写组组长做了大量工作。教务处李蓉等同志参与了部分前期工作。本书数易其稿，最后截稿时间为2017年6月。为了真实反映编写者当时授课的原貌，党的十九大后未做框架结构上的改动。

本书是全体编写组成员集体研究的成果。具体分工如下：第一讲由王永平研究员撰写，第二讲由尹德慈教授撰写，第三讲由李仁武教授撰写，第四讲由敖带芽教授撰写，第五讲由王可达教授撰写，第六讲由陈伟教授撰写，第七讲由李萍副教授撰写，第八讲由段秀芳副教授撰写。

本书的编辑出版得到了中共广州市委组织部、市委宣传部和广东人民出版社的大力支持。广东人民出版社高度重视，选派高水平资深编辑担任责任编辑，为本书的修改完善提出了许多宝贵意见。感谢他们的关心、鼓励和帮助，他们的指导为本书增色不少。在此一并表示感谢。

本书编写组

2018年4月